HISTOIRES D'AMOUR DE L'HISTOIRE DE FRANCE

DU MÊME AUTEUR

Dans la même collection

HISTOIRES D'AMOUR DE L'HISTOIRE DE FRANCE. Tome I. (Principaux chapitres : *Charlemagne enfant de l'amour. — Saint Louis devait se cacher dans un escalier pour aimer Marguerite de Provence. — A la Tour de Nesle, la reine Jeanne de Navarre recevait des étudiants,* etc.)

HISTOIRES D'AMOUR DE L'HISTOIRE DE FRANCE. Tome II. (Principaux chapitres : *Un paillard inconnu : Louis XI. — L'armée de Charles VII rapporte en France le mal de Naples. — Le ménage à trois du roi Henri II. — Un chagrin d'amour détourne Henri III des femmes,* etc.)

HISTOIRES D'AMOUR DE L'HISTOIRE DE FRANCE. Tome IV. (Principaux chapitres : *Pour arrêter la Fronde, Condé veut donner un amant à Anne d'Autriche. — L'amour de M. de Turenne cause la mort d'Henriette d'Angleterre. — Mlle Petit, galante ambassadrice du Roi Soleil,* etc.)

HISTOIRES D'AMOUR DE L'HISTOIRE DE FRANCE. Tome V. (Principaux chapitres : *La vérité sur le Parc-aux-Cerfs. — Le chevalier d'Eon s'habille en femme pour l'honneur de la reine d'Angleterre. — La jeunesse amoureuse de Robespierre,* etc.)

HISTOIRES D'AMOUR DE L'HISTOIRE DE FRANCE. Tome VI. (Principaux chapitres : *Théroigne de Méricourt, Messaline de la Révolution. — Simone Evrard, inspiratrice de Marat. — L'amour dans les prisons révolutionnaires,* etc.)

HISTOIRES D'AMOUR DE L'HISTOIRE DE FRANCE. Tome VII. (Principaux chapitres : *Bonaparte retrouve son prestige en Egypte grâce à Pauline Fourès. — Désirée Clary aide Bonaparte à préparer le 18 brumaire. — Napoléon trouve une femme nue à Austerlitz,* etc.)

HISTOIRES D'AMOUR DE L'HISTOIRE DE FRANCE. Tome VIII. (Principaux chapitres : *Marie-Louise libertine. — Pauline Bonaparte et ses amants. — Mme Du Cayla, favorite de Louis XVIII,* etc.)

HISTOIRES D'AMOUR DE L'HISTOIRE DE FRANCE. Tome IX. (Principaux chapitres : *M. Thiers et les femmes. — Les*

GUY BRETON

HISTOIRES D'AMOUR DE L'HISTOIRE DE FRANCE

TOME TROIS

« Une histoire qui ne tient pas compte des questions sexuelles est non seulement émasculée, mais inintelligible. »

G. RATTRAY TAYLOR.

FRANCE LOISIRS
123, boulevard de Grenelle, Paris

Vésuviennes de 1848. — Les amours de Louis-Napoléon au fort de Ham. — Miss Howard et le coup d'Etat, etc.)

HISTOIRES D'AMOUR DE L'HISTOIRE DE FRANCE. Tome X. (Principaux chapitres : *Napoléon III et Mme de Castiglione. — L'impératrice Eugénie fait une fugue. — Marguerite Bellanger épuise l'empereur. — Léon Gambetta et Léonie Léon*, etc.)

EN COUVERTURE :
La Toilette de Mars et de Vénus
École de Fontainebleau, XVIe
Doc. Lauros-Giraudon.

ISBN : 2-7242-0476-X

A mon grand-père
Eliacim Hureau

Richelieu, qui connaissait bien les femmes pour les avoir pratiquées plus qu'il ne l'aurait dû, écrit dans ses Mémoires : *« Il faut avouer que comme une femme a perdu le monde, rien n'est plus capable de nuire aux États que ce sexe, lorsque prenant pied sur ceux qui les gouvernent il les fait souvent mouvoir comme bon lui semble, et mal, par conséquent. »*

Ce qui est méchant, mais bien observé; car nos charmantes compagnes ont toujours eu une influence considérable sur la politique.

Malheureusement notre époque, qui est pourtant celle du « strip-tease », offre le plus bel exemple de pudibonderie qui soit lorsqu'on aborde l'Histoire; et je ne vois aucun auteur de manuels capable d'écrire aujourd'hui la phrase du cardinal. Le rôle des femmes, même s'il est bénéfique, est volontairement passé sous silence par les historiens modernes.

Plus de bagatelles : des massacres.

On préfère montrer en détail d'horribles scènes de carnage plutôt qu'un couple étendu sur un canapé... Et les mêmes professeurs, qui n'hésitent pas à raconter aux enfants que des rois ont agi poussés par la haine, la jalousie, l'envie, la colère, la cupidité — toutes passions très vilaines, à mon avis, — refusent, au nom de la morale, d'avouer que ces hommes ont pu agir poussés par l'amour.

Or, comme nous le dit un sociologue américain, G. Rattray Taylor : « Une histoire qui ne tient pas compte des questions sexuelles est non seulement émasculée, mais inintelligible. »

Une fois de plus, je viens en apporter la preuve.

Dans les tomes I et II de cet ouvrage, j'ai montré le rôle capital joué par les femmes dans la formation de notre pays : les Clotilde, Judith, Agnès Sorel, Louise de Savoie, Françoise de Châteaubriant, Diane de Poitiers, Marie Touchet, etc.

On verra, dans ce troisième tome, que toute la politique de Henri IV, entre autres, fut dirigée par les femmes dont il était amoureux.

Car le bon roi Henri ne mettait pas seulement les poules au pot.

Il les mettait aussi dans son lit...

I

A ONZE ANS, LA REINE MARGOT AVAIT DEUX AMANTS

Aussi mouvante que le mercure, elle branlait pour le moindre objet qui l'approchait.

Le Divorce satyrique.

Le 24 mai 1553, au début de l'après-midi, un groupe de valets sortit en courant du château de Saint-Germain-en-Laye et s'élança dans le jardin en criant joyeusement :

— La reine entre en gésine! La reine entre en gésine!

Tous les courtisans qui digéraient calmement sur la terrasse en contemplant le cours de la Seine se levèrent aussitôt et bondirent vers la chambre de Catherine de Médicis.

Quelques instants plus tard, une foule compacte se pressait autour du lit où la Florentine s'agitait de façon désordonnée. Un hurlement vint annoncer aux assistants ravis qu'ils ne s'étaient pas dérangés pour rien. D'un geste vif le médecin retira les draps et se pencha avec des airs de pince-sans-rire sur le ventre nu de Sa Majesté, tandis que les dames d'atours essayaient de contenir les gentilshommes qui ne voulaient rien perdre du spectacle. Finalement, la reine accoucha d'un gros bébé que le praticien montra à l'assemblée.

— C'est une fille, dit-il, après avoir jeté un coup d'œil connaisseur.

Une dame de compagnie prit l'enfant, la présenta à Henri II et à Diane de Poitiers (1), puis la mit dans un berceau, où ses

(1) Les enfants de France étaient toujours présentés à la maîtresse du roi (V. *Histoires d'Amour de l'Histoire de France*, tome II).

trois frères, le futur François II, âgé de neuf ans, le futur Charles IX, âgé de trois ans, et le futur Henri III, qui avait tout juste dix-huit mois, vinrent la contempler.

— Nous l'appellerons Marguerite, dit le roi.

Par un amusant signe du destin, on donnait ainsi à cette petite fille qui allait devenir la plus grande séductrice de notre histoire précisément le nom de la fleur dont se servent les amoureux pour mesurer leurs sentiments. « Un peu, beaucoup, passionnément, à la folie... »

Elle, c'est à la folie qu'elle devait aimer l'amour durant toute son existence.

***

Pendant les années de la première enfance, Margot vécut chastement et l'on put croire qu'elle serait une petite fille comme les autres : elle jouait à la poupée sans y ajouter cette perversité qui fait la joie des psychanalystes et ne montrait aucune curiosité déplacée.

A onze ans tout changea. Un feu assez vif la tourmenta au bon endroit et elle commença à lorgner les garçons d'une façon qui inquiéta son entourage. Alors, nous dit Brantôme, « Catherine de Médicis, constatant qu'elle étoit d'un sang chaud et bouillant, lui fit user ordinairement en tous ses repas de jus de vinette qu'on appelle en France oseille ». Le remède ne semble pas avoir été très efficace, car Marguerite eut alors deux amants (1).

Ces pionniers se nommaient Antragues et Charins. Dans quel ordre se présentèrent-ils? La petite histoire est muette sur ce point important et l'on ne saura jamais lequel des deux a essuyé les plâtres...

Voici, en effet, ce que nous dit l'auteur du *Divorce*

(1) Cf. *Le Divorce satyrique* (1693) : « Il n'y a sorte ou qualité d'iceux en toute la France avec qui cette dépravée n'ait exercé sa lubricité; tout est indifférent à ses voluptés; et ne lui chaut d'âge, de grandeur, ni d'extraction, pourvu qu'elle saoule et satisfasse à ses appétits et n'en a jusqu'ici depuis l'âge de onze ans dédit à personne. »

Le Divorce satyrique a été longtemps attribué à Agrippa d'Aubigné. On pense maintenant qu'il a été écrit par Palma Cayet.

satyrique : « Auquel âge (à onze ans), Antragues et Charins eurent les prémices de sa chaleur, qui augmentant tous les jours, et eux n'étant point suffisants à l'éteindre, — encore que Antragues y fit un effort qui lui a depuis abrégé la vie, — elle jeta l'œil sur Martigues, et l'y arrêta si longtemps qu'elle l'enrôla sous son enseigne. » Ce troisième amant venait la retrouver dans les fourrés du parc de Saint-Germain-en-Laye et lui donnait d'enivrantes leçons de choses...

Pendant quelques années, la fillette s'amusa ainsi avec différents gentilshommes, sans avoir le moins du monde l'impression de commettre une faute. Élevée au milieu des demoiselles de l'Escadron Volant, il lui paraissait, en effet, tout naturel de se laisser aller à ses instincts, et d'entrer dans le lit des jeunes gens qu'elle trouvait plaisants...

L'amour, pour elle, n'avait pas le goût du péché : elle s'y livrait joyeusement, ignorant les contraintes qui créent les refoulements. Tout lui semblait simple, permis, et elle considérait sans trouble les situations galantes les moins orthodoxes.

C'est ainsi qu'elle devint à quinze ans la maîtresse de ses trois frères.

Certains historiens particulièrement pudibonds refusent de croire à ces turpitudes; pourtant l'auteur du *Divorce satyrique* est, à ce sujet, formel : « Elle ajouta tôt après à ses sales conquêtes ses jeunes frères, dont l'un, à savoir François (futur duc d'Alençon), continua cet inceste toute sa vie; et Henri l'en désestima tellement que depuis il ne la put aimer. »

Cette accusation Agrippa d'Aubigné la confirme dans ce quatrain :

Les trois en même lieu ont à l'envi porté
La première moisson de leur lubricité :
Des deux derniers après la chaleur aveuglée
A sans doute hérité l'inceste redoublé (1).

Enfin, nous avons un aveu de Marguerite, elle-même : apprenant, un jour, que son frère, devenu Henri III, lui reprochait sa conduite, elle s'écria : « Il se plaint que je passe

(1) AGRIPPA D'AUBIGNÉ, *Les Tragiques.*

mon temps à faire l'amour; hé! ne sait-il pas que c'est lui qui m'a mise le premier au montoir? »

Cet amour incestueux fut d'ailleurs à l'origine d'un ordre religieux, ce qui consolera les esprits chagrins. En effet, du Vair nous conte que « l'évêque de Grasse, premier aumônier de la feue reine Marguerite, dit avoir appris d'elle fort confidentiellement que l'Institution de l'Ordre du Saint-Esprit avait été faite pour l'amour d'elle, et de fait que les couleurs de l'Ordre étaient les siennes propres, savoir est : le vert naissant, le jaune doré, le blanc et le bleu violet; que les chiffres des doubles M étaient pour elle, comme aussi le φΔ, et les H pour le roi Henri III; qu'en effet il l'avait grandement aimée sans qu'elle y eût aucune inclination, et qu'il n'avait jamais joui d'elle que par force... ».

C'est ainsi que, jusqu'en 1830, de graves messieurs perpétuèrent, sans le savoir, le souvenir d'un affligeant désordre (1).

***

Lorsqu'elle eut dix-huit ans, les hommes furent tellement attirés par sa beauté que Marguerite n'eut plus que l'embarras du choix. Brune aux yeux de jais, elle avait « un regard capable d'embraser le monde » et une peau « blanche comme lait » qu'elle s'amusait à faire valoir en recevant ses amants dans un lit recouvert de mousseline noire...

Les vêtements qu'elle portait étaient, d'ailleurs, d'une rare impudicité, car elle entendait ne rien cacher de ses charmes. « Ces beaux accoutrements et belles parures, dit Brantôme, qui fut amoureux d'elle, n'osèrent jamais entreprendre de couvrir sa belle gorge ni son beau sein, craignant de faire tort à la vue du monde qui se posait sur un si bel objet; car jamais n'en fut vue si belle ni si blanche, si pleine ni si charnue, qu'elle montrait si à plein et si découverte que la plupart des courtisans en mouraient, voire des dames que j'ai vues, aucunes de ses plus privées, avec sa licence la baiser par un grand ravissement » (2).

(1) L'ordre du Saint-Esprit, supprimé en 1791, fut rétabli en 1816. Après la révolution de juillet 1830, il cessa d'être conféré.

(2) Brantôme, *Vie des Dames illustres.*

C'est alors qu'elle tomba amoureuse de son cousin Henri de Guise, beau blond âgé de vingt ans.

Ardents tous deux et pas plus pudiques que de jeunes chiens, ils se livraient aux jeux d'amour là où le désir les prenait, que ce fût dans une chambre, un jardin ou un escalier. On les surprit même un jour dans un couloir du Louvre alors qu'ils « faisaient le péché du monde... » (1).

Charles IX, qui régnait alors, ignora cette idylle un peu poussée, jusqu'au 25 juin 1570. Ce jour-là, à cinq heures du matin, M. du Guast vint le réveiller et lui remit une lettre. L'esprit « mal dégagé des brumes du sommeil », le roi prit le papier et commença à lire. Son cerveau se clarifia brusquement comme sous l'effet d'une bouffée d'ammoniaque, lorsqu'il comprit qu'il avait entre les mains un billet écrit par Marguerite et destiné au duc de Guise. Les termes en étaient si crus, si gaillards, qu'ils ne laissaient aucun doute sur la nature des relations existant entre les correspondants.

Or le roi détestait M. de Guise, auquel il reprochait d'être intelligent et spirituel.

A la pensée que ce bellâtre, qui représentait avec tant d'éclat la puissante Maison de Lorraine, avait pu séduire sa sœur, il devint comme fou. Sans prendre le soin de s'habiller, il courut en chemise de nuit jusque chez Catherine de Médicis.

— Lisez, dit-il.

La reine mère, on le sait, avait l'esprit tourné vers l'intrigue. Là où Marguerite ne voyait qu'une aventure exaltante et propre à calmer ses sens, la Florentine soupçonna une machination. Et, pour exciter la colère du roi, elle déclara que Guise n'avait agi que par ambition, à seule fin de devenir un jour le mari d'une fille de France.

— C'est un crime de lèse-majesté ! s'écria-t-elle.

Un garde alla chercher Marguerite qui arriva, les yeux bouffis de sommeil. Dès qu'elle eut pénétré dans la chambre, le roi et la reine mère se jetèrent sur elle. A coups de pied, à coups de poing, ils l'assommèrent en la traitant de « drouine,

(1) « Leur intimité était si publique que le bruit courait qu'ils avaient contracté un mariage secret. » DAVILA, *Histoire des Guerres civiles de la France*. Londres, 1755.

sac de nuit et blanchisseuse de tuyaux de pipe »... Ce qui, on en conviendra, n'était pas des appellations pour une fille de roi.

Marguerite sortit de leurs mains le nez en sang, le visage tuméfié, les cheveux en désordre et les vêtements en lambeaux. Son aspect était si lamentable que Catherine eut peur qu'on soupçonnât ce qui venait de se passer et prit soin de réparer les dégâts au moyen de compresses et d'eau douce. Enfin, pendant une heure, elle s'efforça de recoudre elle-même la robe déchirée...

Si Catherine était apaisée par la correction qu'elle venait de donner, Charles IX ne l'était point. Il appela son demi-frère Henri, bâtard d'Angoulême (1), et le chargea d'assassiner le duc au cours d'une partie de chasse qui devait avoir lieu le lendemain.

— Voici deux épées, lui dit-il, il y en a une pour te tuer si demain tu ne tues pas Henri de Guise!

Heureusement, Marguerite eut vent de la chose et avisa son amant qui resta chez lui. Quelques semaines plus tard, pour faire croire que leur liaison était finie, elle le poussa en outre à épouser Catherine de Clèves, veuve du prince de Porcien...

Le bel Henri accepta cette prudente solution avec d'autant plus de docilité qu'il couchait secrètement dans le lit de la princesse depuis quelque temps déja...

***

Si ce mariage calma un peu la colère de Charles IX, il n'apaisa point celle du duc d'Anjou qui était toujours amoureux de Marguerite. On s'en aperçut quelques jours plus tard. Croisant celui qu'il considérait comme son rival, le futur Henri III lança cette menace :

— Gardez-vous bien de revoir ma sœur et de penser à elle, car je vous tuerais!...

Et il confia à ses familiers que, si Henri de Guise s'avisait de rencontrer Marguerite en secret, « il se déclarerait renégat et

(1) Fils que Henri II avait eu de la belle lady Fleming.

mécréant s'il ne lui donnait de la dague dans le cœur de manière à lui faire mordre la terre. »

Pour éviter de si fâcheux incidents, il fallait trouver au plus tôt un mari pour Marguerite. La reine mère pensa alors au fils de feu Antoine de Bourbon, le jeune Henri de Navarre, que l'on n'avait pas encore surnommé le Vert-Galant, mais dont tout le monde connaissait le goût pour le déduit.

Jeanne d'Albret, mère de Henri, fut pressentie. C'était une protestante austère, pudibonde et soupçonneuse, qui méprisait les femmes fardées, portait des cols rigides et sentait un peu le rance. Elle s'inquiéta à la pensée que son fils pourrait être corrompu par les mœurs de la cour et fit dire à la reine mère qu'elle ne voulait pas de ce mariage.

Catherine devina la peur de Jeanne. Elle lui écrivit une lettre pleine de douceur et l'invita à venir passer quelques jours à Chenonceaux. *Vous ne devez avoir aucune crainte,* ajoutait-elle un peu maladroitement, *car je vous aime et ne vous veux point de mal.*

La reine de Navarre fut piquée. Elle répondit : *Je ne sais pourquoy, Madame, vous me mandés que voulés avoir mes enfants et moy et que ce n'est pas pour nous faire mal; pardonnés-moy si, lisant ces lettres, j'ay eu envie de rire; car vous me voulés assurer d'une peur que je n'ay jamais eue, et ne pensay jamais, comme l'on dit, que vous mangissiés les petits enfants...*

Voyant que les négociations étaient mal engagées, Catherine envoya MM. de Biron et de Quincey à Nérac avec mission d'arranger les choses. Après plusieurs semaines de pourparlers difficiles, Jeanne d'Albret accepta de venir à la cour de France pour y parler de l'avenir de « ces chers petits ».

Elle arriva à Chenonceaux le 12 février 1572 et Catherine l'accueillit avec de grands transports d'amitié. Mais les deux femmes étaient pareillement fourbes et les discussions ne tardèrent pas à prendre un tour déplaisant. Divisées sur le chapitre de la religion, elles se heurtaient sans cesse avec une méchanceté qui les rendait malades à tour de rôle. Naturellement Jeanne d'Albret était la plus sectaire. Elle entendait ne parler du mariage qu'après avoir converti tout le monde au protestantisme.

— Dans ce cas, répliquait Catherine, je veux que M. Calvin devienne catholique...

La reine de Navarre ne goûtait pas ce genre de plaisanteries et, un soir, excédée, elle envoya une très curieuse lettre à son Henri qui était resté à Nérac :

Mon fils... La royne mère me traite à la fourche... Elle ne fait que se moquer de moy et dire à chacun le contraire de ce que je lui ay dict, de sorte que mes amis m'en blasment, et ne sçai comment desmentir la royne. Car quand je luy dis : « Madame, l'on dit que je vous ay tenu tel et tel propos », encore que ce soit elle-mesme qui l'ait dit, elle me le renie comme beau meurtre et me rit au nez et m'use de telle façon que vous pouvés dire que ma patience passe celle de la Grisélidis.

Je m'assure que, si vous sçaviés la peine en quoy je suis, vous auriés pitié de moy; car l'on me tient toutes les rigueurs du monde et des propos vains et moqueries, au lieu de traiter avec moy avec gravité, comme le faict le mérite. De sorte que je crève parce que je me suis si bien résolue de ne me courroucer point que c'est un miracle de voir ma patience... Je crains bien de tomber malade, car je ne me trouve guère bien.

J'ay trouvé votre lettre à mon gré, je la montrerai à Madame (1) *si je puis. Quant à sa peinture, je l'envoieray quérir à Paris. Elle est belle et bien advisée et de bonne grâce, mais nourrie en la plus maudite et corrompue compagnie; car je n'en vois poinct qui ne s'en sente. Ce porteur vous dira que le roy s'émancipe, c'est pitié. Je ne voudrois pas pour chose au monde que vous fussiés icy pour y demeurer. Voilà pourquoy je désire vous marier et que vous et vostre femme vous retiriés de ceste corruption. Car, encore que je la croyais bien grande, je la trouve davantage.* Ce ne sont pas les hommes icy qui prient les femmes, ce sont les femmes qui prient les hommes. *Si vous y estiés, vous n'en eschapperiés jamais sans une grande grâce de Dieu. Je vous envoie un bouquet pour mettre sur l'oreille puisque vous estes à vendre et des boutons pour un bonnet...*

Au fond. Jeanne d'Albret était très fière de marier son

(1) Marguerite.

rustaud de fils à la sœur du roi de France; aussi finit-elle par s'entendre avec Catherine. Le contrat de mariage fut signé le 11 avril. Aussitôt, la reine de Navarre écrivit à Henri pour l'inviter à venir à Paris. Elle y ajouta quelques conseils de coquetterie pour que le petit Béarnais, encore mal dégrossi, ne fasse pas trop mauvaise figure à la cour de France. Hélas! elle ne devait pas revoir son cher fils. Le 4 juin, elle s'alita, prise de douleurs après avoir acheté des gants chez le parfumeur de Catherine de Médicis, le Florentin René. Cinq jours plus tard, elle mourait dans d'atroces souffrances.

Naturellement, le bruit courut aussitôt que Jeanne d'Albret avait été assassinée. On parla de ces poudres vénéneuses dont les Italiens savaient imprégner un livre, les pétales d'une fleur ou les doigts d'un gant. Et l'on accusa la reine mère. Pour faire cesser ces rumeurs, Charles IX demanda l'autopsie du corps. Les médecins ayant trouvé « un aposthume au poumon » conclurent à une mort naturelle... Après quoi, la reine de Navarre fut inhumée dans la Collégiale Saint-Georges, de Vendôme.

C'est donc en habits de deuil, mais avec le titre de roi de Navarre, que le futur Henri IV entra à Paris le 10 juillet. Son mariage avec Marguerite eut lieu le 18 août devant le porche de Notre-Dame, où le Clergé, pour plaire à tout le monde, officia d'une façon qui n'était conforme aux usages d'aucune religion.

Au cours de la cérémonie, il se passa un incident qui en dit long sur la brutalité du roi. Au moment de répondre « oui », Marguerite, qui n'éprouvait aucun attrait pour ce Gascon mal lavé, et ne pouvait se consoler d'avoir dû renoncer au duc de Guise, jeta un regard désespéré vers ses frères et hésita. Alors Charles IX, qui se trouvait derrière elle, lui donna un coup de poing dans la nuque. La douleur fit baisser la tête de la mariée, et le prêtre crut à un signe d'assentiment...

***

Ce mariage avait attiré naturellement un nombre considérable de protestants qui furent tous assassinés cinq jours plus tard, lors de la Saint-Barthélemy (1). C'est pourquoi Charles IX, au lendemain du massacre, éclata de son gros rire vulgaire et s'écria :

— Teh! que c'est gentil c... que celui de ma grosse Margot. Par le sang Dieu, je ne pense pas qu'il y en ait encore un au monde de même, il a pris tous mes rebelles de huguenots à la pipée (2).

Il allait en prendre bien d'autres...

(1) Durant cette nuit tragique, un incident peu connu se produisit dans la chambre de la nouvelle mariée. Un huguenot, poursuivi par des archers, vint s'y réfugier et se cacha dans le lit où elle se trouvait. Apitoyée, Marguerite obtint sa grâce du capitaine des gardes.

On ne dit pas comment le gentilhomme manifesta sa reconnaissance à sa protectrice...

(2) PIERRE DE L'ESTOILE, *Journal*, 1572.

II

DES ÉPOUX MAL ASSORTIS

C'était le ménage du bouc et de la levrette...
CHARLES FOURNIER.

Tandis que les protestants enterraient leurs morts, Marguerite considérait avec effarement le mari que sa mère lui avait donné. Grossier, vantard, sale, puant l'ail, il était le contraire de tout ce qu'elle aimait (1). Comment avait-elle pu faire entrer ce rustaud malodorant dans son lit? On ne sait rien de leur nuit de noces, mais on imagine l'effroi de cette jeune femme de dix-neuf ans délicate et parfumée, habituée à batifoler avec des jeunes gens de la cour aussi élégants qu'elle, contrainte de subir les étreintes de ce bouc fétide. Pourtant, si l'on en croit Henri IV lui-même, le mariage aurait été consommé. Interrogé lors de son divorce, en 1599, par le commissaire du pape qui voulait savoir si les époux avaient eu « communication ensemble », le Béarnais répondit : « Nous étions tous deux jeunes au jour de nos noces, et l'un et l'autre si paillards qu'il était plus qu'impossible de nous en empêcher. »

Mais faut-il le croire? Catherine de Médicis en douta. Au point qu'elle pensa se servir de cette « non-consommation »

(1) Un jour, Mme de Verneuil lui dira que « bien lui prenait d'être roi, que, sans cela, on ne le pourrait souffrir et qu'il puait comme une charogne ». D'autres, moins directs, se contentaient de murmurer que ce Béarnais « n'avait pas seulement une odeur d'hérésie »...

pour faire rompre une union qui lui semblait tout à coup dangereuse. Sa qualité de mari de Marguerite n'avait-elle pas permis à Henri de Navarre, chef des huguenots, d'échapper à la Saint-Barthélemy? Ne lui donnait-elle pas, en outre, un paradoxal droit d'asile et une immunité dans le palais de ceux-là même qu'il combattait? Car personne, bien sûr, ne croyait à la sincérité de l'abjuration qu'il avait prononcée, dans la chambre de Charles IX, au lendemain du massacre.

Un matin, voyant sa fille triste, Catherine lui demanda « si le roi de Navarre était un homme, et, si cela n'était, elle aurait le pouvoir de la démarier ».

Marguerite n'éprouvait aucune attirance pour son mari, mais le mariage lui assurait une relative liberté. Elle prit un air candide et répondit « qu'elle ne se connaissait pas en ce qu'on lui demandait. » La reine mère entreprit alors de lui expliquer « la définition de l'homme selon les attributs particuliers qui conviennent à la relation individuelle et spécifique du mari ».

Depuis longtemps, Marguerite n'avait plus rien à apprendre sur ce sujet. Elle continua néanmoins à jouer les ingénues et à déclarer qu'elle ignorait ce que sa mère voulait dire par « être homme ». Catherine de Médicis abandonna le dialogue, mécontente sans doute de n'être point parvenue à ses fins, mais ravie, au fond d'elle-même, de voir sa fille aussi rusée Florentine...

Marguerite ne parla jamais de la répugnance qu'avait dû lui inspirer l'accomplissement du devoir conjugal lors de sa nuit de noces; mais rapportant dans ses *Mémoires* la question de Catherine de Médicis au sujet de la virilité du roi de Navarre et voulant montrer sa candeur, elle raconte une histoire choisie avec une malice évidente. « J'aurais pu répondre, écrit-elle, comme cette Romaine qui, aux reproches que lui faisait son mari de ne l'avoir averti qu'il avait l'haleine mauvaise, lui répondit qu'elle croyait que tous les hommes l'eussent semblable, ne s'étant jamais approchée d'aultre homme que de luy » (1).

(1) *Mémoires* de la reine DE NAVARRE. On pourrait dire de ces *Mémoires*, comme disait au XVIIe siècle Mlle de Launay en parlant des siens, « qu'elle ne s'y est peinte qu'en buste »...

Histoire que durent savourer tous les amants qu'elle avait eus avant son mariage, mais qui montre bien qu'elle ne conservait pas un suave souvenir du moment qu'elle passa dans les bras de son mari!...

***

Après cette curieuse nuit de noces, les deux époux si mal assortis décidèrent d'un commun accord de vivre dans une liberté complète et, comme le dit Jacques Castelnau, « sous le régime de la tromperie mutuelle ». Elle eut des amants. Il eut des maîtresses. Et le Béarnais, dont la délicatesse n'était pas la qualité dominante, venait bien souvent conter par le menu, « comme à un camarade », ses exploits amoureux à Marguerite. Il ne lui épargnait même pas, nous dit-on « les détails de cabinet de toilette »...

Dire que la jeune reine de Navarre éprouvait du plaisir à entendre les récits de son chenapan de mari serait excessif, mais elle n'en ressentait aucune jalousie. Elle avoue même, dans ses *Mémoires,* qu'une nuit elle le soigna « d'une fort grande faiblesse en laquelle il demeura évanoui l'espace d'une heure — qui lui venait, comme je crois, d'excès qu'il avait faits avec les femmes —, de quoi il resta si content de moi qu'il s'en louait à tout le monde »...

***

Henri de Navarre avait parfois ses beaux-frères, Charles IX et le duc d'Anjou (futur Henri III) pour compagnons de débauche. Leurs jeux étaient alors curieux, si l'on en croit cette lettre d'un courtisan citée par Pierre de l'Estoile dans son *Journal :* « Je sus comme ces trois beaux sires s'étaient fait servir en un banquet solennel qu'ils firent, par des putains toutes nues auxquelles, après le banquet et après en avoir abusé et pris le plaisir, ils brûlèrent avec des torches allumées le poil de leurs parties honteuses » (1).

Le duc d'Anjou avait d'ailleurs d'étranges distractions.

(1) Pierre de l'Estoile. *Mémoires et Journal.*

« Un jour, nous dit du Vair, il fit donner assignation à toutes les putains les plus célèbres de Paris qu'il invita à Saint-Cloud, et les y fit mener dans des carrosses; où étant, il les fit dépouiller toutes nues dans le bois, puis fit aussi dépouiller tout nus les Suisses et les y lâcha à la chasse. »

Parfois, il mêlait un peu de religion à ses badinages. C'est ainsi que, fréquentant les dames de B., il s'amusait, nous dit-on, « à mesurer leur nature avec les grains de son chapelet... » (1).

Avec de tels compères, Henri de Navarre menait une vie dont le moins qu'on puisse en dire est qu'elle n'était point monotone.

De son côté, Marguerite faisait entrer dans son lit tous les messieurs qui lui semblaient attrayants. Et Dieu sait s'il en défilait à la cour...

Ainsi, ces deux époux qui se savaient incapables d'être heureux ensemble, avaient du moins cette consolation d'y parvenir en même temps...

(1) *Anecdotes de Du Vair* publiées par L. Lalanne à la suite des *Mémoires* de Marguerite de Navarre.

III

LA REINE MARGOT RECUEILLE LA TÊTE DE SON AMANT

> Les extravagances sont de l'essence du véritable amour.
>
> NINON DE LENCLOS.

Au mois d'octobre 1573, Charles IX, qui était hanté par des hallucinations depuis la Saint-Barthélemy, tomba malade et dut se coucher avec une forte fièvre. On fit appeler Ambroise Paré. Bien que calviniste, celui-ci continuait, en effet, à soigner le roi (1). Il diagnostiqua un « mal de poumon ». Mal qui évolua rapidement puisqu'en décembre, le médecin nota l'apparition de « flux de sang par la bouche... » Au début de 1574, on commença à dire que Charles IX était perdu.

Alors, une faction se forma sous le nom de *Politiques* ou *Malcontents,* dirigée par le prince de Condé, les Montmorency et Henri de Navarre. Son but était de faire succéder au roi mourant, François, duc d'Alençon, âgé de dix-neuf ans, à la place de son frère Henri, duc d'Anjou, alors roi de Pologne (2).

(1) Il avait dû son salut, lors de la Saint-Barthélemy, à une curieuse circonstance. Depuis quelque temps, il traitait un mal vénérien dont était affecté Charles IX. A quoi tiennent les choses...

(2) Catherine de Médicis avait fait élire le duc d'Anjou (futur Henri III) roi de Pologne pour empêcher l'Autriche et la Russie de s'emparer de ce royaume. Cf. *Histoires d'Amour de l'Histoire de France.* Tome II.

François, depuis quelque temps, avait noué des relations secrètes avec les protestants. Au point que, lorsque son frère était parti pour la Pologne en décembre 1573, accompagné jusqu'en Lorraine par la cour, il avait essayé, en compagnie de Navarre, de fausser compagnie à la suite royale pour rejoindre les troupes huguenotes à Sedan. Mais Catherine de Médicis veillait. Informée du projet, elle avait immédiatement fait placer les deux princes sous une surveillance constante. Aux étapes, ils ne pouvaient faire un pas sans être, comme par enchantement, entourés de gardes, la main sur la poignée de l'épée, qui les considéraient d'un air moqueur. Finalement, ils avaient dû renoncer à s'échapper.

Au retour de ce voyage, Charles IX, dont la maladie s'était aggravée, avait choisi de s'installer à Saint-Germain-en-Laye où, depuis lors, Navarre et Alençon étaient gardés à vue et traités comme des prisonniers.

En février 1574, las de tourner en rond sous le regard froid de la reine mère, les deux princes eurent une idée. Ils résolurent de se faire enlever par les membres de la faction des *Politiques*. Grâce à des accointances avec l'extérieur, ils parvinrent à informer de leur décision les Montmorency qui préparèrent minutieusement un coup de force contre le château de Saint-Germain.

Mais, nous dit le duc de Bouillon, « parmi toutes ces choses, il y avait des amours mêlées qui font ordinairement à la cour la plupart des brouilleries et s'y passent peu ou point d'affaires que les femmes n'y aient part et le plus souvent sont causes d'infinis malheurs à ceux qui les aiment et qu'elles aiment. » (1)

Parmi les amis du duc d'Alençon se trouvait le seigneur Boniface de La Mole, gentilhomme provençal qui présentait cette particularité de manger les plumes de son chapeau lorsqu'il était en colère... Il était néanmoins fort aimé des dames. « Monsieur le duc, son maître, nous dit Pierre de L'Estoile, lui portait une amitié et une faveur extraordinaires; au contraire, il était haï et mal voulu du roy pour quelques particularités fondées plus sur l'amour que sur la guerre, étant

(1) DUC DE BOUILLON. *Mémoires.*

ce gentilhomme meilleur champion de Vénus que de Mars; au reste, grand superstitieux, grand messier et grand putier (comme disaient les huguenots). Comme à la vérité il ne se contentait d'une messe tous les jours, ainsi en oyait-il trois ou quatre; et quelquefois cinq et six, même au milieu des armées, chose rare à ceux de sa profession : et lui a-t-on ouï dire que, s'il y eût failli un jour, il eût pensé être damné. Le reste du jour et de la nuit, il l'employait à l'amour, ayant cette persuasion que la messe ouïe dévotement expiait tous les péchés et paillardises qu'on eût su commettre; de quoi le feu roy, bien averti, a dit souvent en riant que qui voulait tenir registres des débauches de La Mole, il ne fallait que compter ses messes » (1).

Ce dévot lubrique était fait pour s'entendre avec Marguerite qui passait elle-même facilement de l'église à l'alcôve et allait se coucher près de ses amants, les cheveux encore imprégnés d'encens...

Un jour, il la rencontra, moulée dans une robe de brocart, le corsage ouvert, laissant voir cette gorge « pleine et charnue dont mouroient tous les courtisans » (2) et il en tomba immédiatement amoureux...

Si amoureux qu'il se défia de lui-même et se persuada qu'une intervention céleste pouvait seule lui faire obtenir les faveurs de Marguerite. Alors il eut l'idée curieuse — paradoxale, il faut l'avouer — de s'adresser pour cela à la Sainte Vierge...

Pendant des jours, il égrena avec rage des chapelets, sans autre résultat qu'un durillon au bout de l'index. Dégoûté, il décida de s'adresser au démon et demanda à Cosimo Ruggieri, magicien de Catherine de Médicis, d'envoûter Marguerite.

Cosimo modela une statuette de cire à la ressemblance de la princesse, lui plaça une couronne sur la tête et lui piqua l'emplacement du cœur avec un pépin de raisin en récitant une formule en hébreu...

Certain de la puissance de ce charme, La Mole, dès le

(1) Pierre de l'Estoile. *Journal.*
(2) Brantôme. *Vie des Dames galantes.*

lendemain, se présenta avec un air avantageux devant Marguerite. La volcanique reine de Navarre avait remarqué Boniface depuis longtemps. Séduite par ce bel homme, elle avait senti s'allumer en elle une espèce de feu « qui lui embrasait le bijou », et elle attendait avec impatience qu'il voulût bien lui faire un signe...

Ce jour-là, il se permit un regard un peu insistant. L'effet dépassa ses espérances. Marguerite bondit sur lui, le prit par la main et le traîna dans sa chambre où leurs amours furent si peu discrètes que, deux heures plus tard, toute la cour savait que la reine de Navarre avait un amant de plus.

Charles IX en fut avisé aussitôt. La nuit suivante, malgré son état, il se posta dans un escalier en compagnie de Henri de Guise, ex-amant de Marguerite, et attendit, l'épée à la main, avec l'intention de tuer La Mole; mais personne ne parut. Informé sans doute des desseins du roi, le galant passa la nuit entière chez la reine de Navarre...

***

A la mi-février, les Montmorency étaient prêts à passer à l'action. Il fut alors convenu que le sieur Guitry-Bertichères, accompagné de deux cents cavaliers, attaquerait le château de Saint-Germain-en-Laye le jour du Mardi Gras et enlèverait le roi de Navarre et le duc d'Alençon.

La Mole devait naturellement participer à cette affaire et en éprouvait une grande vanité. Sur l'oreiller, il ne put s'empêcher de parler à Marguerite du complot qui se préparait et du rôle important qu'il allait y jouer avec un de ses amis nommé Coconas, amant de la duchesse de Nevers.

Marguerite fut effrayée. Étant fille de roi, elle savait que tout désordre portait préjudice à la couronne. Malgré son amour pour La Mole, elle alla prévenir Catherine de Médicis qui envoya des gardes chercher le duc d'Alençon. Celui-ci arriva en pleurant, se jeta aux pieds de sa mère et avoua tout.

Aussitôt, l'alarme fut donnée. Il en résulta un affolement général. Les cardinaux de Lorraine et de Guise sautèrent sur leurs chevaux et partirent dans la nuit. On rassembla les bagages à la hâte et la cour prit le chemin de Paris, traînant dans une litière Charles IX grelottant de fièvre qui gémissait et disait :

— Du moins, s'ils avaient attendu ma mort!...

En tête de cette suite de voitures dont les roues crissaient sur la route gelée, roulait le coche de Catherine de Médicis. A l'intérieur, près de la Florentine impassible, se trouvaient, transis et fort piteux, le roi de Navarre et Alençon, traités maintenant en conspirateurs...

***

Le lendemain, au Louvre, Alençon accusa La Mole et Coconas d'être à l'origine de la conspiration. De son côté, Henri de Navarre se prétendit offensé par les calomnies dont il était l'objet et se défendit avec habileté.

Les deux chefs du complot furent donc lavés de tout soupçon, et la colère du roi retomba sur La Mole et Coconas...

Les malheureux allaient payer pour tout le monde... (1)

Le 30 avril 1574, ils eurent la tête tranchée en place de Grève; puis leurs corps furent coupés en quatre quartiers et accrochés aux portes de la ville afin de fournir un spectacle intéressant au menu peuple...

Lorsque la nuit fut tombée, la duchesse de Nevers et Marguerite, qui avait tout de même quelques remords, envoyèrent un de leurs amis, Jacques d'Oradour, racheter les têtes au bourreau. Ayant baisé leurs lèvres froides, elles les rangèrent avec soin dans un tiroir et, le lendemain, les firent embaumer.

Après quoi, nous dit un chroniqueur, « elles remplirent la bouche des défunts avec des pierreries qui venaient d'eux, et enveloppèrent ces têtes dans leurs plus riches jupes; puis, les ayant fait couvrir de plomb et de caisses de bois, firent faire des outils exprès, creusèrent elles-mêmes avec iceux des fosses

(1) Le maréchal de Montmorency et le maréchal de Cossé furent simplement conduits à la Bastille.

à Montmartre, parce qu'ils étaient leurs martyrs, et y mirent ces têtes. »

Les restes de La Mole et de Coconas devaient avoir un curieux destin... Voici en effet ce que nous dit Bassompierre dans ses *Mémoires :*

« En ces derniers temps, Madame de Montmartre, qui a réformé son abbaye et renfermé ses religieuses, a fait faire un grand clos; comme on y faisait les murailles, et fouissant, on a trouvé ces deux caisses, et dedans, ces deux têtes avec ces joyaux; on a pieusement cru que ce devaient être les têtes de quelques martyrs pour la foi, que le zèle des chrétiens avait autrefois enterrées en ce lieu, et mis ces bagues dans ces mêmes caisses; et ainsi ils ont été relevés, la chapelle des martyrs bâtie et ces têtes enchâssées et révérées... » (1).

Comme quoi l'amour mène parfois au ciel...

***

Pendant quelques jours, Marguerite essaya consciencieusement d'être fidèle à la mémoire du cher disparu. Ses efforts étaient louables, car de nombreux jeunes gens tournaient déjà autour d'elle avec un air un peu trop poli pour être honnête. Et sans doute eût-elle rapidement oublié son deuil dans le lit de l'un d'eux si elle n'avait pris le soin de porter une petite tête de mort à son revers de corsage en guise de pense-bête (2).

Mais les meilleurs sentiments ne résistent pas longtemps aux poussées d'une nature généreuse. Marguerite se sentit, au bout d'une semaine, dans un état de grande surexcitation qui la gênait pour trouver ses mots et l'empêchait de s'asseoir. Il lui fallait un calmant. Elle le trouva en la personne d'un garçon de la cour, nommé Saint-Luc, qui était réputé pour son intarissable vigueur. En quelques séances, il apaisa le tour-

(1) BASSOMPIERRE, *Nouveaux Mémoires.*

(2) Marguerite tenait des Valois des goûts assez morbides. Tallemant des Réaux nous dit « qu'elle portait un grand vertugadin qui avait des pochettes tout autour, en chacune desquelles elle mettait une boîte où était le cœur d'un de ses amants trépassés; car elle était soigneuse, à mesure qu'ils mouraient, d'en faire embaumer le cœur... ».

ment de Margot. Alors, la jeune reine recommença à fréquenter les bals. Un soir, elle y rencontra le beau Charles de Balzac d'Entragues et devint sa maîtresse. Elle ignorait que ce gentilhomme était poussé vers elle par le duc de Guise, qui voulait ainsi la rapprocher de son parti...

La cour était alors à Lyon, où l'on fêtait l'arrivée de Henri III qui rentrait de Pologne (1). Le roi aimait toujours sa sœur d'un amour un peu trouble; en apprenant qu'elle partageait le lit d'Entragues, il éprouva une vive irritation et imagina de pousser Henri de Navarre à se montrer un peu plus soucieux de sa dignité de mari... Par la même occasion il pensait pouvoir lui révéler les jeux incestueux que Marguerite avait eus avec le duc d'Alençon et diviser ainsi les deux chefs du récent complot.

Le pauvre ne se doutait pas que Navarre était parfaitement au courant de la conduite de sa femme et qu'il en profitait pour se livrer sans remords à la débauche la plus effrénée.

Un jour, le roi prit le Béarnais dans sa voiture, l'emmena en promenade et, comme par hasard, le fit passer dans la rue où habitait Entragues. Devant la porte de celui-ci se trouvait le carrosse de Marguerite, aisément reconnaissable à sa couleur dorée et à ses coussins de velours jaune.

— Ta femme est là, avec son amant, dit le souverain.

Navarre sourit, un peu gêné.

Le soir, Marguerite, mise au courant, courut chez sa mère pour se plaindre de l'attitude de Henri III. Celui-ci reçut une verte semonce de Catherine de Médicis et fut contraint de faire des excuses à tout le monde après avoir déclaré qu'il avait dû se tromper sur la couleur du carrosse.

Si la machination n'avait pas atteint son but, elle avait du moins ouvert les yeux de Marguerite sur la duplicité de son frère. Pendant quelques jours, elle fut d'une sagesse exemplaire, évitant de regarder les messieurs pour n'être point tentée.

Mais la chasteté n'était pas un état dans lequel elle se trouvait à l'aise. Un beau soir, elle devint la maîtresse de Louis de Clermont d'Amboise, seigneur de Bussy. C'était un

(1) Charles IX était mort le 30 mai 1574 à l'âge de vingt-quatre ans.

élégant jeune homme « escalabreux, brave et vaillant », qui passait son temps à se battre en duel et à entrer dans le lit des jolies femmes de la cour.

Il possédait d'ailleurs, nous dit Merki, « un livre d'heures dans lequel il avait retracé l'histoire de tous les maris infortunés de sa connaissance en ajoutant un hymne à la louange de chacun » (1).

Au contact de Marguerite, ce bouillant garçon se déchaîna, et ce ne fut entre eux que « concupiscence effrénée, conjonction cachée et consommation à l'écart ». Bientôt ils commirent des imprudences. Un soir, quelqu'un les aperçut, alors « qu'il la baisait toute en jupe sur la porte de sa chambre » (2).

Henri III ne tarda pas à être mis au courant, par l'inévitable M. du Guast, qui détestait Marguerite, des curieuses distractions que celle-ci s'offrait dans les couloirs du Louvre. Désireux de faire partager sa jalousie, il appela Henri de Navarre :

— Ta femme te trompe avec Bussy!

Le Béarnais s'étant contenté de hausser les épaules sans répondre, le roi courut trouver sa mère et lui dit que la conduite de Marguerite scandalisait tout Paris.

Une fois de plus, Catherine prit la défense de sa fille : « Je ne sais qui sont les brouillons qui vous mettent telles opinions en la fantaisie, répliqua-t-elle sévèrement. Ma fille est malheureuse d'être venue en un tel siècle. De notre temps, nous parlions librement à tout le monde, et tous les honnêtes gens qui suivaient le roi, votre père, M. le Dauphin et M. d'Orléans, vos oncles, étaient d'ordinaire à la chambre à coucher de Mme Marguerite, votre tante, et de moi; personne ne le trouvait étrange, comme aussi n'y avait-il pas de quoi. Bussy voit ma fille devant vous, devant son mari, devant tous les gens de son mari en sa chambre et devant tout le monde; ce n'est pas à cachette ni à porte fermée. Bussy est personne de qualité et le premier auprès de votre frère. Qu'y a-t-il à penser? En savez-vous autre chose? Par une calomnie, à

(1) Charles MERKI, *La reine Margot et la fin des Valois*.
(2) *Le Divorce satyrique*.

Lyon, vous me lui avez fait faire un affront très grand, duquel je crains bien qu'elle ne s'en ressente toute sa vie... » (1).

Fort étonné, le roi ne trouva à répliquer que :

— Madame, je n'en parle qu'après les autres.

— Qui sont ces autres, mon fils? Ce sont gens qui veulent vous mettre mal avec tous les vôtres!... (2).

Henri III rentra chez lui bien décidé à supprimer ce Bussy qui connaissait avec sa sœur des délices dont il conservait la nostalgie...

Le surlendemain, à minuit, il le fit attaquer par douze cavaliers sur le quai du Louvre. L'amant de Marguerite parvint à glisser de son cheval et à courir dans l'obscurité jusqu'à l'embrasure d'une porte où il se cacha. Par un hasard extraordinaire, le battant était entrouvert. Il le poussa, entra dans la maison et y demeura jusqu'à l'aube. Le matin, il reparut à la cour et salua le roi avec un air ironique; après quoi, il jugea prudent de « changer d'air ». Il quitta Paris le 22 mai 1575, accompagné de cent soixante-dix cavaliers, portant fièrement à son chapeau les couleurs de la reine Marguerite... (3).

(1) et (2) MARGUERITE DE NAVARRE, *Mémoires*.

(3) En juillet 1579, Bussy d'Amboise devint l'amant de la belle Françoise de Maridor, femme du comte de Montsoreau, grand veneur d'Anjou. Aussi fat que glorieux, il écrivit à son ami Coutenant pour lui dire « qu'il avait tendu des rets à la bête du grand Veneur et qu'il la tenait dans ses filets ». Suivaient des détails précis sur certains raffinements dont la belle — une ancienne pensionnaire de l'Escadron Volant — s'était montrée experte. Coutenant, amusé, montra la lettre à Monsieur, qui la garda et la donna au roi. Henri III comprit qu'il tenait enfin le moyen de se venger de Bussy. Il convoqua Montsoreau, qui se trouvait pour lors à Paris, et lui fit lire la lettre. Le comte retourna chez lui, à la Coutancière (car le drame de Montsoreau ne s'est pas déroulé à Montsoreau, contrairement à ce qu'a écrit Alexandre Dumas), et commença par rouer de coups l'infidèle. Puis, sous la menace de son pistolet, il l'obligea à fixer un rendez-vous à Bussy pour la nuit suivante. Quelques heures plus tard, l'ex-amant de Margot arrivait au château. Tout semblait dormir. Il frappa. Une femme vint lui ouvrir et le conduisit au premier étage, où se trouvait la chambre de Françoise. Au moment où il allait pénétrer chez sa maîtresse, il entendit un léger bruit. Se retournant, il se trouva en face de quinze hommes qui se précipitèrent sur lui, l'épée haute et le poignard à la main. Un combat terrible s'engagea. Après s'être battu vaillamment Bussy voulut s'échapper par la fenêtre. Déjà, il prenait son élan

pour s'élancer dans le vide, lorsqu'un coup d'épée l'atteignit par derrière. Il tomba en tournoyant sur les grilles du château, où son cadavre fut retrouvé le lendemain.

Par la suite, le comte et la comtesse de Montsoreau se réconcilièrent, vécurent heureux et eurent de beaux enfants.

Quant à M. du Guast, qui avait révélé les amours de Bussy et de Marguerite, il mourut assassiné, cinq mois plus tard, le 30 octobre 1575 par le baron de Vitteaux. Le bruit courut que la reine de Navarre n'était point étrangère à cet assassinat.

IV

LES AMOURS INCESTUEUSES DE LA REINE MARGOT

> L'inceste resserre les liens de la famille, mais nuit au développement de la grande fraternité humaine.
>
> JEHAN DANFLOU.

Tandis que Marguerite, atteinte d'une véritable boulimie amoureuse, faisait entrer successivement dans son lit tous les gardes du Louvre en attendant de se trouver un neuvième amant en titre, Henri de Navarre se consolait en batifolant avec une dame d'atours de la reine mère : la gracieuse baronne de Sauve (1).

Elle avait « le tétin ferme et blanc, emplissant bien la main du gentilhomme, la cuisse longue et la fesse alerte ». Le Béarnais passait avec elle de ces nuits qui comptent même dans la vie d'un roi; et il se félicitait d'être tombé dans une belle-famille où, la fidélité n'étant pas reconnue pour une vertu, il pouvait, sans risque, tromper sa femme.

Cette facilité de mœurs l'étonnait tout de même un peu, l'éducation protestante que lui avait donnée l'austère Jeanne d'Albret ne l'ayant pas habitué à autant de liberté.

S'il avait su la vérité, sans doute eût-il été plus étonné encore.

(1) Elle était la petite-fille du surintendant des finances. Jacques de Semblançay, pendu sous François Ier, pour satisfaire la vengeance de Louise de Savoie. (V. *Histoires d'Amour de l'Histoire de France*, tome II.)

En effet, s'il était l'amant de Mme de Sauve, c'est que sa belle-mère l'avait voulu.

Il s'agissait d'une obscure machination organisée par Catherine de Médicis dans un but politique.

Lorsque le complot qui devait écarter Henri III du pouvoir et faire monter le duc d'Alençon sur le trône avait été découvert, Catherine s'était refusée à faire emprisonner les deux princes, — un tel acte eût causé une immense émotion dans tout le royaume — mais elle tenait Navarre et Alençon prisonniers au Louvre. Il leur était interdit de sortir seuls, et des sbires notaient tous leurs propos.

Malgré cette surveillance constante, Catherine de Médicis vivait dans les transes. Elle craignait à chaque instant que les deux beaux-frères ne parvinssent à s'échapper, à rejoindre les protestants et à préparer un nouveau complot.

Aussi, connaissant le goût de son gendre pour les jolies femmes, avait-elle eu l'idée de le mettre, si j'ose dire, entre les mains de Mme de Sauve afin de le retenir à la cour.

La jeune baronne, qui était de tempérament galant, avait accepté le rôle que lui proposait la reine mère, et Navarre était devenu, sans le savoir, son propre prisonnier.

Restait Alençon. Quelle femme lui donner pour le fixer au Louvre? Catherine en parla à Henri III. Celui-ci était encore plus machiavélique que sa mère : il imagine d'utiliser Mme de Sauve pour retenir les deux hommes et, du même coup, les désunir (1).

Mme de Sauve devint donc la maîtresse du duc d'Alençon. Habile comédienne. elle sut faire exactement ce que Catherine et Henri attendaient d'elle. Se donnant successivement aux deux beaux-frères avec toutes les marques d'un amour sincère, elle commettait ensuite de fausses maladresses qui révélaient à chacun son infortune. Écoutons Dreux du Radier : « L'amour du roi de Navarre et du duc d'Alençon pour Mme de Sauve augmentant chaque jour, ils passèrent du chagrin réciproque qu'ils se donnoient à une jalousie déclarée, et qui ne leur

(1) Cf. SULLY. « Ces mêmes maîtresses qui leur estoient suscitées et instruites par la reine mère, lesquelles, par divers rapports et jalousies qu'elles leur donnoient. les essayoient de les mettre en querelles. » *Mémoires*.

permit plus d'envisager les raisons d'ambition, de politique et de devoir qui les avoient retenus. Un regard, une attention, un coup d'œil, la moindre faveur accordés par Mme de Sauve au roi de Navarre irritoient le duc d'Alençon contre lui. Il en étoit de même du roi de Navarre à l'égard du duc son beau-frère. » Cette jalousie amena un commencement de brouille entre les deux hommes, ainsi que le raconta un jour le Béarnais lui-même à Sully :

« Nos premières haines commencèrent dès lors que nous étions tous les deux prisonniers à la cour, et que, ne sachant à quoi nous divertir pour ce que nous ne sortions pas souvent, et n'avions autre exercice qu'à faire voler des cailles dans ma chambre, nous nous amusions à caresser les dames, en sorte qu'étant tous deux devenus amoureux d'une même beauté, qui étoit Mme de Sauve, elle me témoignoit de la bonne volonté, et le rabrouoit, et le méprisoit devant moi, ce qui le faisoit enrager » (1).

Mme de Sauve avait-elle une secrète préférence pour Henri de Navarre malgré son odeur de gousset? (2) C'est plus que probable : il était joli garçon (3), spirituel, amusant, fougueux, alors que le duc d'Alençon était triste et bileux... Aussi ne faisait-elle aucun effort pour accomplir sa mission auprès du Gascon qui eut bientôt pour elle une passion telle que Catherine de Médicis se frotta les mains. La reine Margot nous dit dans ses *Mémoires :* « Il ne me parlait presque plus. Il revenoit de chez elle fort tard, et pour l'empêcher de me voir elle luy commandoit de se trouver au lever de la royne, où elle étoit sujette d'aller, et après, tout le jour, il ne bougeoit plus d'avec elle. »

Il ne cachait d'ailleurs nullement cette liaison, même à sa femme, puisque Marguerite ajoute un peu plus loin : « Il me parlait de cette fantaisie aussi librement qu'à une sœur, connaissant bien que je n'en étais aucunement jalouse, ne désirant que son contentement... »

En somme, tout allait ainsi que le désiraient Henri III et sa

(1) SULLY, *Mémoires.*

(2) Le Béarnais disait lui-même : « Je sens le gousset » — c'est-à-dire qu'une mauvaise odeur s'exhalait de ses aisselles.

(3) Bien que petit, puisqu'il mesurait 1,64 m.

mère : Navarre et Alençon étaient retenus au Louvre par une femme et ils commençaient à se haïr...

Le frère du roi avait-il renoncé à s'enfuir? On commençait à le croire, et Mme de Sauve « en faisait la fierote ». En fait il trompait tout le monde et préparait secrètement son évasion. Le 15 décembre 1575, lorsque tout fut au point, il dit adieu à sa sœur, changea de manteau, releva son col (ce qui devait paraître curieux en plein mois de septembre), se glissa hors du Louvre sans être reconnu et s'en alla à pied jusqu'à la porte Saint-Honoré. Là, un carrosse l'attendait qui le conduisit à Montfort-l'Amaury. Dans la nuit, il était à Dreux, ville de son apanage, et recevait avec de grandes réjouissances les gentilshommes de son parti.

Il avait quitté le Louvre a six heures du soir, mais on ne s'aperçut de son départ que vers neuf heures. « Le roi et la reine, ma mère, raconte Marguerite dans ses *Mémoires,* me demandèrent pourquoi il n'avoit point soupé avec eux, et s'il étoit malade. Je leur dis que je ne l'avois point vu depuis l'après-dînée. Ils envoyèrent en sa chambre voir ce qu'il faisoit. On vint leur dire qu'il n'y étoit pas. Ils disent qu'on le cherche par toutes les chambres des dames où il avoit accoutumé d'aller. On cherche par le château, on cherche par la ville; on ne le trouve point. A cette heure, l'alarme s'échauffe; le roi se met en colère, se courrouce, menace, envoye quérir tous les princes et seigneurs de la cour de monter à cheval et le luy ramener vif ou mort. »

Mais on ne put rattraper Alençon, « de quoi le roi, toute la cour et la ville de Paris furent merveilleusement troublés ».

Au milieu de cet affolement, Mme de Sauve faisait piteuse mine. C'était la première fois que l'Escadron Volant essuyait une défaite...

***

Catherine de Médicis, toutefois, ne fit aucun reproche à la jeune femme, craignant, en la mécontentant, de l'inciter à favoriser la fuite de Navarre. Puisqu'on avait la chance de tenir encore celui-là, du moins fallait-il le garder. Et par tous les moyens...

La reine mère fit appeler des courtisanes un peu sur le retour et les chargea d'enseigner à Mme de Sauve des caresses peu connues du vulgaire. La jeune femme fut une élève appliquée.

Au bout de quelques jours, elle était en mesure de montrer son nouveau savoir au Béarnais qui s'en trouva tellement émerveillé que Mme de Sauve, un peu revigorée, put faire un rapport réconfortant à la reine mère.

Mais Navarre était rusé. Tout en prenant du plaisir avec son experte maîtresse, il préparait lui aussi son évasion; et le 3 février 1576, après avoir endormi la méfiance de Catherine et de Henri III, il obtint la permission d'aller chasser en forêt de Senlis.

On ne devait pas le revoir à Paris avant vingt ans.

Le soir, Henri III, furieux, apprenait que son beau-frère avait trouvé des chevaux et des amis, à Senlis, et qu'il était parti à bride abattue se réfugier à Vendôme...

Cette fois, Mme de Sauve crut mourir de honte. Elle resta plusieurs jours enfermée dans ses appartements, redoutant la colère de Catherine de Médicis. Mais la Florentine ne lui fit aucun reproche. Elle se contenta de la considérer désormais avec une moue méprisante...

Pour se consoler, Mme de Sauve devint la maîtresse du duc de Guise.

***

Dès qu'il eut franchi la Loire, Henri de Navarre se sentit en sécurité et poussa un grand soupir :

— Loué soit Dieu qui m'a délivré! s'écria-t-il.

Puis s'empressa d'abjurer la religion catholique qu'il avait prudemment embrassée au moment de la Saint-Barthélemy.

Cet acte accompli, il dit, sur un ton mi-plaisant mi-sérieux : « qu'il n'avait regret à Paris que de deux choses qu'il y avait laissées : qui étaient la messe et sa femme. Toutefois, quant à la première, qu'il essaierait de s'en passer; mais de l'autre qu'il ne pouvait, et qu'il la voulait ravoir. »

C'était bien la première fois qu'il se préoccupait de Marguerite...

Il lui écrivit pour s'excuser d'être parti du Louvre sans lui dire au revoir et chargea le seigneur de Duras d'aller la chercher.

Henri III, qui ne décolérait pas depuis la fuite de Navarre, refusa de laisser partir sa sœur, disant qu'elle était le plus bel ornement de la cour et qu'il ne pouvait s'en séparer.

En réalité, il la gardait prisonnière. La pauvre ne pouvait sortir de sa chambre, des gardes surveillaient sa porte nuit et jour et son courrier était lu.

Pourquoi ce traitement? Officiellement parce que Marguerite était accusée d'avoir organisé l'évasion de son mari. En fait, parce que Henri III soupçonnait Margot de conspirer avec Navarre en faveur de son frère François, duc d'Alençon, et qu'il était, une fois de plus, jaloux...

Préférait-il Margot à ses mignons? Personne n'aurait pu le dire. Même pas lui. Mais il conservait un souvenir exaltant des minutes où il avait été son amant et ne pouvait supporter qu'un autre la possédât...

Pendant des semaines, des mois, il cloîtra cette jeune femme de vingt-cinq ans, l'empêchant de rencontrer des hommes et la forçant à une douloureuse chasteté qui lui donna bientôt un air un peu égaré.

Elle essaya bien de tromper sa fringale en s'occupant de poésie, de littérature ancienne et de musique; mais ni Ronsard, ni Ovide, ni Clément Janequin ne purent lui faire oublier les besoins de sa nature. Au bout de trois mois de ce régime, elle était pareille à une tigresse privée de mâle; le désir qui embrasait sa chair lui faisait parfois cambrer les reins, ouvrir les lèvres et pousser des cris rauques.

« Sans doute, nous dit un contemporain, aurait-on pu faire cuire un œuf sur son hérisson tant celui-ci était chaud et ardent. »

Mais cette curieuse idée ne vint à personne. D'ailleurs elle n'eût apporté aucun apaisement à la pauvre reine qui tournoyait dans sa chambre en proie à des véritables crises d'hystérie.

Un jour, n'y tenant plus, Margot alla se jeter aux pieds de Henri III et le supplia de l'autoriser à rejoindre son mari.

Le souverain la considéra avec un éclair mauvais dans les yeux :

— Depuis que le roi de Navarre s'est refait huguenot, dit-il, je n'ai pas trouvé bon que vous y alliez. Ce que nous en faisons, la reine, ma mère, et moi, c'est pour votre bien. Je veux faire la guerre aux huguenots et exterminer cette misérable religion qui nous a fait tant de mal... Qui sait si, pour me faire une indignité irréparable, ils ne voudraient pas se venger sur votre vie du mal que je leur ferai? Non, vous n'irez point.

***

Malgré la surveillance étroite dont elle était l'objet, Marguerite réussit à faire parvenir un billet au duc d'Alençon pour l'informer du triste état dans lequel on la tenait au Louvre. Celui-ci, fort ému, envoya une lettre de protestations à Catherine de Médicis.

La reine mère bondit sur l'occasion. Depuis longtemps elle cherchait le moyen de « neutraliser » Alençon; elle pensa qu'en échange de la liberté de Marguerite ce fils rebelle quitterait les protestants et abandonnerait la lutte contre la couronne.

Elle proposa à Henri III de négocier avec le duc par l'entremise de Marguerite.

— Vous savez combien François aime votre sœur, dit-elle. Tout ce qu'elle demandera, elle l'obtiendra.

C'était précisément ce qu'il ne fallait pas dire.

— Marguerite ne sortira pas d'ici, déclara sèchement le roi.

Catherine se rendit seule auprès d'Alençon qui refusa catégoriquement d'entamer des pourparlers tant que sa sœur serait prisonnière :

— Je ne peux supporter qu'elle souffre quand je suis libre! s'écria-t-il.

Catherine revint au Louvre dare-dare.

— Je n'aboutirai à rien sans Marguerite, dit-elle. Il faut qu'elle vienne; et c'est urgent, car François dispose d'une armée de six mille Allemands qui vient de ravager la Champagne et peut demain vous attaquer...

Henri III, épouvanté, accepta cette fois, et Catherine partit avec sa fille retrouver Alençon à Châtenay, près de Sens.

A ce moment, la pauvre Margot était vraiment à deux doigts de sombrer dans la folie : elle mordait ses draps, avait des rêves indécents et prononçait pendant son sommeil des mots fort grivois.

Le voyage lui fut pénible, car il y avait de beaux officiers fort désirables qui escortaient le carrosse royal, et qui lui eussent volontiers calmé les nerfs. Elle eut la force de ne point les attirer dans sa litière, sachant que son supplice allait prendre fin.

En effet, le lendemain soir, après les premiers pourparlers, lorsque tout le monde fut couché, elle sortit de sa chambre sans bruit et alla rejoindre le duc qui lui montra, avec une ardeur qu'il est permis de trouver déplacée, des sentiments plus que fraternels...

Après cette nuit, qui apporta un grand soulagement à Marguerite, les négociations reprirent et Alençon, sûr de sa force, posa ses conditions : il voulait, d'accord avec Navarre, livrer nos places de Lorraine aux Allemands, réhabiliter la mémoire de Coligny, de La Mole et Coconas, et accorder la liberté du culte aux protestants.

Catherine, effrayée par les troupes qui entouraient son fils, accepta tout, sauf la remise des places à l'Allemagne.

— Je ne donnerai rien aux Allemands, dit-elle. Mais ce que je peux faire, c'est vous donner, à vous, l'Anjou, le Berry, la Touraine avec d'énormes revenus, si vous cessez de lutter contre le roi.

Le duc d'Alençon (qui devint dès lors duc d'Anjou, nom sous lequel je le désignerai désormais) accepta et un arrangement, très onéreux pour la couronne, fut signé.

Quelques jours plus tard, Henri III, dont l'hypocrisie était à la mesure de ses vices, recevait son frère avec honneur et se réconciliait publiquement avec lui.

Marguerite était revenue à Paris avec François. Elle se réinstalla au Louvre où, si l'on continua de lui interdire tout voyage à Nérac, on ne la considéra plus comme une prisonnière. Elle en profita pour avoir, avec quelques beaux messieurs, des aventures rapides et sans lendemain qui lui permirent de se bien porter.

***

Au Louvre, Marguerite espionnait pour le compte de son frère François, envers qui elle avait contracté une grosse dette de reconnaissance.

Elle allait bientôt l'aider de façon plus active encore.

Au printemps de 1577, Mondoucet, agent du roi en Flandre, se mit au service du duc d'Anjou qui, malgré la paix de Sens, n'avait pas renoncé à ses ambitions, et lui apprit que, les Flamands souffraient de la domination espagnole.

— Il serait facile de conquérir la Flandre, dit-il. Il suffirait d'envoyer là-bas quelqu'un d'habile pour préparer les esprits en votre faveur.

Quelqu'un d'habile? Le duc d'Anjou pensa tout de suite à Marguerite. Mais sous quel prétexte l'envoyer en Flandre? Ce fut Mondoucet qui trouva :

— Monsieur, si la reine de Navarre pouvait feindre d'avoir quelque mal, à quoi les eaux de Spa, où va madame la princesse de La Roche-sur-Yon, pussent servir, cela viendrait bien à propos pour votre entreprise de Flandre, où elle pourrait frapper un grand coup.

Monsieur trouva l'idée excellente et se tourna vers Marguerite :

— Ô reine, ne cherchez plus, il faut que vous alliez aux eaux de Spa, où va Mme de La Roche-sur-Yon. Je vous ai vu autrefois un érysipèle au bras; il faut que vous disiez que lors les médecins vous l'avaient ordonné, mais que la saison n'y était pas si propice; qu'à cette heure c'est leur saison, que vous suppliez le roi de vous permettre d'y aller (1).

Le lendemain, Marguerite alla trouver sa mère et lui dit qu'elle était bien malheureuse de demeurer à la cour tandis que le roi faisait la guerre à son mari, car tous deux pouvaient la soupçonner de les trahir, et qu'en conséquence elle désirait s'éloigner de Paris. Elle parla de son érysipèle, des médecins, de Spa et de la saison propice...

(1) Tout ce dialogue est rapporté par MARGUERITE DE NAVARRE, elle-même, dans ses *Mémoires*.

— Demandez au roi de me laisser partir, Madame. Ainsi, je ferai connaître à mon mari que, ne pouvant être avec lui, du moins je ne veux point être au lieu où on lui fait la guerre.

Ces raisons semblèrent plausibles à Catherine et à Henri III. Ils autorisèrent Marguerite à partir pour Spa... Aussitôt, elle s'activa sur ses malles, prépara ses robes, ses bijoux, ses fards, heureuse de quitter la cour, heureuse de servir son frère bien-aimé; et, disons-le, heureuse aussi de rencontrer là-bas le beau don Juan d'Autriche qui avait depuis longtemps, elle le savait, une forte envie de la trousser...

Toutefois Marguerite ne voulut pas partir avant le 15 mai, sachant qu'à cette date Catherine de Médicis devait donner dans les jardins du château de Chenonceaux un banquet où toutes les licences seraient admises. Elle ne fut pas déçue, car on s'y tint très mal. « En ce beau banquet, nous dit Pierre de L'Estoile, les dames les plus honnêtes et les plus belles de la cour, étant à moitié nues et ayant leurs cheveux épars comme épousées, furent employées à faire le service. »

Mme de Sauve était, paraît-il, décolletée jusqu'à la ceinture. Elle ne devait pas être la seule à exposer aussi généreusement ses appas, car l'Estoile nous dit qu'en ce printemps de 1577 « les dames et les demoiselles semblaient avoir appris la manière des soldats de ce temps, qui font parade de montrer leurs poitrinals dorés et reluisants quand ils vont faire leur montre, car tout de même elles faisaient montre de leurs seins et poitrines ouvertes et autres parties pectorales, qui ont un perpétuel mouvement, que ces bonnes dames faisaient aller par compas ou mesure comme une horloge, ou, pour mieux dire, comme les soufflets des maréchaux, lesquels allument le feu pour servir à leur forge ».

Ce qui devait constituer un spectacle assez plaisant.

***

Le départ pour les Flandres eut lieu le 28 mai 1577. Marguerite, qui était accompagnée d'une suite nombreuse, quitta Paris par la porte Saint-Denis, dans une litière « faite à piliers, doublée de velours incarnadin d'Espagne, en broderie d'or et de soie, ayant aux vitres quarante devises toutes différentes, avec les mots en espagnol ou en italien sur le soleil et ses effets ».

Derrière, venaient dix ravissantes jeunes filles à cheval et huit carrosses occupés par les suivantes de la reine. Dans les rues que devait suivre le cortège s'étaient massés de braves gens qui se mirent à pousser de grandes acclamations en voyant Marguerite dont ils connaissaient le tempérament ardent.

— C'est la plus grande putain du royaume, se disaient-ils de l'un à l'autre.

Et ils riaient.

La reine Margot avait une certaine candeur. Cette allégresse qu'elle voyait dans les yeux la réjouit, et elle quitta la capitale en pensant avec émotion que les Parisiens l'aimaient bien...

***

Au début du voyage, Marguerite fut ravie d'adresser des petits saluts aux paysans et aux bourgeois qui s'inclinaient sur son passage; puis ce jeu la fatigua et elle fut reprise par les tourments du printemps.

Dès le lendemain, son regard s'attarda sur les officiers et les cavaliers qui protégeaient le convoi. Comme ils étaient tentants! Elle en rêva voluptueusement, mais, pour la première fois de sa vie, sut être sage. Craignit-elle un scandale au moment où elle allait accomplir une mission politique? C'est possible, car elle fit venir un homme tout spécialement de Paris pour avoir ce qu'elle désirait.

Cet homme empressé et serviable était le duc de Guise. Il la rejoignit au Catelet, dans le Cambrésis, la retrouva dans sa chambre et la quitta discrètement au petit matin, sa tâche terminée...

Ainsi, au moment où elle allait dans les Flandres pour servir les intérêts de son frère et, par là même, aider les protestants, elle dérangeait le chef de la Ligue pour passer une nuit d'amour avec lui.

A Cambrai, Marguerite n'eut pas besoin de faire venir un extra de Paris : elle trouva sur place ce qu'il lui fallait en la personne de M. d'Inchy, le gouverneur, dont elle fit la connaissance au cours d'un bal organisé par l'évêque. Ce saint homme, je m'empresse de le dire, n'assista pas à la fête galante qui suivit la sauterie. Il se retira après le souper, effrayé sans doute par la tournure que semblaient vouloir prendre les choses...

Lorsque l'orgie à laquelle participaient benoîtement toutes les grandes dames de la ville battit son plein, la reine de Navarre s'éclipsa à son tour dans ses appartements avec M. d'Inchy qui se montra si valeureux amant qu'elle lui demanda s'il voulait l'accompagner dans son voyage. Le gouverneur accepta, et le plaisir de visiter un pays inconnu se doubla pour la reine Margot des délices d'une lune de miel...

Elle n'oubliait pas pour autant sa mission. D'ailleurs, cette aventure galante faisait partie d'un plan. Marguerite, dans ses *Mémoires,* laisse entendre, en effet, qu'en se faisant accompagner par le gouverneur de Cambrai elle pensait gagner celui-ci à la cause du duc d'Anjou : « La souvenance de mon frère ne me partant jamais de l'esprit pour n'affectionner rien tant que lui, je me ressouvins lors des instructions qu'il m'avait données, et voyant la belle occasion qui m'était offerte pour lui faire un bon service en son entreprise de Flandre, cette ville de Cambrai et cette citadelle en étant comme la clef, je ne la laissai perdre et employai tout ce que Dieu m'avait donné d'esprit à rendre M. d'Inchy affectionné à la France et particulièrement à mon frère. Dieu permit qu'il me réussît si bien que, se plaisant à mes discours, il me demanda de m'accompagner tant que je serais en Flandre... »

Dans toutes les villes où elle s'arrêtait — et où on lui faisait fête — elle savait fort habilement parler de François, vantant ses mérites et promettant même des charges et des titres à ceux qui voudraient aider ce frère chéri à conquérir les Pays-Bas.

A Mons, elle tint le discours suivant à la comtesse de Lalain qui se plaignait de l'occupation espagnole :

— Mon frère M. d'Anjou est nourri aux armes, et estimé un des meilleurs capitaines de ce temps. Vous ne sauriez appeler un prince de qui le secours vous soit plus utile, pour vous être si voisin, et avoir si grand royaume que celui de France à sa dévotion, duquel il peut tirer hommes et moyens et toutes commodités nécessaires à cette guerre. Et s'il recevait ce bon office de M. le Comte, votre mari, vous vous pouvez assurer qu'il aurait telle part à sa fortune qu'il voudrait.

Elle ajouta même :

— Que si mon frère s'établissait ici par votre moyen, vous pourriez croire que vous m'y reverriez souvent, étant notre amitié telle, qu'il n'y en eut jamais, de frère à sœur, si parfaite (1).

Ce qui était vrai... On avait rarement vu un amour fraternel aussi exacerbé.

⁂

A Namur, don Juan d'Autriche, frère bâtard de Philippe II, et gouverneur des Pays-Bas, accueillit Marguerite avec un éclat particulier. Six mois auparavant, passant par Paris incognito, il avait réussi, grâce à l'ambassadeur d'Espagne, à se glisser à la cour où se donnait un bal, et à voir, sans être reconnu, cette reine Marguerite dont toute l'Europe parlait... Naturellement, il était tombé amoureux d'elle, bien que l'éclair de son regard l'eût un peu effrayé. Le soir, pensif, il s'était confié à des amis :

— Sa beauté est plus divine qu'humaine, mais elle est plus faite pour damner les hommes que pour les sauver... (2)

Marguerite était bien renseignée et comptait utiliser son dangereux charme pour s'assurer la neutralité bienveillante de don Juan au moment où le duc d'Anjou tenterait un coup de force dans le pays.

A Namur, elle mit une robe de brocart, « qui la moulait de façon fort impudique et laissait voir jusqu'au bout rose de ses tétons ». Mais le fils naturel de Charles-Quint se méfia ; il fit organiser des fêtes, jouer des violons, dire des grand-messes en musique, sans se départir d'une réserve qui étonna beaucoup Marguerite. Elle s'attendait à devoir dire « oui », et on ne lui demandait rien. Fort déçue, elle reprit la route de Spa, continuant dans chaque ville traversée à faire des discours contre les Espagnols.

(1) MARGUERITE DE NAVARRE, *op. cit.*

(2) L'ambassadeur de Pologne, Albert Laski, avait dit, en voyant Marguerite qu'après une telle beauté « il ne voulait plus rien voir ! »...

— Révoltez-vous, disait-elle aux notables, et appelez le duc d'Anjou!

Elle réussit parfaitement. « Jamais diplomate, au milieu des fêtes et des honneurs, ne sut plus habilement venir à bout de ses projets », nous dit B. Zeller (1). Aussi, une agitation extrême commença-t-elle bientôt à se manifester dans tout le pays. A Liège, elle reçut un accueil chaleureux de la part des seigneurs flamands et allemands qui organisèrent des fêtes somptueuses en son honneur. Finalement, elle n'eut pas le temps d'aller jusqu'à Spa, distante de sept lieues, et dut se faire apporter les eaux dans des tonneaux...

***

Tout allait donc pour le mieux, quand elle apprit par une lettre de son frère bien-aimé que le roi était au courant de ses entretiens avec les Flamands. Après être entré dans une formidable colère, il avait averti les Espagnols, dans l'espoir que Marguerite serait arrêtée comme conspiratrice...

Quand il s'agissait de sa sœur, Henri III se laissait décidément aller à la plus démente des jalousies, car c'était bien la première fois qu'un souverain français désirait voir une fille de France prisonnière d'un roi étranger...

Affolée, la reine de Navarre prévint ses dames d'honneur, leur dit de laisser là robes, bagages, cadeaux, parures, bijoux, et de se préparer à partir d'un instant à l'autre; puis elle courut voir quelques amis favorables au duc d'Anjou et obtint des chevaux. Deux heures plus tard, Marguerite et toute sa suite galopaient à bride abattue en direction de la France.

Le soir, les fugitives atteignaient Huy, à sept lieues de Namur, fourbues et couvertes de poussière. A peine y étaient-elles logées que le tocsin sonna. Elles coururent aux fenêtres et virent les habitants tendre des chaînes en travers des rues et braquer un canon en direction de leur maison. Terrifiées, elles crurent que les Flamands allaient les tuer et ne fermèrent pas l'œil de la nuit. « Le matin, écrit Marguerite dans ses *Mémoires,* ils nous laissèrent sortir, ayant bordé toute la rue

(1) B Zeller, *Le Duc d'Alençon et les Pays-Bas,* 1887.

de gens armés. Nous allâmes de là coucher à Dinan, où par malheur ils avaient élu, ce jour même, les bourgmestres, qui sont comme consuls en Gascogne et eschevins en France. Tout y était donc en débauche, tout le monde ivre, point de magistrats connus, bref un vrai chaos de confusion... Soudain, en nous voyant, ils s'alarment. Ils quittent les verres pour courir aux armes, et tout en tumulte, au lieu de nous ouvrir. ils ferment les barrières. »

Toutes les dames tremblaient à la vue de cette troupe d'ivrognes qui s'approchaient en hurlant. Alors, Marguerite s'avança, seule, et demanda le silence sur un tel ton que le tapage s'arrêta aussitôt :

— Je suis la sœur du roi de France, dit-elle.

La foule titubante s'immobilisa. stupéfaite.

— Maintenant, allez chercher les bourgmestres.

Les bourgmestres vinrent. Ils étaient plus saouls encore que les autres. Bafouillant, bredouillant, ils firent mille révérences, s'excusèrent du mauvais accueil des habitants et conduisirent Marguerite et ses suivantes vers une maison où elles passèrent la nuit.

Après quoi. brisés par l'émotion. ils retournèrent chez eux en chantant des refrains obscènes...

***

Après cinq jours de voyage aussi mouvementé. les fugitives. harassées, arrivèrent enfin à La Fère, ville qui appartenait au duc d'Anjou. François s'y trouvait, attendant sa sœur avec impatience. Le soir même, plus amoureux que jamais, ils reprenaient leurs jeux défendus...

Craignant l'accueil du roi. ils s'attardèrent en ce lieu, vivant comme des amants normaux, « couchant en même lit. tendrement accolés, au vu des dames de chambre » et s'embrassant en public sans aucune honte. François vécut là les plus belles heures de son existence. « A toute heure, écrit Marguerite, il ne pouvait s'empêcher de me dire : " O, ma reine, qu'il fait bon avec vous. Mon Dieu, cette compagnie est un paradis comblé de toutes sortes de délices. et celle d'où je suis parti, un enfer rempli de toutes sortes de furies et de tourments " ».

Et elle ajoute :

« Nous passâmes près de deux mois, qui ne nous furent que deux petits jours, en cet heureux état. »

Durant ces deux mois, de nombreux seigneurs des Flandres vinrent visiter François à La Fère et prendre avec lui des mesures pour l'expédition qu'il préparait contre don Juan d'Autriche. A chacun, le duc remettait, en guise de souvenir, une médaille d'or portant son profil et celui de sa sœur...

Mais les meilleures choses ont une fin. Marguerite dut rejoindre la cour. Elle y fut admirablement reçue, et Henri III, avec son cynisme habituel, la plaignit beaucoup de ce qu'elle avait souffert en rentrant des Flandres...

Le lendemain, le duc d'Anjou arrivait à son tour. Le roi lui fit un fort bon accueil, et l'on put croire un moment que la paix allait enfin régner dans la famille royale — alors qu'on était à la veille d'un nouveau drame.

V

LA GUERRE DES AMOUREUX

J'ai vu l'Europe incendiée pour le gant d'une duchesse trop tard ramassé.

MIRABEAU.

Un soir, Henri III, allongé sur son lit, devisait avec quelques familiers. Un mignon entra, ferma la porte, tira soigneusement la grosse tenture qui étouffait les bruits et s'approcha du roi :

— Sire, méfiez-vous, dit-il. Votre frère continue de conspirer. Il est en relation, grâce à la reine Marguerite, avec les seigneurs de Flandre et les seigneurs huguenots, et se prépare à engager des troupes allemandes. Pendant ce temps, vous lui faites bonne chère. Ce soir même, vous lui avez accordé la permission d'aller chasser demain à Saint-Germain... N'est-ce pas une imprudence? Que va-t-il faire, là-bas? Courre le cerf ou rencontrer les hommes qui voudraient le voir sur le trône?

Tous les mignons, qui haïssaient François, firent chorus.

— Ce brusque désir d'aller chasser est bien suspect.

— Or, ajouta le nouveau venu, je viens d'apprendre qu'il a reçu ce soir une lettre mystérieuse.

Henri III, livide, se leva, enfila rapidement sa robe de nuit et se précipita chez sa mère. « Il avait l'air si ému, écrit Marguerite, qu'on eût dit qu'il y avait alarme publique ou que l'ennemi fût à la porte » (1).

(1) MARGUERITE DE NAVARRE, *op. cit.*

— Comment, Madame? s'écria-t-il, que pensez-vous de m'avoir demandé de laisser aller mon frère? Ne voyez-vous pas, s'il s'en va, le danger où vous mettez mon État? Sans doute sous cette chasse y a-t-il quelque dangereuse entreprise. Je m'en vais me saisir de lui et de tous ses gens, et ferai chercher dans ses coffres. Je m'assure que nous découvrirons de grandes choses (1).

Puis il appela ses gardes et leur dit :

— Suivez-moi.

La petite troupe parti en courant dans les couloirs du Louvre, en direction de la chambre du duc d'Anjou.

Affolée à l'idée que le roi, dans sa colère, allait peut-être faire tuer François, la reine mère, en chemise de nuit, suivit le mouvement. Derrière elle, galopaient, à tout hasard, des porteurs de flambeaux et quelques dames de la suite, les bras encombrés des vêtements qui eussent été nécessaires à Catherine de Médicis pour se montrer décemment en public...

Cette galopade burlesque dura quelques minutes. Devant la chambre de François, tout le monde s'arrêta, essoufflé.

— Ouvrez, cria Henri III en frappant la porte de son poing.

Le duc d'Anjou, qui dormait paisiblement, vint tirer le verrou et passa la tête. Aussitôt la horde le repoussa jusqu'au lit. Là, maintenu par des gardes, il dut subir les injures du roi, pendant que des archers fouillaient les coffres, vidaient les tiroirs, éventraient les fauteuils, transformant la pièce en un véritable magasin de bric-à-brac.

Au milieu de ce désordre, la reine mère pleurait, enveloppée dans un vieux manteau.

Quand il se fut repu d'injurier son frère, le roi, qui était impatient de connaître le contenu de la mystérieuse lettre signalée par le mignon, participa lui-même aux recherches. Après avoir retourné les poches des vêtements, vidé les vases, décroché les tableaux, il souleva les draps du lit et aperçut un rectangle de papier; avant qu'il n'ait eu le temps de le prendre, François s'en saisit. Furieux, Henri III se précipita sur lui, et les deux frères se battirent pendant quelques instants sur le lit.

(1) Marguerite de Navarre, *op. cit.*

Catherine de Médicis intervint :

— Sire, vous êtes le roi de France, et voilà l'état dans lequel vous vous mettez.

Henri III lâcha le duc d'Anjou. Retrouvant un peu de son sang-froid, il dit :

— Je vous ordonne de me laisser voir cette lettre.

François se mit à genoux, assurant qu'il ne s'agissait pas d'un papier intéressant la politique.

Mais les gardes s'approchèrent et lui tordirent le bras jusqu'à ce qu'il eût lâché prise.

Le roi prit alors vivement le papier chiffonné, lut les quelques phrases qui s'y trouvaient écrites et le jeta par terre d'un geste nerveux.

C'était une lettre extrêmement tendre de Mme de Sauve, avec qui François venait de renouer.

Henri III ne s'attendait pas du tout à cela. Il resta, nous dit Marguerite dans ses *Mémoires*, « aussi confus que Caton quand, ayant contraint César dans le Sénat de montrer le papier qui lui était apporté, disant que c'était chose qui importait au bien de la république, il lui fit voir que c'était une lettre d'amour de la sœur du même Caton, adressée à César ».

Vexé de se trouver dans une situation ridicule, le roi ordonna à M. de Losse de garder le duc d'Anjou et de prendre soin qu'il ne parlât à personne. Puis il partit se recoucher, pendant que le Louvre se remettait doucement de ce tumulte causé par une lettre d'amour...

***

Quand il fut seul avec ses gardes, François demanda si sa sœur Marguerite, pour laquelle il conservait une tendre passion malgré Mme de Sauve, avait été, elle aussi, malmenée et mise sous surveillance.

— Non, répondit M. de Losse.

Le duc d'Anjou soupira :

— Cela soulage beaucoup ma peine de savoir ma sœur libre, dit-il, mais, encore qu'elle soit en cet état, je m'assure qu'elle m'aime tant, qu'elle aimera mieux être prisonnière avec moi que de vivre libre sans moi.

Et il supplia son gardien d'aller demander à la reine mère d'intervenir auprès du roi pour que sa sœur bien-aimée fût autorisée à partager sa captivité.

A l'aube, M. de Losse, avec l'accord de Catherine de Médicis, envoya chercher Marguerite. Celle-ci ignorait ce qui s'était passé pendant la nuit. Elle accourut « le visage inondé de larmes » et se jeta dans les bras de son frère en s'écriant « que sa vie et sa fortune étaient attachées à la sienne; qu'il n'était en la puissance que de Dieu seul d'empêcher qu'elle l'assistât en quelque condition qu'il pût être; que si on l'emmenait de là et qu'on ne lui permît d'être avec François elle se tuerait en sa présence ».

Comme le dit Dreux du Radier : « Voilà une amitié fraternelle bien violente. »

Le surlendemain, le roi, sur les conseils de sa mère, rendit une demi-liberté au duc d'Anjou qui en profita pour préparer aussitôt son évasion avec la complicité de Marguerite... Et quelques semaines plus tard, par une nuit sans lune, François quittait le Louvre au moyen d'une corde, courait jusqu'à une abbaye située contre les murs de la ville, gagnait la campagne, sautait sur un cheval et se retirait à Angers.

Après le départ de son frère, Marguerite commença à s'ennuyer, et, comme « elle s'était fait donner le picotin » par tous les hommes de la cour, elle alla demander à Henri III de l'autoriser à rejoindre son époux à Nérac.

Le roi, qui ne décolérait pas depuis la fuite du duc d'Anjou, allait refuser une fois de plus, quand Catherine de Médicis intervint :

— Ma fille, vous irez en Guyenne et je vous accompagnerai...

Ce n'était pas par pure bonté d'âme que Catherine de Médicis acceptait d'aller voir son gendre; mais pour des raisons politiques.

Depuis quelques mois, une agitation huguenote assez inquiétante était signalée en Languedoc, et pour parer à une nouvelle menace de guerre civile, la Florentine jugeait prudent de se rendre sur place.

Le départ eut lieu en grande pompe le 2 août 1578. Jusqu'au dernier instant, le roi, toujours aussi jaloux de son frère, « fit tout ce qu'il put pour se mettre bien dans l'esprit de Marguerite et y détruire le duc d'Anjou. Il ne put y réussir » (1).

La désirait-il encore? C'est probable. Et il la voyait partir avec amertume, sachant qu'il eût suffi d'un peu moins de maladresse pour retrouver avec Margot les plaisirs qu'il avait connus à quinze ans.

Souvenir exaltant, brûlant, magnifique, que les mignons ne parviendraient jamais à effacer...

***

La longue suite de carrosses traversa la Touraine et le Poitou, soulevant un enthousiasme considérable dans le peuple, tout heureux de voir les deux reines et tant de jolies femmes derrière elles. Catherine de Médicis, pour améliorer les rapports avec certains chefs huguenots, avait jugé bon, en effet, de se faire accompagner de l'Escadron Volant au grand complet...

Or, parmi ces dames se trouvait Mme de Sauve, qui avait partagé naguère la couche de Henri de Navarre...

Ainsi, la Florentine traversait-elle la France sous les acclamations en ramenant à son gendre à la fois une épouse et une maîtresse...

Cette curieuse situation était connue de Marguerite qui, loin de s'en choquer, s'en amusait.

— La présence de Mme de Sauve rendra mon retour plus agréable à mon mari, disait-elle en riant. D'ailleurs, nous sommes très liées, elle et moi.

Et elle se plaisait à évoquer avec ses amis les curieux chassés-croisés de sa vie sentimentale : son frère — dont elle était la maîtresse — était également l'amant de la maîtresse de son mari...

Elle eût été tribade que la boucle se fût peut-être joliment

(1) Dreux du Radier, *Mémoires historiques des reines de France*, 1775.

fermée sur une liaison entre Mme de Sauve et elle-même; mais la perfection est rarement de ce monde.

***

Pour lors, la reine de Navarre menait d'ailleurs une existence beaucoup moins compliquée. Elle avait choisi parmi les hommes qui l'accompagnaient un joli garçon dont elle appréciait, aux étapes, la vigueur et le savoir-faire; c'était, disait-elle en souriant : son « petit amant de voyage »...

Ce jeune homme était joueur de luth et se nommait Guillaume Raspault. Il faisait partie du quatuor privé de la reine, composé d'un violoniste, d'un autre luthiste et d'un joueur de musette. A Étampes, Marguerite l'avait fait appeler dans sa chambre, sous prétexte qu'elle avait envie de l'entendre interpréter un solo. Guillaume, sans méfiance, était venu, son instrument sous le bras.

A peine entré, il avait été jeté sur le lit, déshabillé en partie et contraint de se montrer bon exécutant dans un duo qui ne comportait guère que des soupirs...

Depuis, Marguerite retrouvait chaque soir son musicien.

Tout le monde, bien entendu, était au courant de cette liaison, car la volcanique reine de Navarre n'avait pas l'habitude de cacher ses amours. Ce manque de pudeur fut même à l'origine d'une curieuse histoire dont les demoiselles de l'Escadron Volant et les officiers de la suite s'amusèrent fort.

Au cours d'une halte dans la forêt de Chinon, Margot s'enfonça dans un fourré, en compagnie de Guillaume Raspault. Après avoir cheminé à travers les fougères, ils trouvèrent un petit tapis de mousse sur lequel ils s'étendirent. Quelques instants plus tard, ils se savouraient dans un grand désordre de vêtements et de champignons écrasés, quand, soudain, un bruit de branches remuées leur fit tourner la tête : entre deux arbres, un magnifique cerf, l'air hautain, les contemplait.

Effrayé, le joueur de luth s'immobilisa et s'aplatit le plus qu'il put pour former un bouclier vivant sur le corps de la reine de Navarre.

L'animal avança, intrigué, vint flairer le couple qui n'osait faire un geste, sortit une langue énorme, et lécha le visage de Margot. La jeune femme était sur le point de perdre les sens (ce qui eût été navrant si l'on considère les circonstances) quand un groupe de paysans fit bruyamment irruption dans la clairière. D'un bond gigantesque, le cerf disparut dans la forêt.

Au même instant, quelques cavaliers en fringant équipage surgirent à leur tour.

— Il était là, messeigneurs, leur expliqua l'un des paysans. Il léchait cette belle dame qui avait grand peur.

Et il ajouta, à l'adresse de Marguerite et de Guillaume, qui restaient, bien entendu, dans la posture où le cerf les avait surpris :

— Vous pouvez vous relever, il est parti.

Très embarrassés, les deux amants adressèrent aux chasseurs un sourire un peu figé.

— Merci! bredouilla Guillaume. Merci!

Et, nous dit le chroniqueur qui rapporte cette anecdote, « le joueur de luth et la reine de Navarre, toujours l'un sur l'autre, comme bête à deux dos, bien que Guillaume Raspault ait depuis longtemps perdu de son beau maintien, n'osaient se redresser, de peur que leur fricatelle ne soit découverte » (1).

Alors, brusquement, les cavaliers et les paysans, comprenant dans quelle situation critique se trouvaient Margot et son amant, éclatèrent d'un rire énorme, fantastique, qui attira plusieurs dames de la suite.

En reconnaissant la reine Marguerite, ces jeunes femmes se précipitèrent :

— Êtes-vous souffrante, Madame?

Les cavaliers répondirent en riant qu'il s'agissait d'un mal fort agréable et contèrent l'aventure en détail. On dut, pour les faire fuir, dévoiler l'identité de Marguerite.

Affolés, ils partirent au galop tandis que les paysans couraient en tremblant se cacher dans des taillis...

Les deux amants purent alors se « rajuster, prendre l'allure

(1) *Mémoires secrets des rois de France*. Anonyme.

innocente de chercheurs de fleurettes », et rejoindre leur carrosse.

Cette histoire, qui fut connue immédiatement de tous les « gens du voyage », fit la joie des amateurs de potins, irrita Catherine de Médicis, peina le chancelier Pibrac, qui était amoureux de Marguerite, mais n'arrêta pas la liaison de celle-ci avec le joueur de luth...

***

Le voyage se poursuivit sans encombre, et, le 2 octobre, la reine de Navarre retrouva son mari à La Réole. Constatant que Henri montrait peu de plaisir en voyant son épouse, Catherine de Médicis poussa en avant Mme de Sauve. Mais cette femme, pourtant ravissante, ne plaisait plus au Béarnais. Il la salua poliment et jeta un coup d'œil sur les demoiselles de l'Escadron Volant qui, dans l'espoir de plaire, frétillaient comme des bassets affectueux. Soudain, son œil s'alluma. Il venait de distinguer dans le groupe une brune étonnamment belle que l'on appelait Mlle Dayelle.

Cette jeune personne aux prunelles veloutées était grecque. Son charme exotique plut à Navarre qui, sans aucune gêne, déclara à sa belle-mère qu'elle avait là une des plus jolies filles qu'il ait rencontrées dans sa vie. Puis il prit sa femme par le bras gauche, Mlle Dayelle par le bras droit, et annonça que, le voyage pour venir à La Réole l'ayant fatigué, il avait l'intention d'aller se coucher sans plus tarder.

Alors Marguerite s'installa dans une chambre, la jeune Grecque dans une autre, et Henri, voulant, en ce jour de retrouvailles, se montrer galant époux, passa sa nuit à faire, en une toilette plus que sommaire, la navette entre les deux...

Au matin, la reine de Navarre et Mlle Dayelle montraient le même air battu mais content.

Marguerite l'avoue d'ailleurs dans ses *Mémoires* : « Le roi mon mari, écrit-elle, est devenu fort amoureux de Dayelle, ce qui n'empêchait pas que je reçusse beaucoup d'honneur et d'amitié du roi, qui m'en témoignait autant que j'en eusse pu désirer... »

***

Après un long séjour à Toulouse, Marguerite entra à Nérac, sa capitale, le 15 décembre 1578.

Le vieux château de la Maison d'Albret n'avait pas le confort du Louvre; il n'en avait pas non plus la gaieté... Les princes huguenots qui entouraient Henri de Navarre étaient de mœurs austères, affectaient une grande pudibonderie et une indifférence dédaigneuse pour les fêtes.

Au contraire, Margot aimait le luxe, le plaisir, les bals : elle résolut de changer, sans attendre, l'atmosphère pesante qui régnait à Nérac.

Elle organisa donc dès son arrivée quelques sauteries fort joyeuses au cours desquelles Guillaume Raspault et ses amis firent entendre aux Navarrais scandalisés le rythme à trois temps de la Volte, cette danse nouvelle dont Henri III raffolait et que les Allemands devaient un jour baptiser *Walzer* avant de nous la rendre sous le nom de valse...

Les premières soirées de ce genre n'ayant obtenu qu'un succès d'estime, les demoiselles de l'Escadron Volant furent chargées de dérider les protestants. Elle y parvinrent plus aisément que la Volte, car elles étaient ravissantes et possédaient le don d'énerver les plus chastes. « Aussi, nous dit Pierre Debreaux, les gentilshommes prirent-ils l'habitude de mettre plus fréquemment la main aux fesses des dames qu'aux plats, pourtant savoureux, qui étaient servis » (1). Bref, sous l'heureuse influence de Margot, le château de Nérac devint bientôt un vaste lupanar, et les coreligionnaires de Navarre, libérés de leurs complexes, commencèrent à considérer la vie d'un autre œil.

Sully, dans ses *Mémoires*, nous dit : « L'amour était devenu l'affaire la plus sérieuse de tous les courtisans; et le mélange des deux cours, qui ne cédaient en rien l'une à l'autre du côté de la galanterie (2), produisit l'effet qu'on en devait attendre : on se livra aux plaisirs, aux festins et fêtes galantes. »

(1) PIERRE DEBREAUX. *Les Filles de l'Escadron volant.*

(2) Depuis l'arrivée de Marguerite, bien entendu.

Naturellement, une telle atmosphère influait beaucoup sur le langage. Toutes les plaisanteries, même les plus gaillardes, étaient admises. Un jour, quelqu'un dit à Catherine de Médicis — qui avait la réputation d'aimer les hommes bien constitués, « c'est-à-dire pourvus d'une arme d'amour de dimension respectueuse » — que les protestants surnommaient « reine mère » leur plus grosse couleuvrine. La Florentine en demanda la raison.

— C'est, lui répondit-on, parce qu'elle a le calibre plus grand et plus gros que les autres.

Loin de se fâcher, Catherine rit beaucoup de cette énorme grossièreté (1).

***

Pendant tout l'hiver, on s'amusa ainsi, et la reine mère s'efforça de profiter de la bonne humeur générale pour faire accepter ses conditions de paix aux chefs huguenots. Souriante, volontiers joviale, elle paraissait à ces braves gens la loyauté même, alors qu'elle préparait dans l'ombre une de ces machinations dont elle avait le secret. *Elle voulait, en ramenant Mlle Dayelle au Louvre, attirer Navarre à Paris et disloquer ainsi le camp protestant.*

La jeune Grecque fut donc chargée de s'attacher le Béarnais par tous les moyens, y compris les vices les plus singuliers. Il y eut alors à Nérac des nuits extraordinaires au cours desquelles personne ne pouvait fermer l'œil à cause des cris qui sortaient de la chambre du roi... (2).

Au début du printemps 1579, Catherine de Médicis pensa que le moment favorable à l'accomplissement de ses desseins

(1) Le goût de la Florentine pour un certain gigantisme local est confirmé par Brantôme, qui conte l'anecdote suivante : « On dit qu'ayant une fois vu par la fenêtre de son château, qui visait sur la rue, un grand cordonnier étrangement proportionné pisser contre la muraille dudit château, elle eut envie d'une si belle et si grande proportion et, de peur de gâter son fruit pour son envie, elle lui manda par un page de la venir trouver en une allée secrète de son parc, où elle s'était retirée, et là elle se prostitua à lui en telle façon qu'elle en engrossa. Voilà ce que servit la vue à cette dame... ».

(2) *Mémoires secrets des rois de France.*

était arrivé : elle annonça son départ. Aussitôt, Mlle Dayelle alla, en pleurant, informer Henri de Navarre qu'elle devait suivre la reine mère.

Le Béarnais était beaucoup plus malin que ne le pensait Catherine, il flaira un guet-apens.

— Adieu. Je vous regretterai toute ma vie, dit-il simple ment.

La jeune fille n'avait jamais imaginé que sa mission pût se terminer mal. Elle regarda le roi avec stupéfaction.

— Et si vous veniez avec moi? murmura-t-elle.

Navarre sourit, l'embrassa et la reconduisit jusqu'à la porte sans rien dire. Cette fois, il était fixé.

En apprenant cet échec, Catherine de Médicis fut si fâchée qu'elle fit venir Mlle Dayelle dans sa chambre et lui donna une fessée. Ce châtiment peut étonner. La reine mère l'utilisait souvent à cause du plaisir qu'il lui procurait. Elle était en effet sadique et perverse. Brantôme nous dit qu'elle aimait dépouiller ses demoiselles de compagnie et les battre du plat de la main sur les fesses « avec de grandes claquades et plamussades assez rudes ». Alors, ajoute-t-il, « son contentement était de les voir remuer et faire les mouvements et torsions de leurs corps et fesses, lesquelles, selon les coups qu'elles recevaient, en montraient de bien étranges et plaisants ».

« Aucunes fois, sans les dépouiller, les faisait trousser en robe (car pour lors elles ne portaient point de caleçons) et les claquetait et fouettait sur les fesses, selon le sujet qu'elles lui donnaient, ou pour les faire rire, ou pour pleurer; et, sur ces visions et contemplations, y aiguisait si bien ses appétits qu'après elle les allait passer bien souvent à bon escient avec quelque galant homme bien fort et robuste » (1).

Ce soir-là, elle ne profita pas des heureuses dispositions où l'avait mise la fessée infligée à Mlle Dayelle, car elle fit ses malles pour quitter Nérac le lendemain, tête basse, en compagnie de son Escadron Volant, aussi piteux qu'elle.

(1) D'après Brantôme et d'Aubigné, elle aurait eu pour amants Jacques de Savoie, duc de Nemours, François de Vendôme et surtout « le plus grand prélat de son temps », le cardinal de Lorraine

***

Henri oublia rapidement la belle Grecque : il prit pour maîtresse Mlle de Rebours, l'une des demoiselles de la suite de Marguerite (1); mais cette liaison fut courte. Un soir, il découvrit parmi les jeunes femmes qui hantaient maintenant le château de Nérac une ravissante blonde nommée Françoise de Montmorency dont il devint l'amant.

Un extraordinaire roman commençait...

Cette jeune fille, que l'on appelait à la cour la belle Fosseuse, parce que son père était baron de Fosseux, avait quinze ans. Marguerite de Navarre nous dit dans ses *Mémoires* qu'elle était pour lors « toute enfant et toute bonne ». C'est-à-dire pucelle...

Henri de Navarre l'avait connue alors qu'il était tenu au lit par une petite maladie. Elle avait fait, un jour, son apparition derrière la reine Margot, puis avait pris l'habitude de venir quotidiennement conter à Navarre les potins du palais. Espiègle, elle grimpait sur son lit, l'embrassait, lui tirait la barbe, tandis qu'il lui caressait les jambes. Quand il se sentit un peu mieux, il fit quelques pas dans la pièce en la tenant tendrement par la taille.

Et, dès qu'il alla tout à fait bien, il retourna au lit.

Mais avec elle...

Marguerite, au dire de quelques historiens, n'était pas tout à fait étrangère à cette nouvelle passion du Béarnais. D'après Mezeray, elle avait instruit « les dames de sa suite à envelopper tous les braves d'auprès son mari dans leurs filets, et fait en sorte que lui-même se prît aux appas de la belle Fosseuse, qui ne pratiqua que trop bien les leçons de sa maîtresse ».

Sachant que son mari était de nature infidèle et papillonnante, elle pensait qu'avec cette adolescente, qui « dépendait entièrement d'elle », les risques de se voir répudier étaient

(1) « Et pour empirer encore ma condition, écrit Marguerite dans ses *Mémoires*, depuis que Dayelle s'estoit éloignée, le roy, mon mari, s'estoit mis à rechercher Rebours qui estoit une fille malicieuse, qui ne m'aimoit point, et qui me faisoit tous les plus mauvais offices qu'elle pouvoit en mon endroit. »

considérablement réduits. Elle pensait aussi pouvoir utiliser cette nouvelle liaison du roi pour justifier sa propre inconduite aux yeux du public...

Elle était à ce moment la maîtresse du jeune et beau vicomte de Turenne, duc de Bouillon, un fidèle ami de Henri de Navarre. Après s'être moquée de lui, disant qu'elle « trouvait sa taille disproportionnée en quelque endroit, la comparant aux nuages vides qui n'ont que l'apparence dehors », elle constata que cette apparence n'était pas trompeuse et en fit son compagnon de lit. Or, s'il était largement pourvu par la nature, le jeune huguenot n'avait pas de très bonnes manières; un soir, nous raconte Tallemant des Réaux, « étant ivre, il dégobilla sur la gorge de Marguerite, en la voulant jeter sur un lit ».

La reine Margot, qui passait des heures à faire macérer son corps dans des huiles, fut écœurée. Elle lui pardonna néanmoins, « ne voulant pas perdre l'usufruit de la belle pièce qu'il portait ».

En compagnie de cet ardent vicomte, elle organisa des bals, des mascarades au cours desquels il était de bon ton de se tenir très mal. Naturellement, Margot n'avait pas l'indécence de demander à son mari de payer ces fêtes où elle le cocufiait. Elle s'adressait pour cela au bon Pibrac, toujours amoureux d'elle, qui se ruinait doucement sans obtenir aucune faveur...

***

Mais il arrive que les moutons se rebiffent. Un beau matin, Pibrac, ulcéré de voir Marguerite se moquer de lui avec Turenne, quitta Nérac, retourna au Louvre et raconta par le détail à Henri III ce qui se passait à la cour de Navarre.

Le roi entra dans une grande colère, traita sa sœur de putain et adressa immédiatement une lettre au Béarnais pour l'informer de l'inconduite de Margot.

Navarre, qui avait tant à se faire pardonner, fit semblant de ne rien croire, mais s'amusa à montrer la lettre du roi à Turenne et à Marguerite. Celle-ci, outrée de cette nouvelle perfidie, décida, pour se venger, de pousser son mari à déclarer la guerre au roi. Le prétexte était simple : les villes d'Agen et de Cahors, qui faisaient partie de son douaire, étaient retenues injustement par Henri III. Il suffisait d'exciter un peu Navarre... (1).

La fine mouche sut s'y prendre. Elle appela la jeune Fosseuse :

— Il arrive ici de nombreuses lettres venant du Louvre, toutes remplies des sarcasmes du roi de France à l'égard de notre cour de Nérac. Je veux que vous les montriez au roi, mon mari, en vous indignant et en le poussant à s'indigner aussi. Il est toujours porté à rire, il faut qu'il se fâche...

Françoise prit quelques lettres, les montra à son amant, mais n'osa pas jouer la comédie que lui avait enseignée Marguerite. Le soir, elle vint, en pleurant, avouer à celle-ci sa timidité.

Margot lui pardonna en raison de son extrême jeunesse et fit appel à une femme plus rouée, nommée Xainte, qui était à son service en qualité de chambrière. Elle la poussa d'abord à devenir la maîtresse de Navarre. Après quoi, elle lui donna les mêmes consignes qu'à la belle Fosseuse.

Xainte réussit tout de suite : Navarre déchira les lettres qu'on lui montrait et s'emporta violemment contre Henri III.

C'est alors que Fosseuse, sortant de sa timidité, intervint.

— Vous devez vous venger de ces affronts, monseigneur en déclarant la guerre au roi de France et en lui reprenant les villes de Cahors et d'Agen, dit-elle.

Quelques jours après, Navarre se préparait à cette guerre qu'Agrippa d'Aubigné (2) devait, avec raison, baptiser « la guerre des Amoureux ». Voici d'ailleurs ce que nous en dit l'auteur de l'*Histoire Universelle*.

« Nous avons touché, écrit-il, de la haine de la reine de Navarre contre le roi son frère. Cela fit que, pour lui remettre la guerre sur les bras, à quelque prix que ce fût, cette femme artificieuse se servit de l'amour de son mari envers Fosseuse pour semer en l'esprit de ce prince les résolutions qu'elle

(1) Cf. une lettre de l'ambassadeur de Toscane : « La reine de Navarre est furieuse contre le roi son frère, pour avoir lâchement excité les soupçons de son mari contre le vicomte de Turenne. »

(2) AGRIPPA D'AUBIGNÉ. *Histoire Universelle*.

désirait. Cette fille, craintive, pour son âge, au commencement, ne pouvait bien pratiquer les leçons de sa maîtresse. Elle la faisait aider par une fille de chambre, nommée Xainte, avec laquelle le roi de Navarre familiarisait. Celle-ci, hardie, rapportait sans discrétion force nouvelles que la reine de Navarre recevait ou inventait de la cour, soit les paroles de mépris que son frère disait en son cabinet, soit les risées de Monsieur et du duc de Guise, qui se faisaient à ses dépens devant la dame de Sauve. D'ailleurs, elle séduisit les maîtresses de ceux qui avaient voix au chapitre. Elle-même gagna pour ce point le vicomte de Turenne, embarqué en son amour... »

Au bout de quelques semaines, Margot n'eut plus guère besoin de faire la leçon à ses amies, car les lettres qui parvenaient de Paris rapportaient tant de railleries, d'insultes et de grossièretés à l'égard de la cour de Navarre, que toutes les dames de Nérac furent mortellement offensées. Elles allèrent trouver leurs amants et, cette fois, de leur propre chef, les incitèrent à se venger du roi de France.

Au début de 1580, chauffé à blanc par la belle Fosseuse, qui ne voulait plus être appelée « bourbeteuse, drouine, putassière ou empeseuse de chemises », et poussé par les seigneurs protestants, Navarre était prêt à combattre.

« On vit naître alors, écrit Dreux du Radier, cette guerre à la tête de laquelle on peut dire qu'était la jeune Fosseuse. »

***

Les hostilités commencèrent sans tarder. On se battit avec fureur dans toute la Guyenne, et Navarre parvint à prendre Cahors.

Aussitôt, par représailles, les soldats du maréchal de Biron vinrent jeter des boulets dans de nombreuses villes huguenotes qui furent incendiées. A Nérac, Marguerite se croyait à l'abri, car elle avait obtenue de Henri III que cette ville « fût tenue en neutralité » sous la réserve expresse que Navarre ne s'y trouvât pas.

« Mais, nous dit-elle dans ses *Mémoires*, cette condition n'empêcha point que le roi, mon mari, ne vînt souvent à

Nérac où nous étions, Madame, sa sœur et moi, étant son naturel de se plaire parmi les dames, même étant lors fort amoureux de Fosseuse... Ces considérations l'ayant amené un jour à Nérac avec ses troupes, il y séjourna trois jours, ne pouvant se départir d'une compagnie et d'un séjour si agréables... » (1).

Le maréchal de Biron n'attendait que cette occasion. Il accourut avec son armée et « fit tirer sept ou huit volées de canon dans la ville, dont l'une donna jusqu'au château... »

C'est ainsi que l'amour faillit causer la destruction de Nérac...

Au mois de novembre, le duc d'Anjou vint entamer des négociations qui aboutirent au traité de Fleix (26 novembre 1580).

La « Guerre des Amoureux » était finie. Elle avait vengé l'honneur des dames légères de la cour de Navarre et fait cinq mille victimes.

(1) Cf. SULLY, *op. cit.*, : « Il se retira dans Nérac qui était le Paris et les délices de la cour huguenote, à cause de la grande quantité de belles dames que la reine de Navarre et Madame avaient avec elles en cette ville. »

VI

MARGOT CHASSÉE DE PARIS A CAUSE DE SES DÉPORTEMENTS

La morale n'est peut-être que la forme la plus cruelle de la méchanceté.

HENRY BECQUE.

La signature de cette paix fut à l'origine d'une aventure galante qui devait bouleverser la vie de Marguerite et diviser. une fois de plus, la famille royale.

Parmi les jeunes seigneurs qui accompagnaient le duc d'Anjou, se trouvait un garçon fort séduisant nommé Jacques de Harlay de Champvallon que la reine de Navarre, toujours à l'affût, remarqua tout de suite pour son regard chaud et sa carrure prometteuse.

Elle avait alors trente ans. Son tempérament déjà volcanique se trouvait renforcé par la cuisine fortement épicée de Nérac. La vue de ce beau jeune homme lui mit immédiatement du feu à tous les bons endroits, et elle s'en trouva gênée.

Voyant son trouble, Champvallon sut se montrer gentilhomme : il la viola sur-le-champ...

Le lendemain, encore toute chancelante, elle écrivait à son amie, la duchesse d'Uzès, ses impressions sur les quelques instants passés avec ce nouveau partenaire :

J'ai eu tant de plaisir que ce serait chose trop longue à vous écrire (1).

(1) Lettres de Marguerite de Navarre.

Tant de plaisir qu'elle en était remuée jusqu'au plus profond d'elle-même; tant de plaisir que, pour la première fois de sa vie, elle tomba vraiment amoureuse...

Transfigurée, rayonnante, oubliant tout : Navarre, Turenne, et même François, son frère chéri, elle vécut dans l'adoration de ce jeune seigneur élégant qu'elle appelait, avec quelque exaltation, « son beau soleil », « son bel ange », « son beau miracle de la nature »...

Cette passion l'aveugla au point qu'elle perdit le peu de réserve qui lui restait, et Champvallon dut la satisfaire dans les escaliers, les placards, les jardins, les champs, les granges...

Un jour, d'Aubigné, qui furetait selon son habitude, la surprit à Cadillac « en ses privautés » avec son amant. Tout heureux d'avoir une bonne anecdote à conter, il s'empressa d'ébruiter la chose, au grand effroi de Marguerite qui eut peur de la colère de son mari.

Heureusement, Henri de Navarre avait alors d'autres soucis en tête : le duc d'Anjou était tombé amoureux de la belle Fosseuse et il craignait que la petite, dont il connaissait l'ambition, ne se laissât séduire par l'héritier présomptif du trône de France...

Feignant d'ignorer la scène de Cadillac, il alla trouver sa femme, lui conta sans aucune gêne ses peines de cœur et la supplia d'intervenir auprès d'Anjou.

Marguerite avait l'esprit large. Le soir même elle se rendit chez son frère pour lui demander de bien vouloir laisser en paix la maîtresse de son mari.

« Je le priai tant, nous dit-elle dans ses *Mémoires,* lui remontrant la peine où il me mettait par cette recherche, que lui, qui affectionnait plus mon contentement que le sien, força sa passion et ne parla plus à elle. »

Mais, pour mieux oublier Fosseuse, François décida de quitter Nérac et de rentrer chez lui. Quelques jours plus tard, il partait, emmenant son fidèle Champvallon...

Marguerite, qui n'avait pas prévu un tel dénouement, crut devenir folle. Elle s'enferma dans sa chambre pour pleurer et composer des stances sur le départ de son amant. En voici une strophe qui donne le ton :

Nos deux corps sont en toi, je ne sers plus que d'ombre ;
Nos amis sont à toi, je ne sers que de nombre.
Las! puisque tu es tout et que je ne suis rien,
Je n'ai rien, ne t'ayant, ou j'ai tout, au contraire.
Avoir et tout et rien, comment se peut-il faire?
C'est que j'ai tous les maux, et je n'ai point de bien.

Loin de refroidir la passion de Margot, la séparation ne fit que la surexciter. Les lettres qu'elle envoyait alors à Champvallon en sont la preuve : *L'absence,* écrivait-elle, *la contrainte donnent à mon amour autant d'accroissement qu'à une âme faible et enflammée d'une flamme vulgaire, il apporterait la diminution. Quand vous viendriez à changer d'amour, ne pensez pas m'avoir laissée, et croyez pour certain que l'heure de votre changement sera celle de ma fin, qui n'aura de terme que votre volonté.*

Toutes les lettres se terminaient de même : *Je ne vis plus qu'en vous, mon beau tout, ma seule et parfaite beauté. Je baise un million de fois ces beaux cheveux, mes chers et doux biens ; je baise un million de fois cette belle et amoureuse bouche.*

Lettres ardentes, lettres enflammées qui prouvent que la reine Margot, si diffamée par certains historiens qui la présentent comme une gourgandine uniquement poussée par les sens, a brûlé, au moins une fois dans sa vie, d'une passion racinienne.

***

Après le départ du duc d'Anjou, Henri de Navarre vécut une nouvelle lune de miel avec la belle Fosseuse qu'il avait failli perdre.

C'est alors qu'une idée fort peu louable germa dans l'esprit de cette petite ambitieuse : elle pensa que si elle avait un fils de Navarre, celui-ci répudierait Marguerite, pour l'épouser, elle...

Des soirs durant, elle œuvra consciencieusement dans ce but et, un matin, put annoncer au Béarnais qu'elle était enceinte de ses bons soins.

La reine Margot, bien entendu, devina tout de suite que leur ménage à trois attendait un heureux événement. Elle en fut satisfaite, jusqu'au jour où elle constata que l'approche de la maternité transformait fâcheusement le caractère de son ancienne protégée.

« Lors, se sentant dans cet état, écrit-elle, elle change toute de façon de procéder avec moi; et, au lieu qu'elle avait accoutumé d'y être libre et de me rendre à l'endroit du roi mon mari tous les bons offices qu'elle pouvait, elle commence à se cacher de moi, et à me rendre autant de mauvais offices qu'elle m'en avait fait de bons. Elle possédait de sorte le roi mon mari, qu'en peu de temps je le connus tout changé. Il s'étrangeait de moi, il se cachait, et n'avait plus ma présence si agréable qu'il avait eu les quatre ou cinq heureuses années que j'avais passées avec lui en Gascogne, pendant que Fosseuse s'y gouvernait avec honneur » (1).

Marguerite n'était pas femme à se laisser abattre. Elle décida d'engager la lutte et d'être enceinte, elle aussi. Les eaux de Bagnères passaient alors pour avoir des vertus fécondantes; elle y alla, but verre sur verre et écrivit à sa mère : *Je suis venue à ces bains pour voir s'il me serait si heureux que de pouvoir faire augmenter le nombre de vos serviteurs. Plusieurs s'en sont bien trouvées.*

Hélas! les eaux n'eurent aucun effet sur elle, et elle dut rentrer, sans la moindre espérance.

A Nérac, elle ne retrouva pas son mari. Henri de Navarre, un peu gêné de voir sa maîtresse prendre un embonpoint que lorgnaient les gens de la cour, avait dit un jour :

— Ma fille (c'est ainsi qu'il désignait Fosseuse) doit soigner un mal gastrique... Je vais la conduire aux Eaux-Chaudes.

Et il avait emmené la jeune femme, sans se soucier des plaisanteries que faisait le bon peuple sur les enfants de roi qui viennent dans l'estomac...

Quand la belle Fosseuse rentra (essayant toujours de cacher sa grossesse), Marguerite, qui avait changé de tactique, la fit appeler dans sa chambre et lui dit qu'elle était disposée à l'aider :

— J'ai moyen de m'en aller, sous couleur de la peste, que vous voyez qui est en ce pays et même en cette ville, au mas

(1) MARGUERITE DE NAVARRE, *op. cit.*

d'Agenais, qui est une maison du roi mon mari fort écartée. Je ne mènerai avec moi que le train que vous voudrez. Cependant, le roi mon mari ira à la chasse d'un autre côté, et ne bougera de là que vous ne soyez délivrée, et ferons par ce moyen cesser ce bruit, qui ne m'importe moins qu'à vous » (1).

Fosseuse, fort courroucée, répondit avec arrogance que le bruit qui courait touchant son état n'était qu'une calomnie, « qu'elle ferait mentir tous ceux qui en avaient parlé; qu'elle connaissait bien qu'il y avait quelque temps que Marguerite ne l'aimait plus », mais qu'elle ne se laisserait pas attaquer plus longtemps...

« Et, nous dit la reine Margot, parlant aussi haut que je lui avait parlé bas, elle sort tout en colère de mon cabinet et y va mettre le roi mon mari; en sorte qu'il se courrouça fort à moi de ce que j'avais dit à sa fille, disant qu'elle ferait mentir tous ceux qui la taxaient, et m'en fit mine fort longtemps. »

***

Pendant des mois, Henri et sa maîtresse conservèrent cette attitude extravagante qui consistait à vouloir nier l'évidence.

Mais, un jour, la belle Fosseuse fut tout de même obligée d'avouer que les racontars étaient fondés. Écoutons encore une fois Marguerite de Navarre nous conter la scène : « Le mal lui prenant au matin, au point du jour, étant couchée en la chambre des filles, elle envoya quérir mon médecin et le pria d'aller avertir le roi mon mari; ce qu'il fit. *Nous étions couchés en une même chambre, en divers lits,* comme nous avions accoutumé. Comme le médecin lui dit cette nouvelle, il se trouva fort en peine, ne sachant que faire, craignant d'un côté qu'elle fût découverte et, de l'autre, qu'elle fût mal secourue; car il l'aimait fort. Il se résolut enfin de m'avouer tout, et me prier de l'aller secourir, sachant bien que, quoi qu'il se fût passé, il me trouverait toujours prête de le servir en ce qui lui plairait. Il ouvre mon rideau et me dit : " M'amie, je vous ai celé une chose qu'il faut que je vous avoue. Je vous prie de m'en excuser et de ne vous point souvenir de tout ce

(1) MARGUERITE DE NAVARRE, *op. cit.*

que je vous ai dit pour ce sujet; mais obligez-moi tant de vous lever tout à cette heure et aller secourir Fosseuse, qui est fort malade. Je m'assure que vous ne voudriez, la voyant en cet état, vous ressentir de ce qui s'est passé? Vous savez combien je l'aime. Je vous prie, obligez-moi en cela. " Je lui dit : *Que je l'honorais trop pour m'offenser de choses qui vînt de lui:* que je m'en allais et y ferais comme si c'était ma fille; que cependant il s'en allât à la chasse et emmenât tout le monde, afin qu'il n'en fût point ouï parlé.

» Je la fis promptement ôter de la chambre des filles et la mis en une chambre écartée, avec mon médecin et des femmes pour la servir, et la fis très bien secourir. Dieu voulut qu'elle ne fît qu'une fille, qui encore était morte. »

Marguerite poussa un soupir de soulagement, remercia le ciel d'arranger ses affaires et retourna se coucher.

Quand il rentra de la chasse, Navarre alla rendre visite à la belle Fosseuse qui ruminait sa peine et fut très fâché de voir que Marguerite avait jugé bon de regagner son lit. Il courut la réveiller et lui reprocha grossièrement d'abandonner sa maîtresse. Alors une violente dispute éclata entre les deux époux, et la jeune reine, très offensée, prit la décision de retourner à Paris.

... A Paris, où elle comptait bien retrouver Champvallon.

***

Quelques jours après cette scène, Marguerite, qui avait commencé à remplir ses malles, fit remettre son linge dans les armoires, décommanda les chevaux et adressa la parole à Navarre sur un ton presque aimable.

Pourquoi cette volte-face?

Parce qu'elle avait appris que Champvallon venait de quitter Paris pour Londres, où le duc d'Anjou allait faire la cour à la reine Élisabeth. Le « frère chéri » de Marguerite espérait, en effet, se marier avec la « femme sans homme », et le séjour qu'il fit en Angleterre fut si riche en épisodes savoureux, qu'il faut, je crois, en dire deux mots.

La reine vierge avait une réputation d'austérité bien établie, et personne ne l'avait jamais vue montrer la moindre tendresse à un homme. En toute occasion, son regard demeurait froid. Or, lorsqu'elle vit apparaître le duc d'Anjou, elle fut si troublée qu'à la stupéfaction générale elle l'embrassa d'emblée sur la bouche...

Un peu éberlué, François voulut dire un mot aimable. Elle lui coupa la parole :

— Je suis très heureuse de vous voir. Et je veux que vous acceptiez ceci en souvenir de cette journée.

Un chambellan lui offrit une bague magnifique.

De plus en plus confus, le prince français bredouilla quelques remerciements. Élisabeth ne le laissa pas terminer et l'entraîna d'un pas rapide vers ses appartements privés...

Pendant trois mois, la reine d'Angleterre fut ainsi aux petits soins pour François; et quand, en février 1582, il la quitta pour rentrer en France, elle éclata en sanglots devant tous ses ministres et lui demanda de la tenir désormais pour son épouse...

La « femme sans homme » était-elle vraiment amoureuse? Peut-être. Et, si le mariage projeté par Catherine de Médicis n'avait pas été finalement empêché par les événements politiques, l'histoire des relations franco-anglaises s'en fût sans doute trouvée changée...

***

Dès qu'elle sut que Champvallon était de retour au Louvre, Marguerite reprit son arrogance à l'égard de Navarre, recommanda des chevaux et refit ses bagages.

C'est alors qu'une lettre arriva de Paris. Catherine de Médicis, qui nourrissait toujours l'espoir de séparer Henri de Navarre de ses troupes, écrivait à sa fille : *Il serait bon que votre mari vînt avec vous à Paris. Le roi votre frère y tient beaucoup. S'il vous est impossible de le décider, emmenez Fosseuse, et il suivra...*

A la fin de février, Marguerite quitta Nérac, traînant Fosseuse, ulcérée, dans un carrosse hermétiquement clos. Henri de Navarre, galamment, accompagna ses dames jusqu'à La Mothe-Saint-Heray, en Poitou, où Catherine de Médicis était venue à leur rencontre.

Un instant, la Florentine pensa que sa machination avait réussi : mais Navarre, un beau soir, embrassa sa femme, fit une œillade à sa maîtresse, serra la main de sa belle-mère et rentra chez lui.

Comme bien on pense, tout le monde fut mécontent : Catherine et Marguerite d'avoir raté leur affaire, et Fosseuse d'être abandonnée avec une telle désinvolture. De ce fait, le voyage de La Mothe à Paris ne fut qu'une longue dispute entre les trois femmes, et Fosseuse dut accepter d'être tenue pour responsable de l'échec.

Dès l'arrivée au Louvre, elle fut chassée par Marguerite.

Navarre, qui avait ses informateurs dans la capitale (et même au palais), le sut aussitôt et écrivit une lettre sévère à sa femme, l'enjoignant de reprendre Françoise et de la traiter comme une sœur.

Marguerite répondit avec ironie :

... Quand à votre fille (Fosseuse), je vous ai mandé ce qu'à mon grand regret j'en ai ouï et en ouïs tous les jours... Vous m'écrivez, monsieur, que, pour fermer la bouche au roi, aux reines ou à ceux qui m'en parleront, que je leur dise que vous l'aimez et que je l'aime pour cela ; cette réponse serait bonne, parlant d'un de vos serviteurs ou servantes, mais de votre maîtresse ! Si j'étais née de condition indigne de l'honneur d'être votre femme, cette réponse ne me serait mauvaise ; mais, étant telle que je suis, elle me serait trop mal séante ; aussi m'empêcherai-je bien de la faire. Ce n'est aussi sans sujet que vous croyiez que je vous devais contenter, ayant souffert ce que je ne dirai pas princesse, mais jamais simple demoiselle, ne souffrit, l'ayant secourue, caché sa faute et toujours depuis tenue avec moi. Si vous n'appelez cela vous vouloir contenter, certes, je ne sais pas comme vous le pouvez entendre...

Catherine de Médicis attendait depuis longtemps l'occasion d'être désagréable à son gendre. Elle lui écrivit l'étonnante lettre que voici, dans laquelle elle rappelait avec beaucoup de sérénité qu'un époux qui trompe sa femme ne doit pas le crier sur les toits :

Vous n'êtes pas le premier mari jeune et peu sage en pareille chose; mais je vous trouve bien le premier et le seul qui fasse, après un tel fait, tenir un pareil langage à sa femme. J'ai eu l'honneur d'avoir épousé le roi, mon seigneur et votre souverain; mais la chose dont il était le plus marri, c'était quand il savait que je susse de ces nouvelles-là, et, quand Mme de Fleming fut grosse, il trouva très bien quand on la renvoya (1) : *de Mme de Valentinois, c'était comme de Mme d'Étampes, en tout honneur. Ce n'est pas la façon de traiter les femmes de bien et de telle maison, de les injurier à l'appétit d'une putain publique, car tout le monde sait l'enfant qu'elle a fait. Vous êtes trop bien né pour ne pas savoir comment vous devez vivre avec la fille de votre roi et la sœur de celui qui commande à tout ce royaume et à vous, qui, outre cela, vous honore et vous aime comme doit faire une femme de bien. J'ai fait partir cette* belle bête, *car tant que je vivrai je ne souffrirai pas de voir chose qui puisse empêcher ou diminuer l'amitié que ceux qui me sont si proches, comme elle m'est, se doivent porter l'un à l'autre, et vous prie que, après que ce beau messager de Frontenac vous aura dit le pis qu'il aura pu pour vous aliéner contre votre femme, de considérer le tort que vous vous êtes fait et retourner au bon chemin* (2).

Henri de Navarre ne répondit pas. Il est vrai qu'entre-temps il avait fait la connaissance de la gracieuse Corisande de Gramont, et que Fosseuse était déjà oubliée.

Dégoûtée, celle-ci ne prit même pas la peine de lui envoyer une lettre d'injures; elle promena son éclat de « belle bête » dans quelques maisons amies, éblouit un gentilhomme, François de Broc, l'épousa et le rendit heureux jusqu'à la fin de ses jours, profitant de l'expérience qu'elle avait acquise dans le lit du Béarnais.

***

Les soucis que lui avait causés le renvoi de Fosseuse n'étaient pas suffisants pour empêcher Marguerite de se

(1) V. *Histoires d'amour de l'Histoire de France*, tome II, chap. XXVI.
(2) Bibl. Nat., coll. Dupuy, tome 211, fol. 8, autographes.

consacrer éperdument à l'amour avec son beau Champvallon.

Comme elle se méfiait du roi, qui montrait toujours à son égard la même jalousie, elle était obligée d'avoir recours à des moyens vaudevillesques pour faire entrer son amant dans sa chambre. C'est ainsi qu'elle soudoya un menuisier qui, sous couleur de lui apporter les matériaux nécessaires à la fabrication d'un petit escalier intérieur, venait tous les jours chargé d'un grand coffre dans lequel Champvallon se trouvait, recroquevillé et silencieux.

Alors, nous dit encore l'auteur du *Divorce satyrique :* « Elle le recevait dans un lit éclairé de divers flambeaux, entre deux linceuls de taffetas noir, accompagnés de tant d'autres petites voluptés que je laisse à dire : ce fut alors qu'elle conçut de ces mignardises, non pas une Lyna comme Uranie, dont à tort elle usurpa le nom, mais bien cet Esplandian qui vit encore et qui, sous des parents putatifs, promet de réussir quelque chose de bon un jour » (1).

Hélas! un soir, Henri III apprit ce qui se passait dans la chambre de sa sœur...

***

Des gardes furent immédiatement disposés dans les couloirs, avec ordre d'arrêter Champvallon dès qu'il paraîtrait.

Crispés, immobiles, respirant à petits coups, ils essayaient de s'intégrer au silence. Peut-être y seraient-ils parvenus si le palais avait été chauffé; mais les galeries du Louvre étaient glaciales et l'un d'eux éternua.

Margot, intriguée, colla son oreille contre la porte, perçut des bruits insolites et fit signe à son amant de se sauver par la fenêtre. Rhabillé en un clin d'œil, Champvallon se pencha au balcon, siffla dans la nuit et descendit par la corde qui lui servait chaque matin pour quitter le Louvre. Sur le quai, comme d'habitude, un de ses familiers l'attendait avec deux chevaux...

(1) Tous les historiens et chroniqueurs s'accordent pour dire que de ces amours naquit, en effet, un fils qui devint prêtre capucin sous le nom du Père Ange.

Quelques instants plus tard, la reine de Navarre entendait une galopade s'éloigner du côté de la porte Saint-Honoré où Champvallon avait des amis sûrs.

Le lendemain, à l'aube, Henri III fit venir son capitaine des gardes et comprit qu'il avait été joué par sa sœur.

— A partir de maintenant, tout le palais sera surveillé, déclara-t-il, dehors comme dedans...

En apprenant cette décision, Marguerite fut atterrée, car elle avait, pour conserver son équilibre, un grand besoin du beau vicomte. Se fiant à sa seule fantaisie, il inventait, en effet, d'exténuants exercices dont elle éprouvait avec volupté les vertus sédatives. Privée des bons offices de Champvallon, la reine de Navarre risquait de sombrer dans une de ces dangereuses mélancolies qui affectent le cerveau et embrasent inutilement ce que les poètes du temps appelaient « le joly hérisson »...

Il fallait pouvoir échapper à la surveillance de son frère. Elle loua alors un hôtel dans la rue de la Couture-Sainte-Catherine (actuellement rue Sévigné) où M. de Champvallon put, sans danger, venir lui donner le meilleur de lui-même.

***

Libre enfin d'agir à sa guise, Marguerite fit du déduit le centre de ses préoccupations, décorant sa chambre de miroirs, apprenant de nouvelles caresses raffinées auprès d'un astrologue italien et commandant une cuisine aphrodisiaque pour son amant. Les menus étaient imaginés par elle. Sans doute lui donnait-elle des artichauts, du cresson, du céleri, des morilles, des asperges, des carottes, du poivre, du laurier, de la girofle, des écrevisses, du lièvre, des rognons de coq, ou des bécasses, mets dont les bonnes vertus étaient déjà connues de son temps. Mais il est très possible qu'en bonne et digne fille de Catherine de Médicis, elle ait usé des étranges recettes imaginées, dit-on, par Nicolas Flamel, dont les recueils avaient au XVIe siècle un énorme succes auprès des personnes galantes. Voici ce que le grand alchimiste préconisait pour redoubler de vaillance en amour :

« Il faut prendre des grains de *satyrion pignon*, de l'anis vert, de la roquette — en égale partie. Ajoutez-y un peu de musc, de la queue de lézard pilée, une once de testicule de rat, un foie de fauvette, une moustache de chat coupée en menus morceaux, deux cornes de limaçon, une cervelle de passereau et de l'herbe appelée langue d'oiseau, autrement dit *ornithoglosse,* avec un peu de mouches de cantharides. Faites confire le tout dans du miel purifié. Prenez-en tous les matins pendant huit jours à jeun, le poids d'un drachme, et ensuite tous les jours le poids d'un denier. Et usez à vos repas de pois chiches, de carottes, d'oignons, et de la roquette en salade, mangez anis et coriande, pignons, et buvez un verre d'eau d'orties à tous les repas. »

Mais ce genre de recettes était destiné au menu peuple.

Pour les gens qui disposaient de quelque fortune, Nicolas Flamel ordonnait des produits beaucoup plus rares, beaucoup plus coûteux et, naturellement, beaucoup plus efficaces. En voici un exemple :

« Prenez de la graine de bardane; écrasez-la dans un mortier, joignez-y le testicule gauche d'un bouc de trois ans; une pincée de poudre provenant des poils du dos d'un chien entièrement blanc que vous avez coupés le premier jour de la nouvelle lune et brûlés le septième. Vous mettrez le tout infuser dans une bouteille à moitié pleine d'eau-de-vie, et que vous laisserez débouchée pendant vingt et un jours pour qu'elle puisse recevoir l'influence des astres.

» Le vingt et unième jour, qui sera précisément le premier de la lune suivante, vous ferez cuire le tout jusqu'à ce que le mélange soit réduit à l'état de bouillie très épaisse; alors vous ajouterez quatre gouttes de semence de crocodile, et vous aurez soin de passer le mélange à travers une chausse. Après avoir recueilli le liquide qui en découlera, il n'y aura plus qu'à en frotter les parties naturelles de l'homme impuissant, et sur-le-champ il fera des merveilles. Ce mélange est tellement actif qu'on a vu des femmes devenir enceintes rien que pour s'en être frotté les parties correspondantes, afin d'en enduire l'homme sans qu'il s'en doutât.

» Comme il est assez rare de voir des crocodiles dans notre pays, ajoute prudemment Nicolas Flamel, et qu'il est très difficile de s'y procurer de la semence de cet animal, on peut la remplacer par celle de plusieurs espèces de chiens. Quoi qu'il en soit, on a fait et répété très souvent cette expérience et elle a toujours bien réussi. »

***

Hélas! la cuisine aphrodisiaque de la reine Marguerite poussa le malheureux Champvallon à de tels excès qu'un jour, épuisé, amaigri, quinteux, il quitta furtivement Paris et se réfugia à la campagne, où il épousa une jeune fille aux sens calmes, nommée Catherine de la Mark.

Marguerite fut folle de douleur. Elle lui écrivit une lettre qui trahissait un grand désarroi : *Il n'y a donc plus de justice au ciel, ni de fidélité en terre! Triomphez, triomphez de ma trop ardente amour! Vantez-vous de m'avoir trompée; riez-en, et moquez-vous-en avec celle de qui je reçois cette seule consolation, que son peu de mérite vous sera le juste remords de votre tort. En recevant cette lettre, la dernière, je vous supplie de me la renvoyer, car je ne veux pas qu'à cette belle entrevue que vous ferez ce soir elle serve de sujet au père et à la fille de discourir à mes dépens.*

Puis, rendue furieuse par la surexcitation où la mettait l'abandon de Champvallon, elle se dressa contre son frère et fit chorus avec ceux qui reprochaient à Henri III ses curieuses manies.

Chaste par la force des choses, elle eût désiré que tout le monde en fût réduit à son état. Le roi prit très mal les quolibets venimeux de sa sœur et attendit une occasion de se venger.

Or, un beau jour de juin 1583, Champvallon, que le duc d'Anjou avait chassé pour le punir d'une indiscrétion, vint tête basse se réfugier chez Marguerite.

— Je suis un misérable, bredouilla-t-il. Pardonnez-moi...

Elle ne le laissa pas achever et l'entraîna fougueusement vers son lit où tout se termina à la satisfaction de chacun. Et pendant plusieurs semaines les deux amants, installés rue de la Couture-Sainte-Catherine, vécurent dans une telle ivresse qu'ils oublièrent de se montrer au Louvre.

Henri III, intrigué de ne plus voir sa sœur, fit enquêter par une femme de chambre qui le mit au courant des nouvelles relations de Marguerite avec Champvallon. En outre, comme elle était serviable, elle lui révéla le nom de tous les amants qu'avait eu Margot précédemment, ajoutant à cette énumération des détails à faire rougir un corps de garde.

Le roi entra dans une violente colère et résolut de chasser de Paris la reine de Navarre après lui avoir infligé un affront public.

Le dimanche 7 août, un grand bal fut donné à la cour. Henri III y convia sa sœur qui, sans défiance, vint prendre place sous le dais royal.

Soudain, au beau milieu de la fête, le roi, entouré de ses mignons, s'approcha de Marguerite et, à haute voix, l'apostropha devant toute l'assistance, la traitant de « vile putain » et lui reprochant son impudicité.

Les invités, extrêmement gênés, essayèrent de se glisser hors de la salle de bal; Henri III les rappela, leur demandant d'écouter ce qu'il avait à reprocher à la reine de Navarre.

— Car, je ne connais pas de pareille fille publique, cria-t-il. Elle a même accouché d'un enfant que lui a donné Champvallon.

Blême, les yeux baissés et les lèvres tremblantes, Marguerite se tenait immobile sous le dais, cependant que son frère, défiguré par la colère, nommait tous les amants que la femme de chambre lui avait cités. Enfin, quand il eut répété tous les détails, même les plus immondes, il s'écria :

— Vos déportements ont infecté la capitale. Je vous ordonne de délivrer la cour de votre présence contagieuse et de quitter Paris sur-le-champ. Allez retrouver votre mari, s'il veut encore de vous (1).

Sans répondre, Marguerite se leva, traversa la foule silencieuse et regagna son hôtel où une dernière déception l'attendait : Champvallon, inquiet pour sa personne, s'était enfui sans même lui dire adieu..

(1) Cette scène est rapportée par Busbecq, diplomate, qui fut ambassadeur de Turquie vers 1580 et introduisit en Europe le lilas et le marronnier d'Inde.

VII

MARGOT SÉDUIT SON GEÔLIER

Les femmes ont des armes secrètes qui leur permettent de prendre des forteresses.

LE CARDINAL DE RETZ.

La reine Margot passa la nuit à détruire les lettres compromettantes que des amants imprudents lui avaient écrites, et, au petit matin, elle quitta furtivement Paris, accompagnée de Mme de Duras et de Mme de Béthune, dont elle ne pouvait se passer.

Le soleil était haut déjà lorsque le carrosse de la reine de Navarre s'engagea sur la route de Palaiseau.

Marguerite pleurait :

— Il n'y a pas dans le monde deux princesses plus malheureuses que moi et la reine d'Écosse, disait-elle. Il ne se trouvera donc personne pour me donner du poison? (1).

Ses amies essayaient de la réconforter, lorsque, soudain, une troupe d'arquebusiers surgit de la forêt et obstrua le chemin. La voiture stoppa.

Un officier s'approcha de la portière et demanda si la reine de Navarre était là.

— C'est moi! dit Marguerite.

— Par ordre du roi, démasquez-vous, ainsi que les personnes qui vous accompagnent (2).

(1) Lettres de Bussac. *Négociations diplomatiques avec la Toscane.*

(2) A cette époque les dames en voyage portaient toujours un masque. Lorsqu'elles traversaient une ville, elles pouvaient le pendre à leur ceinture. Cette coutume a duré jusqu'en 1670.

Les trois femmes obéirent.

— Ces deux dames sont sans doute Mme de Duras et Mme de Béthune?

— Oui!

— Alors, je dois leur donner cela de la part du roi.

Et l'officier leur flanqua une magistrale paire de gifles. Avant que Margot n'ait pu faire un geste, un groupe d'arquebusiers intervint et tira hors du carrosse les deux confidentes qui poussaient des hurlements.

— Attachez-les sur les chevaux, commanda l'officier.

Puis il salua la reine de Navarre, complètement désemparée, et donna l'ordre au cocher du carrosse de continuer son chemin.

Quelques instants plus tard, les roues crissaient de nouveau sur la route de Palaiseau, et Marguerite, penchée à la portière, pouvait voir les soldats du roi ligoter Mme de Duras et Mme de Béthune, puis tourner bride et repartir au triple galop avec leurs prisonnières.

Que signifiait cet enlèvement?

Il faisait partie d'un plan établi par Henri III qui, oubliant toute dignité, ne pensait qu'à salir la reine Marguerite.

Les deux confidentes furent conduites à l'abbaye de Ferrière, près de Montargis, pour y subir un interrogatoire. Le roi lui-même posait les questions, demandant des détails sur les amants de sa sœur, les lieux où Marguerite les rencontrait et « mille précisions fort impudiques pour ce qu'elles touchaient au déduit, et qui firent rougir de confusion les deux dames ».

— Vous n'êtes que vermine très pernicieuse, dit-il, je vous tiens pour complices des déportements de la reine de Navarre.

Et il les fit mettre en prison. Après quoi, il écrivit à son beau-frère pour lui spécifier clairement qu'il avait épousé une putain.

Le Béarnais, qui, pour lors, savourait les charmes de la délicieuse comtesse de Gramont, fut ravi. Sautant sur l'occasion qui lui était offerte, il décida de ne pas reprendre avec lui une femme dont la famille elle-même disait tant de mal. En apprenant cette nouvelle, le roi comprit sa maladresse et envoya une autre lettre à Navarre pour lui dire qu'on l'avait trompé et qu'il savait maintenant que Marguerite était un modèle de vertu.

Le Béarnais répondit qu'il s'en tenait à sa première résolution. Alors, Henri III, incapable de cacher sa mauvaise humeur, écrivit : *Je sais comme les rois sont sujets à être trompés par faux rapports, et que les princesses les plus vertueuses ne sont bien souvent exemptes de la calomnie, même pour le regard de la feue reine, votre mère, je sais ce qu'on en a dit et combien on en a toujours mal parlé.*

En recevant cette lettre venimeuse, le roi de Navarre éclata de rire et dit aux amis qui l'entouraient :

— Le roi me fait beaucoup d'honneur par toutes ses lettres : par les premières, il m'appelle cocu, et par ses dernières, fils de putain. Je l'en remercie (1).

Pendant que les deux souverains échangeaient cette curieuse correspondance, Marguerite poursuivait lentement son voyage. Informée par Catherine des sentiments peu amicaux que nourrissait le Béarnais à son égard, elle ne se pressait point d'arriver à Nérac. Lorsqu'elle fut à Agen, elle s'installa dans une luxueuse maison en compagnie d'un officier de sa suite et attendit que le ciel lui fournît une occasion de retrouver son mari sans avoir à encourir d'affront.

C'est alors que Henri de Navarre eut une idée :

— Je ne reprendrai ma femme, fit-il savoir à Henri III, que si les troupes royales qui se trouvent en garnison dans les villes voisines de Nérac sont retirées.

Le roi fut atterré. Son stupide mouvement de colère risquait de l'obliger à dégarnir ses positions militaires dans le Midi. Pensant à la joie des huguenots, il en voulut davantage encore à Marguerite et à ses amants. Pendant quelques jours, il s'entretint avec ses conseillers habituels et avec la reine mère de la décision à prendre. Il espérait gagner du temps. Mais Navarre lui fit comprendre la nécessité d'une solution rapide en s'emparant de Mont-de-Marsan...

Affolé, Henri III promit au Béarnais de retirer les garnisons d'Agen et de Condom, et de limiter celle de Bazas à cinquante chevaux.

(1) PIERRE DE L'ESTOILE, *op. cit.*, août 1583.

Marguerite, qui se trouvait toujours à Agen avec son bel officier, reprit la route aussitôt. A Port-Sainte-Marie, elle rencontra Navarre qui l'embrassa sans prononcer un mot, et les témoins ne se gênèrent pas pour dire que cette réconciliation ne durerait guère.

Le roi de France ne sortait pas grandi de cette lamentable aventure. De plus, on pouvait craindre à tout moment un nouveau soulèvement huguenot dans le Languedoc. La situation était périlleuse, l'avenir avait des couleurs sombres, et Catherine de Médicis ne cessait d'abreuver son fils de reproches.

Fort heureusement le destin se chargea d'arranger les choses en faisant mourir brusquement le duc d'Anjou. Ce décès transformait en effet le Béarnais, ennemi de la couronne, en héritier du trône de France. Henri III vit là une occasion de se réconcilier avec son beau-frère sans perdre la face et, tout heureux, déclara à Mornay, conseiller de Navarre : « Je reconnais votre maître pour mon seul héritier; c'est un prince bien né et de bon naturel. Je l'ai toujours aimé et je sais qu'il m'aime; il est un peu colère et piquant, mais le fond est bon. »

Il n'était plus question de traiter Jeanne d'Albret de putain...

Mornay transmit ces paroles à Navarre et y ajouta cet extraordinaire commentaire : *Les yeux d'un chacun sont arrêtés sur vous : il faut qu'en votre maison on voye quelque splendeur; en votre conseil, une dignité; en votre personne, une gravité; en vos actions sérieuses, une constance, ès moindres mesmes, égalité. Ces amours si découvertes et auxquelles vous donnez tant de temps ne semblent plus de saison. Il est temps, sire, que vous fassiez l'amour à toute la chrétienté, et particulièrement à la France* (1).

On imagine mal, de nos jours, un conseiller d'État écrivant une telle lettre à un futur président de la République... (2).

***

(1) Du Plessis-Mornay, *Mémoires.*

(2) Aujourd'hui, nos chefs d'État se contentent de regarder la France au fond des yeux...

Pendant quelques mois, Henri et Marguerite cohabitèrent sans trop de heurts. Il est vrai que les deux époux se voyaient assez peu, ayant, l'un et l'autre, des occupations fort absorbantes : tandis que la reine de Navarre recevait dans sa chambre tous les officiers de Nérac à qui elle voulait du bien, le roi, dont le tempérament exigeant ne pouvait se satisfaire facilement, donnait large ration de plaisir à ses maîtresses.

— N'avoir qu'une femme, c'est être chaste, disait-il.

Il en avait douze : Xainte, fille de chambre de Margot, la boulangère de Saint-Jean, Mme de Potonville, la Baveresse « ainsi nommée pour avoir sué », Mme de Duras, que la reine avait pu faire venir à Nérac, Picotin Pancoussaire, cuiseuse de pain, la comtesse de Saint-Magrin, la nourrice de Casteljaloux, « qui lui voulut donner un coup de couteau, parce que d'un écu qu'il lui fallait bailler il en retrancha quinze sols pour la maquerelle » (1), les deux sœurs de l'Épée, Fleurette Dastarac, fille du jardinier du château de Nérac, et la favorite du moment, Corisande de Guiche, comtesse de Gramont (2).

***

Bientôt la mésintelligence entre les époux se changea en hostilité. C'est à ce moment que Mme de Gramont, qui rêvait de se faire épouser par le Béarnais, commença à se montrer franchement désagréable avec Margot.

Un jour, elle tenta de l'empoisonner.

La reine de Navarre l'apprit à temps, mais fut agacée. L'obligation de faire goûter ses aliments par un domestique est déplaisante, car, outre qu'elle vous conduit parfois à perdre de bons serviteurs difficiles à remplacer, elle risque de vous faire manger les plats froids. Aussi Margot décida-t-elle de ne pas demeurer plus longtemps dans un endroit aussi peu confortable. Quelques jours plus tard, elle quittait Nérac, sous

(1) *Confession du sieur de Sancy*, 1660.

(2) Corisande était veuve de Philibert de Gramont, qui lui avait donné deux enfants : Antoine et Catherine. Cette dernière épousa en 1660 Louiz Grimaldi, duc de Valentinois, ancêtre du prince Rainier III de Monaco.

prétexte d'aller faire ses Pâques à Agen, ville catholique de son apanage (1).

Les Agenois lui firent un accueil enthousiaste, et elle s'installa dans la plus belle maison de la cité. Chacun pensait que la présence de la reine de Navarre allait faire marcher le commerce. On se réjouissait bruyamment :

— Des ambassadeurs de tous les pays vont venir avec leur suite...

— Peut-être que la reine mère séjournera ici!...

— Avant un an, nous serons tous riches!

Les malheureux devaient rapidement déchanter. Car, à peine installée, Margot reçut la visite d'un envoyé du duc de Guise qui lui demanda si elle accepterait d'être l'auxiliaire de la Ligue (2) dans le Languedoc et d'entreprendre une guerre contre Navarre.

Trop heureuse de pouvoir se venger des affronts reçus à Nérac, elle accepta et chargea son nouvel amant, Lignerac, bailli des montagnes d'Auvergne, de s'emparer de l'Agenais, de recruter des hommes et de fortifier la ville.

Lorsqu'elle se sentit à la tête d'une armée, Margot fut un peu grisée. Elle commença par prendre le titre de Marguerite de France et n'appela plus son mari que le prince de Béarn; puis elle donna l'ordre d'aller attaquer Tonneins et Villeneuve-d'Agen, villes appartenant à Navarre. L'expédition fut désastreuse : insuffisamment préparés et mal dirigés, les hommes de Lignerac furent battus à plate couture aux deux endroits et « transformés en défuncts ».

Après cet échec, Marguerite dut procéder à un nouveau recrutement et à de nouveaux achats d'armes. Or les ressources dont elle disposait étaient maigres et l'argent que lui avait promis Guise n'arrivait pas. Pour s'en procurer, elle dut

(1) Cf. cette lettre de Bellièvre à Catherine de Médicis : *Je n'ai pas omis de dire à M. de Clervant le tort que le roi de Navarre se fait de préférer l'amitié de la comtesse à celle de la reine sa femme, qui a été contrainte de se retirer à Agen pour se préserver de la comtesse qui entreprend contre sa vie.*

(2) Confédération fondée en 1576 par le duc de Guise 1) pour défendre la religion catholique contre les protestants 2) pour renverser Henri III et prendre sa place sur le trône de France. (V. *Histoire d'Amour de l'Histoire de France.* tome II).

créer des impôts et accabler de charges les habitants d'Agen. Bien vite exaspérés, ceux-ci se révoltèrent, massacrèrent la plupart des soldats de la Ligue et livrèrent la ville aux troupes royales commandées par le maréchal de Matignon. Prise entre une cité en pleine révolte et l'armée de Henri III, Margot était exposée à être rendue à son mari ou à son frère. Épouvantée, elle monta en croupe derrière Lignerac et quitta la ville au triple galop.

Voici comment l'auteur du *Divorce satyrique* (qui parle au nom de Henri de Navarre) rappelle cet épisode : « Étant malaisé que le poisson ne revienne à l'hameçon, et le corbeau à la charogne, ce haut-de-chausse à trois culs se laisse derechef emporter à la lubricité et débordée sensualité, me quittant sans mot dire et s'en allant à Agen, ville contraire à mon parti, pour y établir son commerce et avec plus de liberté continuer ses ordures ; mais les habitants, présageant d'une vie insolente d'insolents succès, lui donnèrent l'occasion de partir avec tant de hâte qu'à peine se put-il trouver un cheval de croupe pour l'emporter, ni des chevaux de louage ni de poste pour la moitié de ses filles, dont plusieurs la suivaient à la file, qui sans masque, qui sans devantier, et telle sans tous les deux, avec un désarroi si pitoyable qu'elles ressemblaient mieux à des garces de lansquenets à la route d'un camp qu'à des filles de bonne maison... »

La fuite de Margot amusa tout le royaume, et les Parisiens composèrent de nombreuses chansons satiriques, dont voici un échantillon :

Le roi a la tête si grise
Qu'il ne fait plus que radoter.
Sa sœur veut trop d'hommes porter,
Elle est vraie fille de sa mère.

Ce couplet montre avec quelle liberté les chansonniers d'autrefois attaquaient les « personnages officiels »...

***

Emportée par le cheval de Lignerac, Margot fit cinquante lieues sans selle, sans coussinet et arriva brisée, exténuée et

« la cuisse écorchée », au château fort de Carlat, près d'Aurillac.

Dès que le pont-levis fut relevé, elle respira. Ce château où elle se trouvait sans argent, et même sans linge pour se changer, était une véritable prison et « sentait plus la tanière de larron que la demeure d'une reine », mais elle y était à l'abri de son mari et surtout de son frère...

Lorsqu'il sut qu'elle s'était réfugiée à Carlat, Henri III ne put s'empêcher de dire publiquement :

— Les Cadets de Gascogne n'ont pu saouler la reine de Navarre, elle est allée trouver les muletiers et chaudronniers d'Auvergne!

Sa Majesté ne se trompait pas de beaucoup. Ce n'étaient pas des muletiers qui partageaient la couche de Margot à Carlat, mais à peu près tous les hommes de la garnison. Elle les invitait à tour de rôle. C'était le seul moyen qu'elle eût à sa disposition pour supporter cet emprisonnement volontaire.

Il y avait d'ailleurs un certain risque à recevoir ces jeunes gens, car Lignerac était d'une jalousie féroce. Un jour du printemps 1586, il entra dans la chambre de la reine; Margot, souffrante, était couchée. A son chevet, se trouvait le fils de l'apothicaire. Sans prononcer un mot, Lignerac poignarda le jeune homme dont le sang inonda le lit... (1).

Ce manque d'usage déplut à Marguerite. Elle se débarrassa bientôt de Lignerac et chercha un autre amant de cœur. Elle choisit son écuyer, le noble et charmant Aubiac, qui s'était écrié en la voyant pour la première fois à Agen : « Oh! l'admirable créature! Je voudrais avoir couché avec elle, à peine d'être pendu quelque temps après. »

(C'était d'ailleurs parce qu'on lui avait rapporté ces paroles que la reine de Navarre avait engagé le jeune homme sur-le-champ...)

Margot et Aubiac s'entendirent assez bien, si l'on en croit Agrippa d'Aubigné, qui nous dit en une longue phrase : « Elle l'éleva de l'écurie à la chambre, et s'en fit tellement piquer que son ventre, heureux en telle rencontre, en devint rond et enflé comme un ballon, vomissant en son terme un petit garçon,

(1) Bernardin de Mendoça à Philippe II (Arch. Nat.).

avec le secours d'une sage-femme que la mère de ce piqueur, pour l'amour de son fils, y avait conduite, assistée du médecin du May, lequel, outre sa profession, et de lui panser quelque apostume sur son derrière, lui servit à ce coup de porter ce jeune prince, nouveau Lepandre mal emmailloté, en nourrice au village d'Escouviac, là auprès, si fraîchement né, que néanmoins, pour le froid enduré du long chemin, il en demeura pour toujours privé de l'ouïe et de la parole, et pour ces imperfections abandonné de l'amour et du soin de sa propre mère qui, ayant oublié les plaisirs de la conception, a longtemps permis qu'il ait gardé les oisons en Gascogne, où Mlle d'Aubiac, son aïeule, l'a, tant qu'elle a vécu, préservé de mourir de faim » (1).

Dès qu'elle fut relevée de couches, Marguerite partit de Carlat sous la protection d'Aubiac pour se rendre discrètement au château d'Ibois, où le seigneur de Châteauneuf, Amblard d'Escorailles, devait lui donner asile.

Elle allait, dans cette aventure, perdre son bel amant — et la liberté pour dix-neuf ans!...

***

Quelques jours après son arrivée, une troupe, dirigée par le marquis de Canillac, gouverneur d'Usson, se présenta à la poterne.

— Au nom du roi, je viens chercher la reine de Navarre!

Margot comprit qu'elle avait été trahie et qu'on allait la jeter dans quelque obscure prison. Rapidement, elle fit raser et cacher Aubiac pour le soustraire à un châtiment certain. Malheureusement, Canillac, qui avait reçu l'ordre de s'emparer de la dame et de son amant, fouilla tout le château, décrocha les tentures, vida les meubles et finit par trouver le bellâtre, tremblant de peur, « en un coin du manteau de la cheminée ».

Aussitôt, il le confia à une garde spéciale qui le conduisit à Saint-Cirque.

(1) On ne sait rien de précis sur ce fils de Margot. D'après l'ambassadeur toscan Cavrina, il était noble, beau, audacieux. D'après Dupleix (1569-1643), il mourut tout jeune...

En voyant disparaître son amant, Margot poussa des cris déchirants, se roula par terre et déclara qu'elle allait mourir, car elle aimait cet homme plus que sa vie.

Pour toute réponse, le marquis, qui savait Marguerite un peu excessive dans ses propos, lui ordonna de rester sagement dans sa chambre, jusqu'à nouvel ordre. Puis il envoya M. de Montmorin demander à Henri III ce qu'il devait faire de sa prisonnière.

Le roi venait justement d'apprendre, par l'abbé de Choinin, que Marguerite s'était ralliée à la Ligue. Furieux, il écrivit à Villeroy : *Mandez à Canillac qu'il ne bouge que nous n'y ayons pourvu bien et comme il faut. Cependant, écrivez-lui qu'il la mène au château d'Usson. Que, de cette heure, l'on arrête ses terres et ses pensions, tant pour rembourser le marquis que pour sa garde. Quant à ses femmes et hommes, que le marquis les chasse incontinent, et qu'il lui donne quelque honnête demoiselle et femme de chambre, en attendant que la reine, ma bonne mère, lui en ordonne de telles qu'elle avisera, mais que, surtout, il prenne bien garde à elle. Je ne la veux appeler dans les lettres patentes que sœur, et non chère et bien-aimée. La reine ma mère m'enjoint de faire pendre Aubiac, et que ce soit en la présence de cette misérable, en la cour du château d'Usson. Faites que ce soit dextrement fait. Mandez que l'on m'envoie toutes ses bagues, et par un bel inventaire, et qu'on me les apporte au plus tôt* (1).

Dès qu'il eut reçu cette lettre, Canillac poussa Margot dans un carrosse solidement gardé et la fit conduire sous bonne escorte au château d'Usson, vieille forteresse bâtie sur la crête d'un pic inaccessible. C'était une prison merveilleusement choisie. Avec son vieux donjon carré et ses vingt tours de défense, ce nid d'aigle défiait toutes les attaques. Un moine qui y avait vécu disait que « le soleil seul pouvait y pénétrer de force »...

Margot fut enfermée dans les appartements les plus retirés. Après quoi, Canillac fit exécuter Aubiac.

— L'autorité du roi me fait perdre la vie et non mon

(1) Lettre citée dans la correspondance de Catherine de Médicis.

démérite, s'écria le jeune amant de la reine de Navarre lorsqu'on lui apprit qu'il allait périr.

Puis il baisa un manchon de velours bleu que lui avait donné Margot et il tendit son cou au bourreau. Le rêve audacieux qu'il avait osé faire s'était réalisé, il mourait content.

On avait creusé une fosse au pied de la potence. Le malheureux respirait encore quand il y fut jeté (1).

***

Pendant quelque temps, personne ne sut ce qui se passait dans la forteresse d'Usson, et le bruit courut que Henri III avait fait assassiner sa sœur.

En réalité, Marguerite était en train de jouer au roi le plus beau tour de sa vie.

Un matin, elle avait fait savoir à Canillac qu'elle serait heureuse de le recevoir dans sa chambre. Le marquis, sans méfiance, vint et trouva sa prisonnière au lit, portant un vêtement léger et fort échancré, qui laissait voir « tétins blancs comme neige et piqués d'une framboise ». Il en fut troublé et son œil (il était borgne) « perdit de sa dignité au profit de la concupiscence ». Margot, qui le considérait en souriant, paupières mi-closes, comprit qu'elle avait montré de sa personne un échantillon suffisamment prometteur pour que son geôlier désirât « toute la pièce... ».

Elle l'invita à s'asseoir près d'elle et l'entretint longuement de poésie, d'art et de littérature, affectant de ne rien voir de l'état hypertendu dans lequel se trouvait le malheureux (2).

Puis elle lui donna congé en disant :

— Je serais très heureuse de pouvoir parler ainsi avec vous tous les matins.

Canillac, les pommettes en feu, promit de revenir. Et dès le lendemain le jeu recommença, pour le plus grand dommage

(1) *Négociations diplomatiques avec la Toscane*, t. IV.

(2) Brantôme dit, à ce propos : « Pauvre homme, que pouvait-il faire? Vouloir tenir captive celle qui, de ses yeux et de son beau visage, peut assujettir en ses liens de chaînes tout le reste du monde comme un forçat? »

des artères du marquis. Au bout de huit jours, ne pouvant se contenir davantage, il se mit à genoux dans la chambre et demanda à Marguerite, en des termes simples, mais touchants, de bien vouloir l'autoriser à coucher avec elle.

— Je vous donnerai tout ce que vous voulez, s'écria-t-il.

Margot s'étira comme une chatte :

— Donnez-moi la ville d'Usson.

Il accepta et elle ouvrit ses draps...

C'est ainsi que la reine de Navarre cessa d'être prisonnière pour être à la fois la maîtresse de la place forte et du marquis de Canillac.

***

Marguerite avait acquis, au cours de ses multiples aventures galantes, un savoir-faire et un tour de main qui stupéfiaient ses amants. Canillac fut ébloui et jura de se vouer désormais corps et âme à cette femme qui lui procurait de si grandes voluptés. Margot n'attendait que cela. Entre deux étreintes, elle lui expliqua pourquoi Henri III voulait la faire disparaître :

— Le roi mon frère désire que je meure afin que la princesse de Lorraine épouse le roi de Navarre, mon mari, lequel abjurerait à cette occasion. En outre, ma belle-sœur, Catherine de Bourbon (1), épouserait le fils aîné du duc de Lorraine, ce qui amènerait la réconciliation de la maison de Condé et de la maison de Lorraine, donc l'amoindrissement de Henri de Guise, réduit au rôle de cadet désavoué.

Elle ajouta :

— Si vous m'aimez, vous devriez aller à Lyon trouver M. de Foronne, qui est l'un des principaux agents du duc de Guise, et lui dire que vous êtes mon ami, tout prêt à nous servir, lui et moi.

Le soir même, Canillac partit pour Lyon. Les Ligueurs, qui ne s'attendaient pas à une telle aubaine, lui accordèrent

(1) Cette jeune sœur de Henri de Navarre devait finalement épouser cet Henri de Lorraine en 1599 et devenir duchesse de Bar, après avoir vécu un douloureux roman d'amour avec son cousin le comte de Soissons.

quarante mille écus de pension par an et cinquante soldats pour la garde du château d'Usson.

Dès son retour, le marquis congédia la garnison de Henri III et installa les hommes du duc de Guise.

L'amour de Canillac pour la reine de Navarre créait ainsi, en plein cœur du royaume, un centre ligueur hostile au roi de France...

VIII

UNE FEMME EMPÊCHE HENRI DE NAVARRE D'EXPLOITER LA VICTOIRE DE COUTRAS

Henri IV eût été un héros accompli s'il eût été réduit au sort d'Abélard.

BAYLE.

Pendant que la reine Margot révélait au marquis de Canillac d'exténuants plaisirs, Henri de Navarre partageait son temps entre la belle Corisande et la préparation d'une manœuvre destinée à mettre en échec de façon définitive les troupes de la Ligue.

Pour fortifier sa position, le Béarnais n'était pas très regardant sur les moyens à employer : *il s'était adressé aux princes d'Allemagne et leur avait demandé tout bonnement de venir envahir la Lorraine, la Champagne et l'Orléanais.*

— J'irai vous rejoindre sur les bords de la Loire, leur avait-il dit, et nous vaincrons ensemble l'armée du duc de Guise.

Le fait d'attirer des troupes étrangères sur le sol national constitue toujours une imprudence. Navarre le savait, mais, pour anéantir la Ligue qui refusait de le reconnaître comme héritier présomptif du trône à cause de sa religion, il était prêt à tout, même à faire ravager des provinces entières.

Curieux état d'esprit auquel, pourtant, il est permis de trouver des excuses.

Depuis quelque temps, en effet, les partisans du duc de Guise composaient ou répandaient des pamphlets extrêmement injurieux pour le Béarnais. On l'insultait partout, et jusque dans les églises où les prédicateurs ne pouvaient prononcer un sermon sans le traiter de « fils de putain » ou de « maquereau ». Ce langage, rarement employé dans un saint lieu, amusait fort le menu peuple qui, ne comprenant rien, comme d'habitude, à la situation politique, était heureux du moins de se réjouir en écoutant des grossièretés.

La hargne des Ligueurs se manifestait en toute occasion avec la même verdeur dans le propos. On rapporte qu'un soir, au cours d'une réception chez le cardinal de Pellevé, M. de Sermoise ayant dit que Navarre abjurerait peut-être un jour pour se faire catholique, le prélat l'interrompit avec colère :

— Je ne sais si vous êtes veuf ou marié, s'écria-t-il, mais si vous l'avez été ou si vous l'êtes, et que vous eussiez une femme qui se fût prostituée en plein bordel, la voudriez-vous reprendre quand elle voudrait revenir? Or l'hérésie, monsieur mon ami, est une putain!

De telles insultes, lorsqu'elles lui étaient rapportées par ses agents de renseignements, ulcéraient Navarre qui se sentait disposé à demander l'aide de tous les ennemis du royaume pour satisfaire sa rancune.

***

Au mois de septembre 1587, les armées allemandes, en partie financées, d'ailleurs, par la reine Élisabeth d'Angleterre, envahirent la Lorraine. Aussitôt, Navarre, qui venait de remporter quelques succès militaires en Poitou, se prépara à partir à la rencontre de ses alliés.

Henri III, menacé à la fois par les Allemands, la Ligue et les protestants, conçut alors un plan astucieux qui consistait à profiter de la situation pour se débarrasser de tout le monde. Il envoya dans le Sud-Ouest une armée commandée par un de ses mignons, le duc de Joyeuse, avec l'espoir qu'elle battrait le Béarnais, et laissa partir le duc de Guise vers l'Est, certain qu'il serait écrasé par les Allemands.

Malgré les efforts désespérés des princes lorrains pour repousser l'envahisseur, les armées allemandes atteignirent les frontières de France le 17 septembre, et la Champagne fut occupée à son tour. Les alliés de Henri de Navarre pillaient, violaient, incendiaient et tuaient tous ceux qui voulaient leur résister. Après avoir franchi la Seine et l'Yonne, ils se dirigèrent vers la Loire, pressés d'aller rejoindre par le Berry les armées protestantes cantonnées pour lors en Poitou et en Saintonge.

Voyant le danger et voulant à toute force que la rencontre des armées de la Ligue et des troupes allemandes eût lieu en Gâtinais (c'est-à-dire au nord de la Loire), Henri III fit garder ou détruire tous les ponts jetés sur le fleuve entre Orléans et La Charité.

Pendant ce temps, le duc de Joyeuse descendait à marches forcées vers Poitiers avec huit mille hommes et deux mille chevaux pour livrer bataille au Béarnais et l'empêcher d'aller rejoindre ses alliés. Cette ruée inquiéta Navarre qui se replia précipitamment vers la Guyenne pour y lever de nouvelles troupes.

Joyeuse le suivit et, le 19 octobre au soir, se trouva non loin de la ville de Coutras où l'armée huguenote s'était arrêtée. Navarre, qui cette fois était prêt, décida d'attaquer le lendemain à l'aube.

Quelques heures avant le combat, le chef protestant, sachant que son sort allait se jouer dans deux arpents de prairie, crut bon de rédiger cette curieuse proclamation qu'il lut lui-même à ses hommes aux premières lueurs du jour :

« Mes amis, voici une curée qui se présente bien autre que vos butins passés : c'est un nouveau marié (1) qui a encore l'argent de son mariage en ses coffres; toute l'élite des courtisans est avec lui. Courage! Il n'y aura si petit d'entre vous qui ne soit désormais monté sur des grands chevaux et servi en vaisselle d'argent. Qui n'espérerait la victoire, vous voyant si bien encouragés? Ils sont à nous; je le juge par l'envie que vous avez de combattre; mais pourtant nous devons tous croire que l'événement est en la main de Dieu, lequel, sachant et favorisant la justice de nos armes, nous fera

(1) Le duc de Joyeuse s'était marié récemment avec Marguerite de Lorraine, belle-sœur de Henri III qui l'avait couvert de bijoux à cette occasion et avait dépensé un million deux cent mille écus pour la noce.

voir à nos pieds ceux qui devraient plutôt nous honorer que combattre. Prions-le donc qu'il nous assiste. Cet acte sera le plus grand que nous ayons fait; la gloire en demeurera à Dieu, le service au Roi, notre souverain seigneur, l'honneur à nous et le salut à l'État. »

Puis le soleil se leva, éclairant les deux armées face à face, et le combat commença.

Ce fut, dès le début, une mêlée épouvantable. Tapant à droite, coupant à gauche, égorgeant, étripant, assommant, décapitant, Ligueurs et Huguenots s'entretuèrent avec allégresse pendant plusieurs heures. Finalement, les troupes de Navarre, pourtant inférieures en nombre, eurent l'avantage, et l'armée catholique se débanda, laissant sur le terrain trois mille morts, dont quatre cents gentilshommes et le duc de Joyeuse lui-même...

***

Henri III était à Gien lorsqu'il apprit la victoire des protestants. Il resta hébété. Tout son plan s'effondrait; car dans ces conditions pouvait-il encore souhaiter la défaite de Guise? Navarre allait maintenant s'élancer avec ses troupes vers la Loire, traverser le fleuve au sud de La Charité, remonter vers Montargis et rejoindre les Allemands qui festoyaient en attendant son arrivée.

Une bataille aurait lieu qui tournerait sans doute à l'avantage des huguenots.

Il fut pris de panique.

Les 23, 24, 25 octobre, il attendit, angoissé, nerveux, le visage agité de tics. Et soudain, le 26, une nouvelle stupéfiante lui parvint : *Le Béarnais, au lieu de poursuivre sa route en vainqueur, avait, contre toute logique, au lendemain de la victoire de Coutras, congédié ses troupes pour un mois et s'était retiré à Nérac.*

Quelles raisons avaient poussé Navarre à agir ainsi? Les raisons qui sont à l'origine de presque toutes les actions déconcertantes des hommes, et que la raison, dit-on, ne connaît pas. C'est, en effet, pour aller retrouver Mme de Gramont, dont il avait brusquement un furieux désir, que le

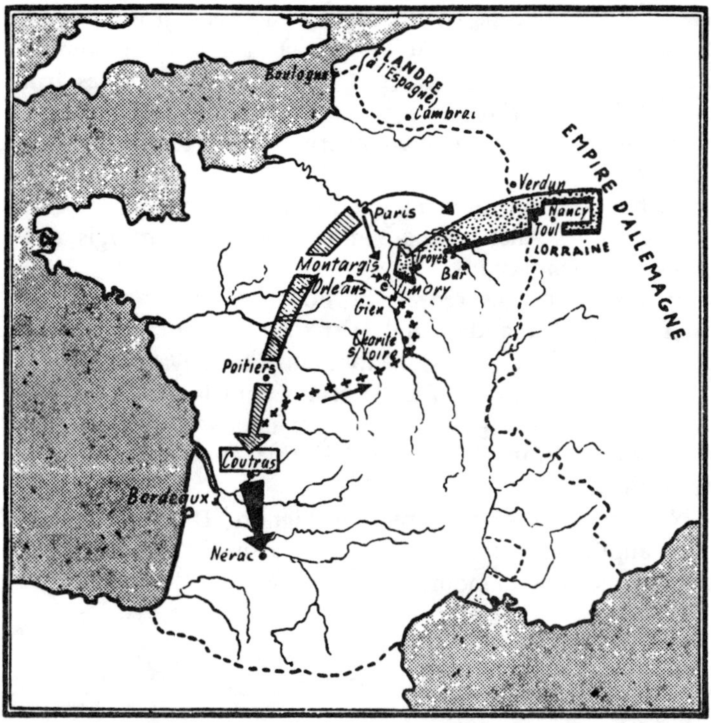

On voit sur cette carte ce qu'aurait dû faire Henri de Navarre après la victoire de Coutras (tracé de croix) et ce qu'il a fait (flèche noire)...

Flèche pointillée : Armées des princes allemands
Flèche rayée : Armée du duc de Joyeuse
Petites flèches noires : Armées de Guise.

Béarnais s'était volontairement privé des avantages de la victoire.

Écoutons Sully. Le futur ministre de Henri IV nous explique d'un ton navré que le roi abandonna son armée à cause de « l'amour qu'il portait lors à la comtesse de Guiche (1), et la vanité de présenter lui-même à cette dame les enseignes, cornettes (2) et autres dépouilles des ennemis, qu'il

(1) Mme de Gramont était comtesse de Guiche.
(2) Drapeaux.

avait fait mettre à part pour lui être envoyées; il prit prétexte de ce voyage l'affection qu'il portait à sa sœur et au comte de Soissons; tellement qu'au bout de huit jours tous les fruits espérés d'une si grande et signalée victoire s'en allèrent en vent et en fumée, et, au lieu de conquérir, l'on vit toutes les choses dépérir... » (1).

Au bout de huit jours, en effet, tout était consommé. Guise avait battu les Allemands à Vimory, près de Montargis, et les Suisses s'étaient rendus...

En novembre, les reîtres, de nouveau défaits par Guise, capitulèrent et, maudissant Navarre de les avoir attirés dans ce guêpier, durent quitter précipitamment le royaume.

C'était la fin. L'amour du Béarnais pour la belle Corisande avait permis à la Ligue de remporter une victoire dont l'effet moral sur les Français était considérable, et qui allait décupler sa puissance.

Navarre en eut-il du dépit? On l'ignore. Il resta douillettement auprès de sa maîtresse jusqu'à la fin de l'année, occupé aux seuls jeux de l'amour...

(1) SULLY, *op. cit.*

IX

HENRI DE NAVARRE RENONCE A FAIRE ASSASSINER SA FEMME

Il est tout de même agréable d'être deux.
PAUL ADAM.

Mme de Gramont avait alors trente-six ans. Plantureuse. sensuelle, le tétin avantageux, l'œil vif et la fesse bien dessinée, elle possédait tout ce qui pouvait plaire au Béarnais. Intelligente, elle savait partager ses joies et ses colères; maternelle, elle le soignait et l'appelait « petiot »; généreuse, elle lui donnait l'argent de ses coupes de bois pour financer l'armée protestante.

Lui l'aimait, la tenait au courant de ses projets, lui disait ses espérances, et leur vie, depuis sept ans, était en tous points celle d'un couple régulier. Mais en décembre 1588, lorsque la mort du duc de Guise le rapprocha du trône (1), Navarre vit une lueur d'amertume dans les yeux de sa maîtresse et comprit ce qui attristait la belle Corisande.

— Vous m'avez aidé dans tous mes combats, il est juste, mon âme, que vous soyez reine lorsque je serai roi!

Encore fallait-il rendre possible ce mariage promis sous l'empire de la passion; car, si Mme de Gramont était veuve, Henri était marié.

Le divorce? Il n'y songeait pas, la procédure étant trop

(1) Henri de Guise, je le rappelle, fut assassiné à Blois, alors qu'il sortait de la chambre de Mme de Sauve dont il était toujours l'amant.

longue et trop compliquée. Mais il envisageait, avec un cynisme aimable et sain, de se rendre veuf.

Pourtant, avant d'entreprendre quoi que ce fût, il voulut demander l'avis de quelques amis. S'adressant à d'Aubigné et au vicomte de Turenne, il leur confia son dessein d'épouser Mme de Gramont et leur fit part de la promesse qu'il lui avait faite.

— Croyez-vous que j'aie raison de vouloir ce mariage? leur demanda-t-il.

« Il s'agissait, nous dit Dreux du Radier, de la démarche la plus considérable de sa vie. Turenne, qui connaissait la vivacité des sentiments de Henri, n'osa les choquer. Il prétexta la nécessité d'un voyage à Marans et partit le lendemain. Assez honnête homme pour ne pas donner un mauvais conseil à son maître, il n'eut pas la force de lui en donner un bon, D'Aubigné, resté seul chargé de l'emploi dangereux d'être sincère, s'en acquitta sans détour » (1).

En effet, l'aide de camp du roi de Navarre rapporte, dans son *Histoire,* les propos qu'il tint au Béarnais. Les voici : « Je ne prétends point que vous renonciez à votre passion. J'ai été amoureux : je sais ce que vous souffririez; mais servez-vous-en, sire, comme d'un motif qui vous excite à vous rendre digne de votre maîtresse, qui vous mépriserait si vous vous abaissiez jusqu'à l'épouser. Il faut que vous soyez *aut Cæsar, aut nihil;* que vous vous rendiez dans votre conseil que vous abhorrez; que vous donniez plus de temps que vous ne faites aux affaires nécessaires; que celles qui sont essentielles aient la préférence sur les autres, surtout sur le plaisir. Le duc d'Anjou est mort, vous n'avez plus qu'un pas à faire pour monter sur le trône. Si vous devenez l'époux de votre maîtresse, le mépris que vous ferez rejaillir sur votre personne vous en fermera le chemin sans ressource » (2).

Navarre avait l'esprit trop juste pour ne pas reconnaître la sagesse de ces propos. Il remercia d'Aubigné et lui donna sa

(1) Dreux du Radier, *op. cit.*

(2) En prononçant ce vertueux discours, Agrippa d'Aubigné ne se doutait pas que sa petite-fille, Mme de Maintenon, deviendrait la maîtresse, puis la femme d'un roi de France...

parole qu'il n'épouserait pas, en tout cas, la comtesse avant deux ans.

L'aide de camp connaissait suffisamment son maître pour savoir qu'avant ce terme une nouvelle favorite aurait remplacé la belle Corisande.

— Voilà une sage résolution, dit-il en s'efforçant de ne pas sourire.

Après cette conversation, le Béarnais devint extrêmement prudent avec Mme de Gramont. S'il la culbutait toujours avec cette saine ardeur qui faisait l'admiration des dames, du moins ne lui parlait-il plus de mariage. La belle avait ses espions. Elle sut vite d'où venait ce changement d'attitude et devint l'ennemie mortelle de d'Aubigné. Mais celui-ci pouvait être satisfait : il avait évité bien des ennuis au royaume.

En effet, on se demande ce qui se serait passé l'année suivante si Henri de Navarre, déjà mal vu à cause de sa religion, avait dû, en outre, imposer son ancienne concubine comme reine de France.

***

En empêchant ce mariage, d'Aubigné ne rendait pas seulement un grand service au pays, il sauvait aussi la reine Margot, plus ou moins promise à l'assassinat. Or l'ardente sœur de Henri III n'avait pas du tout envie de s'arrêter, à trente-cinq ans, de goûter les plaisirs terrestres. Tout en prenant du bon temps avec le marquis de Canillac, elle s'intéressait aux arts et complotait avec volupté. Son château, qui était devenu un important centre ligueur, tenait à la fois du quartier général politique et du salon littéraire. On y voyait aussi bien Saint-Vidal, chef du Velay, que Brantôme, ou Honoré d'Urfé, auteur de l'*Astrée*.

Ce dernier eut d'ailleurs l'occasion de constater pendant son séjour à Usson qu'il existait sur terre des gens beaucoup moins compliqués que ses personnages. Un soir, nous dit-on, Margot, séduite par son joli maintien, l'entraîna sur un canapé et lui demanda, après s'être convenablement troussée, d'être assez complaisant pour « éteindre une ardeur qui lui venait »...

Urfé étant la gentillesse même, tout se termina à la satisfaction générale, et l'écrivain regagna Paris, la mémoire enrichie de quelques belles images voluptueuses...

***

Malgré le tempérament exigeant de la reine de Navarre, tous les visiteurs ne repartaient pas aussi comblés. Ceux qui n'avaient pas eu l'honneur d'être distingués par la maîtresse de céans gardaient seulement le souvenir de quelques détails curieux se rapportant au paysage. Le savant Scaliger, par exemple, nous conte qu'il fut surpris de la situation qu'occupait Margot sur ce nid d'aigle où trois villes « s'étageaient à la façon d'un bonnet de pape ». « Elle peut, écrit-il, émerveillé, pisser sur ceux des deux villes du dessous. Elle est libre; fait ce qu'elle veut; a des hommes tant qu'elle veut et les choisit » (1).

Si la première phrase ne constitue qu'une image un peu hardie, la dernière est l'expression de la plus stricte vérité. Margot avait attiré à Usson, sous le prétexte de former une chorale pour sa chapelle, de jeunes garçons parmi lesquels elle choisissait ses partenaires. L'un deux, fils d'un chaudronnier du pays, le jeune Claude François, qui avait d'abord tapé sur les chaudrons avant de chanter des cantiques, devint rapidement l'amant de cœur.

Elle le fit seigneur de Pominy et bénéficiaire de Notre-Dame du Puy. La jalousie qu'elle montrait à son égard était terrible. Elle avait peur qu'il se laissât attirer par une femme plus jeune qu'elle et passait son temps à le surveiller. « C'est pour lui, nous dit l'auteur du *Divorce satyrique,* qu'elle fit faire les lits de ses Dames d'Usson, si hauts, qu'on y voyait dessous sans se courber, afin de ne s'écorcher plus comme elle soulait (2) les épaules, ni le fessier, en s'y fourrant à quatre pieds, toute nue, pour le chercher. C'est pour lui qu'on l'a vue souvent tâtonner la tapisserie, pensant l'y trouver, et celui pour qui, bien souvent, en le cherchant de trop d'affection, elle s'est marqué le visage contre les portes et les parois » (3)

(1) SCALIGER. *Mémoires.*
(2) C'est-à-dire : comme elle en avait l'habitude.
(3) *Divorce satyrique,* 1650.

Elle eût été plus avisée en se méfiant d'elle-même, car, à la suite d'une nuit d'amour particulièrement agitée. le pauvre, exténué, mourut d'essoufflement...

***

Tous ces faits étaient connus du Béarnais qui le 1er janvier 1589, dans une lettre adressée à Mme de Gramont, écrivait : *Je n'attends que l'heure de ouïr dire qu'on aura envoyé étrangler la feue reine de Navarre. Cela, avec la mort de sa mère, me ferait bien chanter le cantique de Siméon.*

Cinq jours plus tard, il était en partie exaucé : Catherine de Médicis trépassait à Blois. Sa joie fut si grande qu'il ne voulut point avoir le mauvais goût de se montrer exigeant avec le Ciel. Il se contenta de ce premier cadavre et offrit à ses amis un bon déjeuner pour fêter l'événement.

Se croyant soutenu par le Seigneur, Navarre envisagea dès lors l'avenir avec confiance et ne s'étonna pas lorsque Henri III, chassé de Paris par la Ligue, manifesta le désir de se rapprocher de lui. Le dernier dimanche d'avril, les deux beaux-frères, qui s'étaient tant molestés durant quatre ans, se rencontrèrent au Plessis-lès-Tours, « montrant chacun, nous dit L'Estoile, une incroyable joie ». Ils s'embrassèrent, les yeux pleins de larmes, au milieu du bon peuple en liesse qui hurlait curieusement :

— Vivent les rois! Vivent les rois!

Henri III fit, de Navarre, son lieutenant général, et tous deux décidèrent d'unir leurs forces et leurs conseils pour s'efforcer de venir à bout des Guisards et des Lorrains qui tenaient une grande partie du royaume.

Cette union rendit les Ligueurs furieux et, le 7 mai, le duc de Mayenne, nommé par le Conseil de la Ligue « lieutenant général de l'État royal et couronne de France » (1), vint attaquer le faubourg Saint-Symphorien, à Tours, avec l'espoir d'entrer dans la ville et d'y prendre le roi.

(1) Ce titre, décerné par le Parlement fantoche qui gouvernait Paris, donnait à Mayenne une autorité considérable. Chef des factieux, il faisait « état de roi », et L'Estoile nous dit qu'un sire de Paris le fit peindre avec une couronne impériale sur la tête.

Les troupes royales, malgré l'appui des soldats de Navarre, furent bientôt débordées et obligées de fuir en désordre, laissant de nombreux morts sur le pavé. Encouragés, les Ligueurs se jetèrent à la poursuite des fuyards et, sans doute, leur élan les eût-il conduits jusqu'à la demeure du roi si quelques jolies Tourangelles, curieuses de savoir ce qui se passait dans la rue, n'avaient fait, fort opportunément, leur apparition à une fenêtre.

Les premiers soldats qui les virent furent émerveillés. Jetant leur arquebuse, ils grimpèrent des escaliers, enfoncèrent des portes et, tout échauffés encore par l'ardeur du combat, violèrent les demoiselles avec entrain.

Le mouvement fut naturellement suivi et tous les hommes de M. de Mayenne, se désintéressant des choses militaires, « abandonnèrent Mars pour Vénus ». Pénétrant dans les maisons, fouillant les chambres, bouleversant les boutiques, ils se jetaient sur toutes les femmes qu'ils rencontraient, et des scènes pittoresques se déroulèrent. Car si la plupart de ces malheureuses, terrorisées, se laissaient prendre en public, sur le pavé, contre un arbre, sur une marche, inconscientes du spectacle qu'elles offraient, d'autres, au contraire, se débattaient, hurlaient, griffaient, parvenaient à se sauver. Un groupe réussit même à se réfugier dans une église; mais les Ligueurs, saisis par une véritable folie érotique, les y rejoignirent et les maltraitèrent sans respect pour le saint lieu.

Tout à coup, une nouvelle se propagea de groupe en groupe, stoppant net cet accès de lubricité : le roi de Navarre arrivait avec des troupes fraîches! Terrifiés à la pensée des représailles qu'ils allaient subir, les soldats de Mayenne abandonnèrent les Tourangelles et se replièrent précipitamment.

Ce fut la débandade.

Ce fait est attesté par un médecin de la cour qui, relatant pour un ami les circonstances de la retraite du duc de Mayenne, écrivait « qu'il eût pu tenir davantage s'il n'eût eu peur d'être suivi et puni pour les violences de filles et de femmes que firent ses gens dans le milieu d'une église ». L'Estoile ajoute que ces violences « furent telles et si grandes que le vicaire dudit Symphorien a, depuis, assuré y avoir vu forcer les filles et femmes réfugiées, en la présence de leurs maris et de leurs pères et mères, et que, leur en voulant remontrer quelque chose, ces gens de bien de l'Union, comme fort respectueux envers les gens d'église, l'auraient, l'épée à la gorge, menacé *de lui en faire autant* s'il ne se taisait ».

Ainsi les femmes de Tours, sans le savoir, avaient-elles sauvé Henri III et peut-être le royaume...

***

Tout en guerroyant, Navarre continuait de courir le jupon, et Mme de Gramont, à qui il écrivait pourtant presque quotidiennement des billets enflammés, se doutait bien de son infortune (1). On en a une curieuse preuve. Le 18 mai, il lui envoya une lettre sur laquelle elle ne put s'empêcher de noter des remarques piquantes et désabusées qui témoignent de ses soupçons et aussi d'un caractère moins désintéressé qu'on aurait pu le croire. Voici la lettre avec, en notes, les commentaires que la belle Corisande avait griffonnés dans les interlignes :

Mon âme, je vous écris de Blois, où il y a cinq mois que l'on me condamnait hérétique et indigne de succéder à la couronne, et j'en suis à cette heure le principal pilier. Voyez les œuvres de Dieu envers ceux qui se sont toujours fiés en lui. Car y avait-il rien qui eût tant d'apparence de force qu'un arrêt des États? Cependant j'en appelai devant Celui qui peut tout (2), *qui a revu le procès, a cassé les arrêts des hommes, m'a remis en mon droit, et crois que ce sera aux dépens de mes ennemis* (3). *Ceux qui se fient en Dieu et le servent ne sont jamais confus* (4). *Je me porte très bien, Dieu merci; vous jurant avec vérité que je n'aime ni honore rien au monde comme vous* (5), *et vous*

(1) C'est à cette époque que le Béarnais devint l'amant d'une certaine Françoise Poybleau, qui demeurait en l'île de Marans.

(2) « Ainsi font bien d'autres. »

(3) « Tant mieux pour vous. »

(4) « Voilà pourquoi vous y devriez songer! »

(5) « Il n'y a rien qui n'y paraisse. »

garderai fidélité (1) *jusqu'au tombeau. Je m'en vais à Beaugency, où je crois que vous oirez bientôt parler de moi* (2). *Je fais état de faire venir ma sœur bientôt. Résolvez-vous de venir avec elle* (3). *Le roi m'a parlé de la Dame d'Auvergne. Je crois que je lui ferai faire le mauvais saut* (4). *Bonjour, mon cœur, je te baise un million de fois.*

HENRY.

Corisande avait bien raison d'être jalouse, car, non content d'avoir des maîtresses d'une nuit, le Béarnais la trompait depuis quelque temps avec Esther Ymbert, fille de Jacques Ymbert, bailli du grand fief d'Aunis. C'était une gracieuse blondinette de vingt et un ans qui avait la cuisse tendre et légère. Henri allait la retrouver secrètement chaque soir. Une nuit, le bailli, qui soupçonnait Navarre de pénétrer un peu trop avant dans l'intimité de sa fille, fit irruption dans la chambre où les deux amants s'en donnaient, comme on dit, à cœur joie. Tirant Esther du lit, il lui administra une grande paire de gifles.

— Pourquoi la battez-vous? demanda Henri, stupéfait.

Le bailli eut une curieuse réponse.

— Je la bats, Sire, parce qu'elle manque de respect à Votre Majesté!...

Cette scène n'empêcha pas le Béarnais de continuer à être l'amant d'Esther. Pendant deux mois, tout en écrivant des lettres passionnées à Corisande, il retrouva la fille du bailli dans un bois discret où il pouvait se montrer sans crainte sous un jour avantageux. Il y fit, hélas! tant de prouesses que la belle lui annonça, un matin, qu'elle était enceinte. Navarre

(1) Mme de Gramont a ajouté au commencement de ce mot : « *l'in* » (l'infidélité), puis elle fait suivre la phrase ainsi modifiée de cette remarque : « Je le crois. »

(2) « Je n'en doute point : d'une ou d'autre façon. »

(3) « Ce sera lorsque vous m'aurez donné la maison que vous m'avez promise, près de Paris, que je songerai d'en aller prendre la possession et de vous en dire le grand merci. »

(4) Il s'agit de la reine Margot, que le Béarnais envisageait toujours — et avec le même cynisme — de faire assassiner.

n'aimait pas cela. Il la quitta aussitôt pour rejoindre les troupes royales (1).

Quelques jours plus tard, il marchait sur la capitale, en compagnie de Henri III. Un soir, pendant une halte, il écrivit ce billet à Mme de Gramont : *Si le roi use de diligence, comme j'espère qu'il le fera, nous verrons bientôt les clochers de Notre-Dame de Paris... Mon cœur, aimez-moi toujours comme vôtre, car je vous aime comme mienne.*

Ces mots n'avaient plus aucun pouvoir sur Corisande. Amère, désabusée, elle traça d'une main tremblante, sous la dernière phrase de la lettre qu'elle venait de recevoir : *Vous n'êtes ni à moi, ni moi à vous...* et ne répondit pas. Ainsi s'achevait un roman long de trois mille nuits d'amour...

***

En août, Henri III tomba sous les coups de poignard du moine Jacques Clément. Avant de mourir, il désigna expressément Henri de Navarre comme son légitime successeur, et lui dit :

— Mon frère, je vous laisse ma couronne et mon neveu; je vous prie d'en avoir soin et de l'aimer. Vous savez aussi comme j'affectionne M. Le Grand, faites état de lui, je vous prie, il vous servira fidèlement (2).

Quelques heures plus tard, le dernier des Valois rendait son âme à Dieu.

Lorsqu'on vint lui annoncer cette nouvelle Corisande se retira dans sa chambre et pleura; l'homme qu'elle avait préparé à recevoir la couronne devenait roi de France, et elle n'était pas près de lui pour partager sa joie.

Seule dans son grand château d'Hagetmau, elle comprit qu'elle ne devait attendre qu'une chose du nouveau souverain : l'ingratitude...

(1) En 1592, la pauvre Esther, dans le plus absolu dénuement, viendra supplier Henri de la secourir. Il refusera de la recevoir et défendra même qu'on lui parle d'elle. Elle mourra de misère.

(2) On verra par la suite comment Henri IV se conduisit avec ce « M. Le Grand », duc de Bellegarde, qui avait pour maîtresse une jeune personne nommée Gabrielle d'Estrées.

***

Henri IV entreprit sans tarder la conquête de son royaume. Tâche difficile, puisque la capitale et les cinq dixièmes du pays étaient aux mains des Ligueurs et que ceux-ci venaient de faire proclamer roi, sous le nom de Charles X, le vieux cardinal de Bourbon, oncle du Béarnais.

Renonçant pour l'instant à prendre Paris, il alla s'emparer de Dieppe, ville clé qui pouvait lui permettre de recevoir des renforts de la reine d'Angleterre. Et pendant des mois, avec sa petite armée mal vêtue et mal nourrie, il sillonna la Normandie, occupant des villes, prenant des forts, massacrant des ennemis et remportant des victoires contre toute logique (1).

Cette grande activité militaire ne l'empêchait pas de songer à la bagatelle. Faisant la guerre le matin et l'amour la nuit, il parcourait les routes, panache au vent, laissant sur les prairies les cadavres de ses ennemis et dans chaque ville traversée quelques jeunes personnes exténuées qui ne pouvaient plus entendre parler de la monarchie sans avoir un étrange sourire...

C'est pendant cette campagne qu'il rencontra Antoinette de Guecherville, comtesse de Pons, jolie veuve de vingt-huit ans. Aussitôt, oubliant la Ligue, M. de Mayenne et même le trône de France, il lui fit comprendre en termes non voilés « la vivacité de ses sentiments ».

La dame sourit et demanda au roi de souper avec elle. Après le dîner, tout le monde alla se coucher. Henri IV, qui se voyait déjà dans le lit de Mme de Guecherville, attendit quelques instants et, lorsque tout sembla dormir au château, se dirigea sur la pointe des pieds jusqu'à la chambre de son hôtesse. Doucement, il ouvrit la porte et demeura ébahi : la pièce était vide...

La dame, effarouchée et craignant pour sa vertu, était partie précipitamment en carrosse.

(1) Au cours de cette période, il gagna les batailles d'Arques et d'Ivry, où Mayenne avait des forces cinq fois supérieures aux siennes.

Il laissa un mot pour lui dire sa déception et ses espoirs. Elle lui répondit joliment : *Je suis trop pauvre pour être votre femme et de trop bonne maison pour être votre maîtresse.* Point découragé, il revint plusieurs fois à la charge sans obtenir de meilleurs résultats. Deux mois plus tard, le désir de cette belle Normande le tourmentait tellement qu'en pleine bataille, au moment d'entreprendre le siège de Saint-Denis, il lui écrivit une lettre pressante. La voici. Elle prouve à quel point l'amour demeurait la préoccupation dominante du Béarnais, en toutes occasions.

Après avoir tourné autour du pot que vous voudrez, si faut-il venir à ce point, qu'Antoinette confesse avoir de l'amour pour Henry. Ma maîtresse, mon corps commence à avoir de la santé, mais mon âme ne peut sortir d'affliction, que n'ayez franchi ce saut. Puisqu'avez l'assurance de mes paroles, quelle difficulté combat votre résolution? Qui l'empêche de me rendre heureux? Ma fidélité mérite que vous ôtiez tous obstacles. Faites-le donc, mon cœur ; et faisons comme par gageure à qui se rendra plus de témoignage d'une vraie et fidèle amour. Si j'use de termes trop familiers avec vous. et qu'ils vous offensent, mandez-le-moi, et me le pardonnez en même temps. Désirant établir avec vous une familiarité éternelle, je me sers des termes que j'y estime les plus propres. Je ne sais quand je serai si heureux de vous voir. Nous assiégeons Saint-Denis anuit (cette nuit), qui m'attachera pour quelque temps plus étroitement à l'armée. Vous eussiez fait une œuvre plus pie d'envoyer ici votre amour en pèlerinage que d'aller par ce chaud, à pied, où vous avez été. Jésus! que je l'eusse bien reçue. Si le loisir me le permettait, je vous ferais un discours d'une feuille de papier, du traitement que je lui eusse fait...

Mon tout, aimez-moi comme celui qui vous adorera jusqu'au tombeau. Sur cette vérité, je baise un million de fois vos blanches mains. Ce 28e mai.

HENRY.

Les lettres enflammées qu'il envoyait à Mme de Guecherville n'empêchaient pas Henri IV de s'intéresser bien entendu à toutes les jolies filles qu'il rencontrait (1).

Au siège de Pontoise, il avait installé son camp près d'un couvent et les nonnes eurent beaucoup à souffrir de ce voisinage. D'autant que, l'exemple venant de haut, la plupart des officiers et même des soldats imitèrent le roi et « cajolèrent les religieuses avec tant de scandale qu'on nommait l'abbaye tantôt le Magasin des Engins de l'Armée, tantôt le Magasin des V... de l'Armée » (2). Le passage des troupes royales laissa même plus qu'un mauvais souvenir aux religieuses, puisqu'un chroniqueur nous apprend que « huit d'entre elles attrapèrent le mal de Naples »...

***

A la fin du mois de mai, le bon roi Henri vint mettre le siège devant Paris. Il espérait avoir la capitalc par la famine. Les habitants résistèrent héroïquement, mangèrent les chiens, les chats, les souris, le suif des chandelles et même du cuir... Quand il n'y eut plus rien, on tenta de faire du pain avec de l'ardoise pilée. Le résultat ayant été affligeant, quelqu'un eut l'horrible idée de se servir des os des morts pour en faire de la farine; les étranges gâteaux qu'on parvint à confectionner avec cette poudre étaient immangeables (3). Alors les Parisiens commencèrent à se regarder avec des yeux brillants et certains devinrent anthropophages...

Un chroniqueur nous dit, en effet, que « les dix derniers jours du siège on vit de pauvres gens réduits à manger des

(1) Un soir, le roi parvint à entraîner dans sa chambre une demoiselle appelée Fanuche qui se prétendait vierge. Arrivé à pied d'œuvre, Henri IV trouva nous dit-on « le chemin assez frayé. » Aussitôt, il se mit à siffler.

— Pourquoi sifflez-vous? demanda la demoiselle.

— C'est que j'appelle tous ceux qui sont passés par ici!

— Piquez! piquez! dit-elle, vous les rattraperez!...

(2) *Mémoires secrets sur les rois de France,* 1750.

(3) Les Parisiens faillirent être sauvés grâce à une femme. En effet, l'un des capitaines de Henri IV, M. de Givry, qui était fortement épris de la belle Mlle de Guise, laissa plusieurs fois, par amour pour elle, entrer des vivres dans Paris. Mais le roi l'apprit et éloigna Givry...

chiens morts tout crus dans la rue et, ce qu'on ne peut réciter sans horreur, les lansquenets mourant de faim courir après des enfants et les dévorer à belles dents, comme feroient des loups.

» On remarque surtout, ajoute-t-il, qu'il fut mangé un enfant dans l'hôtel de Palaiseau, et qu'on en mangea deux à l'hôtel de Saint-Denis... » (1).

Un aubergiste fut arrêté et pendu pour avoir servi à ses clients des rôtis de chair humaine. Chaque jour, il tuait un de ses voisins et le mettait au menu. Son établissement, on s'en doute, ne désemplissait pas.

En apprenant ces regrettables événements, le clergé s'indigna. Il y avait de quoi. Car on admettra que c'est une curieuse façon d'aimer son prochain que de l'aimer bien cuit...

***

Comprenant qu'il n'aurait pas raison des Parisiens par la famine, Henri IV se décida un jour à faire bombarder la ville. Quatre cents boulets s'abattirent sur les rues Saint-Honoré, Saint-Martin et Saint-Denis, ne faisant, par un hasard extraordinaire, qu'un seul blessé. Or ce personnage que le bombardement avait couché sur le pavé s'appelait M. Guillaume de Rebours. C'était le père de l'ex-maîtresse du roi...

Le destin a d'amusantes fantaisies!

Ces boulets n'entamèrent pas plus le moral des Parisiens que la faim, et Henri IV commença à s'ennuyer. Heureusement, il allait avoir une saine distraction. Un jour, la jeune abbesse de Montmartre, Claude de Beauvillier, lui envoya demander une sauvegarde qu'il accorda aussitôt. Quelques jours après, nous dit Sauval, « elle vint le remercier et lui fit son compliment de si bonne grâce que, comme elle avait beaucoup d'agrément dans sa personne, il ne put consentir qu'elle s'enfermât dans son couvent » (2).

Il la retint sous sa tente et lui apprit des choses qui, pour n'être point dans la règle de l'Ordre, lui parurent fort

(1) Pierre de l'Estoile, *op. cit.*
(2) Sauval, *Galanterie des rois de France*, 1752.

agréables. Claude de Beauvillier n'avait pas la vocation. Elle était de ces filles que des parents pieux faisaient entrer en religion pour attirer sur leur famille la bénédiction du ciel. Elle n'eut donc aucun scrupule à devenir la maîtresse du roi... (1).

Pendant plus d'une semaine, elle vécut avec lui, partageant son existence de guerrier et montrant au déduit une telle ardeur, que le roi, séduit, se prit à penser avec tristesse aux trésors inemployés qui se trouvaient probablement enfermés dans de nombreux couvents. Le hasard des opérations l'ayant amené à Longchamp, il voulut vérifier son hypothèse et devint l'amant d'une jeune religieuse, Catherine de Verdun, âgée de vingt-deux ans. Cette double aventure amusa beaucoup l'entourage de Henri IV, qui fit quelques fines plaisanteries ainsi que nous le conte Pierre de L'Estoile. « Ce jour-là, mardi, dernier juillet 1590, écrit-il, le roy ayant quitté Montmartre pour aller à Longchamp, le mareschal de Biron se trouvant à son disner, et ayant envie de faire rire le roy, lequel estoit fort prié et importuné en ce temps de changer de religion, lui va dire :

» — Sire, il y a bien des nouvelles!

» — Et quelles nouvelles?

» — C'est que chacun dit à Paris que vous avez changé de religion.

» — Comment cela? dit le roy.

» — Celle de Montmartre contre celle de Longchamp! »

Henri IV éclata de rire :

— Ventre-saint-gris! La plaisanterie n'est pas mauvaise et si les Parisiens voulaient se contenter de ce changement, tout serait pour le mieux et je serais bien aise!...

Catherine n'était qu'une passade. Après l'avoir établie abbesse de Saint-Louis de Vernon, le roi revint à Montmartre vers Claude qui lui procura, de nouveau, d'étourdissantes satisfactions. Mais les plaisirs humains sont fugaces, même chez les grands; le 30 août, en apprenant que le duc de Parme

(1) Par une curieuse ironie du destin, cette jeune religieuse, qui se trouvait être la petite-nièce de Diane de Poitiers, était également la cousine de Corisande de Gramont et de Gabrielle d'Estrées, future maîtresse du Béarnais

à la tête de troupes espagnoles arrivait au secours des Parisiens, Henri IV dut se résoudre à lever le siège qui durait depuis trois mois. Deux heures avant le jour, il décampa avec son armée et fit conduire sa chère abbesse à Senlis, où rien ne fut épargné pour lui rendre le séjour heureux.

Claude de Beauvillier eut un moment l'espoir d'être reine de France. Hélas! par une malicieuse cruauté du sort, son charme fut cause de son infortune. « Un soir, nous dit Sauval, le roi, parlant à son petit coucher de la beauté des dames de la cour, vanta extrêmement celle de l'abbesse de Montmartre et dit qu'il n'avoit jamais vu une personne aussi charmante. Le duc de Bellegarde, qui étoit présent à la conversation, dit à ce prince qu'il changeroit de sentiment s'il avoit vu Mlle d'Estrées, et lui en fit un beau portrait qui lui donna envie de la connaître. »

Quelques jours après, le duc de Bellegarde demanda au roi la permission de se rendre à Cœuvres, près de Soissons, pour y voir sa maîtresse. Le Béarnais, très émoustillé, déclara aussitôt qu'il l'accompagnait, ce qui ennuya fort le duc « pour ce qu'il connaissoit l'humeur libertine de son maître ».

Bellegarde avait raison d'être inquiet, car en voyant la blonde Gabrielle dans tout l'éclat de ses dix-huit ans, Henri IV fut ébloui, et tomba amoureux (1)...

(1) Immédiatement Claude de Beauvillier fut abandonnée par le roi qui lui avait pourtant promis — comme à toutes ses maîtresses — le mariage. Désespérée, amère, elle ne lui fit aucun reproche et retourna sans bruit dans son abbaye..

X

HENRI IV S'EMPARE DE CHARTRES POUR DEVENIR L'AMANT DE GABRIELLE D'ESTRÉES

Amour, tu perdis Troie.
LA FONTAINE.

Cette jeune personne qui allait avoir, pendant neuf ans, tant d'influence sur le Béarnais était la fille d'Antoine d'Estrées, gouverneur de La Fère et de Françoise Babou de la Bourdaisière.

Elle était extraordinairement jolie. Voici comment une de ses amies — et qui dit amie dit pourtant rivale — nous la décrit : « Sa riche coiffure qu'elle avoit semée de quantité de brillants enchâssés dans l'or de sa belle tresse la faisoit remarquer avec avantage par-dessus toutes les autres dames. Ses yeux estoient de couleur céleste. Avec cela, elle avoit les deux sourcils également recourbés et de noirceur aimable, le nez un peu aquilin, la bouche de la couleur du rubis, la gorge plus blanche que n'est l'ivoire le plus beau et le plus poli, et les mains, dont le teint égaloit celui des roses et des lys mêlés ensemble, d'une proportion si admirable qu'on les prenoit pour un chef-d'œuvre de la nature » (1).

En outre, elle avait quelque chose de pervers dans le regard qui lui venait de sa famille. Gabrielle appartenait en effet à une ardente lignée. Sa mère, après une jeunesse extrêmement galante, avait quitté son foyer à quarante-huit ans pour suivre en Auvergne le jeune marquis d'Allègre, et sa grand-mère,

(1) *Les Aventures de la cour de Perse*, livre à clef de Mlle de Guise, où Gabrielle d'Estrées est désignée sous le nom de Stéphanie.

Mme de la Bourdaisière, avait fait successivement les délices de François Ier, du pape Clément VI et de l'empereur Charles-Quint (1).

Cette bonne race s'était déjà manifestée chez Gabrielle au moment où Henri IV la rencontra pour la première fois, si l'on en croit Bassompierre qui nous dit dans ses *Mémoires :* « Dès l'âge de seize ans, elle fut, par l'entremise du duc d'Épernon, prostituée à Henri III par sa mère. Henri III la paya six mille écus. Montigny, chargé de porter cette somme, en garda deux mille. Ce roi se dégoûta bientôt de Gabrielle, alors sa mère la livra à Zamet, riche financier, et à quelques autres partisans, ensuite au cardinal de Guise, qui vécut avec elle pendant un an. La belle Gabrielle passa ensuite au duc de Longueville, au duc de Bellegarde, et à plusieurs gentilshommes des environs de Cœuvres, tels que Brunay et Stenay; enfin le duc de Bellegarde la présenta à Henri IV. »

***

Gabrielle s'aperçut tout de suite et avec agacement de l'impression qu'elle avait produite sur le roi. Habituée à être entourée de jeunes seigneurs élégants et raffinés, elle se montra distante et presque désagréable lorsque ce petit homme sale et puant l'ail voulut lui faire la cour.

Henri IV quitta Cœuvres extrêmement vexé et rejoignit son armée; mais l'image de la blonde Gabrielle le poursuivait, et à quelque temps de là, nous dit Villegomblain, « un nouveau voyage, en apparence fondé sur une entreprise sur la ville de La Fère, ayant esté résolu, il eut de nouveau la vue de la belle, et en sentit complètement les pointures ».

Hélas! cette fois encore, Gabrielle reçut fort mal le roi qui, furieux, rentra à Compiègne où se trouvait installée provisoirement la cour, et convoqua le duc de Bellegarde.

— Monsieur, lui dit-il, j'entends ne partager pas plus la femme que j'aime que la royauté. Je suis aussi jaloux de l'une

(1) De plus Gabrielle d'Estrées était, je l'ai dit, la cousine, par sa mère, de Claude de Beauvillier, l'abbesse de Montmartre dont Henri IV avait fait sa maîtresse pendant le siège de Paris.

que de l'autre. Je vous demande donc de ne plus penser à Mlle d'Estrées.

Bellegarde, navré, alla sur-le-champ mettre Gabrielle au courant de la décision royale. Fort en colère, la demoiselle monta dans un carrosse et se rendit à Compiègne pour dire à Henri IV ce qu'elle pensait de sa façon d'agir. Sur un ton vif, elle lui reprocha de se mêler de ce qui ne le regardait pas, ajoutant « qu'elle entendait être libre dans ses inclinations et qu'il ne s'attirerait que sa haine s'il l'empêchait d'épouser le duc de Bellegarde ».

Après quoi, sans même attendre une réponse, elle repartit pour Cœuvres.

« Frappé comme d'un coup de foudre, nous dit Dreux du Radier, le roi se livra à tous les sentiments du chagrin le plus vif. Les menaces de Mlle d'Estrées l'étonnèrent plus que tous les dangers qu'il avoit courus. On vit alors le héros de Coutras, d'Arques, d'Ivry, le roi le plus brave et le plus intrépide qu'ait eu la France, étourdi de ce coup, tremblant et désespéré » (1).

Il ne put dormir de la nuit et conçut un projet insensé qu'il exécuta dès le lendemain matin. Abandonnant son armée, interrompant la lutte contre la Ligue, oubliant qu'il était en train de conquérir un royaume, il partit avec cinq de ses confidents les plus intimes en direction de Cœuvres, où il voulait aller implorer son pardon.

***

Cette entreprise était d'une folle témérité, car deux garnisons ennemies occupaient une forêt par laquelle il devait nécessairement passer. Le risque d'être reconnu et pris par les Ligueurs était si grand qu'il avait imaginé un stratagème digne d'un collégien amoureux. A trois lieues du château de Cœuvres, il renvoya ses compagnons, descendit de cheval, s'habilla en paysan, se mit un sac plein de paille sur la tête et acheva son voyage à pied.

« Mlle d'Estrées, qui était, nous dit Sauval, avec Mme de

(1) DREUX DU RADIER, *op. cit.*

Villars, sa sœur, à la fenêtre d'une galerie d'où l'on découvrait la campagne, vit ce paysan et ne pensant à rien moins qu'à une si bizarre aventure n'examina point son visage.

» Quand le roi fut entré dans la cour du château, il jeta son sac, monta, sans avertir personne, au lieu où il avait vu celle qui étoit la cause de son déguisement; il l'aborda d'une manière fort soumise. Mais il la surprit extrêmement, quand elle l'aperçut dans un équipage si peu conforme à sa dignité; et, bien loin de lui être obligée de ce qu'il venoit de faire pour avoir le plaisir de la voir, elle le reçut d'un air méprisant qui convenoit mieux à l'habit qu'il portoit qu'à l'éclat de sa naissance. Elle lui dit d'un air dédaigneux qu'il allât changer d'habit s'il vouloit demeurer auprès d'elle, et le quitta brusquement, laissant à sa sœur le soin d'excuser son incivilité » (1).

Ce voyage pendant lequel Henri IV avait couru le risque de perdre sa couronne avait donc été inutile. Il rentra à Compiègne désespéré. « Il paraissoit sur son visage tant d'affliction, précise Sauval, que ceux qui le virent dans un si grand abattement crurent qu'il avoit au moins perdu la moitié de son royaume ».

Ne pouvant plus vivre sans voir Gabrielle, il nomma Antoine d'Estrées membre de son Conseil privé, pensant bien attirer ainsi toute la famille à Compiègne. Le coup réussit. La semaine ne s'était pas écoulée que le père et les deux filles s'installaient à la cour...

A partir de ce moment, Gabrielle, comprenant que l'amour qu'elle inspirait pouvait être utile à sa famille, se montra plus aimable avec Henri IV. Toutefois, elle ne tolérait pas qu'il lui mît « la main à la fesse », et le pauvre en souffrait...

***

La victoire, pourtant bien timide que venait de remporter le roi, accabla Bellegarde, toujours aussi amoureux de Gabrielle, et désola tous les soupirants que la blonde Picarde traînait à ses trousses.

L'un d'eux, l'ambitieux duc de Longueville, avec qui

(1) SAUVAL, *op. cit.*

Mlle d'Estrées se montrait coquette et tendre, fut plus inquiet que peiné. Ayant réussi facilement là où Henri IV éprouvait quelques difficultés, il craignit que sa bonne fortune ne lui attirât des ennuis avec le souverain. « Il ne voulait pas, nous dit Dreux du Radier, acheter ses plaisirs au prix d'une disgrâce. »

Pressé de finir une intrigue qui ne pouvait avoir que des suites fâcheuses pour lui, il réclama ses lettres à Gabrielle d'Estrées et offrit de lui rendre les siennes. L'échange eut lieu dans un coin retiré du parc de Compiègne et les deux amants se séparèrent à l'amiable; mais, lorsqu'elle rentra chez elle, Gabrielle s'aperçut avec colère que Longueville, « pour la tenir dans une espèce de dépendance », avait conservé les billets les plus tendres.

Elle se vengea assez méchamment en le faisant tuer quelque temps après, au moment où sa garnison tirait une salve d'honneur (1)...

Comme le dit un historien du temps, « Mlle d'Estrées n'était pas d'un caractère commode ».

***

Si les amoureux de la belle Gabrielle étaient navrés de voir une intrigue s'ébaucher entre le roi et leur idole, en revanche, la famille d'Estrées considérait les choses avec beaucoup de satisfaction et de nombreuses arrière-pensées...

Il faut dire que cette famille avait alors bien des raisons de vouloir se rapprocher du roi.

Avant de donner ces raisons, il me faut présenter les trois principaux personnages avec qui vivait Gabrielle : son père d'abord, Antoine d'Estrées, sa tante, Isabeau Babou de la Bourdaisière, dame de Sourdis (qui lui servait de mère depuis que Mme d'Estrées avait quitté le domicile conjugal pour vivre en Auvergne avec son jeune amant), et son oncle, François de Sourdis.

(1) Cf. SAUVAL : « On accusa Mlle d'Estrées d'avoir suborné un soldat pour lui ôter la vie (à M. de Longueville) en cette occasion, et cela n'étoit pas sans apparence. »

Ces trois personnes étaient, à des titres divers, victimes de la guerre civile. Antoine d'Estrées ne se consolait pas d'avoir perdu son poste de gouverneur de La Fère en 1589 (quand la Ligue s'était emparée de la cité), M. de Sourdis, qui gouvernait naguère Chartres, se désolait d'avoir été chassé de la ville par les catholiques, et Mme de Sourdis était fort triste parce que son amant, le chancelier Hurault de Cheverny, s'était vu retirer le gouvernement du pays chartrain.

Tous trois attendaient donc beaucoup du roi et suivaient d'un très bon œil le développement de sa passion pour Gabrielle... Ils voyaient là, en effet, un moyen inespéré de retrouver tout ce qui était perdu, et un marché fut habilement proposé par Mme de Sourdis qui laissa entendre à Henri IV, alors au paroxysme du désir, que Gabrielle serait à lui s'il rendait La Fère à Antoine, Chartres à Sourdis et le pays chartrain à Cheverny...

En bonne épouse et en maîtresse dévouée, elle insista naturellement pour que l'on commençât par s'occuper de Chartres.

Henri IV fut très embarrassé, car il avait alors l'intention de s'emparer de Rouen. « Jamais en effet, nous dit Pierre de Vaissière, les circonstances n'avaient été plus favorables à une tentative sur la capitale de la Normandie; le gouverneur, M. de Tavanes, était à ce moment, disait-on, en complet désaccord avec les autorités municipales et les habitants; les fortifications étaient mal entretenues; la ville dénuée de vivres et de munitions. Bien mieux, les membres du Parlement de Normandie réfugiés à Caen offraient de voter « la levée d'une bonne et grosse somme de deniers pour assurer le succès de l'affaire ».

Il y avait là une occasion à ne pas laisser échapper. Henri IV hésita pendant quelques jours. Aller attaquer Rouen, tout de suite, c'était économiser des vies humaines et fortifier sa position entre Paris et la Manche par où venaient les secours anglais; aller mettre le siège devant Chartres, c'était courir l'aventure, perdre des hommes, permettre à Rouen de s'armer, décevoir les conseillers normands, risquer de se faire couper la route de la Manche; mais c'était aussi mettre Gabrielle d'Estrées dans son lit...

Finalement, le roi se décida : il réunit tous ses capitaines et leur annonça sans un mot de commentaire :

— Nous allons attaquer Chartres !

Les chefs militaires furent stupéfaits et atterrés. A tous l'entreprise semblait aberrante, extravagante et insensée. Pourtant, ils n'osèrent point élever d'objection et l'armée se mit en route.

Dès que le siège fut organisé, trois spectateurs fort intéressés par les opérations vinrent rejoindre le roi : M. de Sourdis, son épouse et la belle Gabrielle... (1).

Henri IV vit arriver avec ravissement la jeune femme qui était l'enjeu de toute cette opération militaire. Il l'aida à descendre de litière et fut ébloui : elle portait une robe de velours vert qui s'harmonisait parfaitement avec ses cheveux blonds, ainsi qu'une petite toque de même étoffe. Enfin, pour affronter le froid de ce mois de février, elle avait chaussé ses pieds de mignonnes bottes de maroquin rouge.

Mme de Sourdis était maligne, car cette adorable vision était bien faite pour exciter le roi.

***

Tandis que la famille d'Estrées-Sourdis s'installait à l'auberge de la Croix de Fer qui servait de quartier général à Henri IV, celui-ci faisait creuser des tranchées autour de la place et bombarder les fortifications.

— Le siège sera court, déclara-t-il.

Mais les Chartrains n'étaient pas aussi démunis que les Rouennais. Ils se laissèrent enfermer dans leur ville et narguèrent les troupes royales. Vexé, Henri IV les somma de se rendre. Ils répondirent avec hauteur qu'ils étaient prêts à lui

(1) Cf. Pierre de Vaissière : « A cette opération dont la réussite semblait ne pas faire de doute, on voit pourtant le roi préférer une entreprise dirigée contre une ville dont le nom seul : Chartres, pourrait nous faire soupçonner de qui émanait le projet, si nous ne savions positivement par d'Aubigné et d'autres que c'est bien Cheverny et Sourdis, les gouverneurs évincés de la ville et du pays, qui en furent les inspirateurs.

» Et que cette fois l'enjeu de la partie ait été la personne de Gabrielle, la chose apparaît d'autant plus probable, sinon certaine, que nous voyons Mlle d'Estrées suivre, avec les Sourdis, le Béarnais devant Chartres. »

ouvrir les portes s'il se convertissait à la religion catholique. mais qu'ils se refusaient à servir un hérétique.

Le siège dura deux mois. Tous les jours, des boulets s'abattaient sur la ville, écrasant, tuant, estropiant de braves gens. Les assiégés n'en conservaient pas moins un étonnant moral : un matin, pour repousser les assaillants, ils n'hésitèrent pas à brûler leurs maisons et à les renverser en dehors des murailles.

Du côté des assiégeants, la vie était beaucoup plus agréable. Henri IV, en effet, « faisait venir des filles de joie expertes en l'art de Vénus pour le plaisir de ses capitaines » et organisait chaque soir de petites sauteries qui lui permettaient de danser avec la belle Gabrielle. Le spectacle de ces hommes et de ces femmes enlacés « et même au-delà », nous dit-on, qui ne se gênaient pas pour « jouer à la chosette » publiquement dans les couloirs et même sous le manteau des vastes cheminées, échauffa le sang du roi. Ses artères temporales prirent un relief inquiétant et Gabrielle lui fit plus envie que jamais. Pour précipiter les événements, il donna un matin à ses sapeurs l'ordre de faire sauter une partie des remparts avec des mines.

Comprenant que toute résistance était désormais inutile, les Ligueurs ouvrirent les portes.

Quand on vint annoncer cette nouvelle à Henri IV, son œil s'alluma. Que lui importaient à ce moment les huit semaines de vie difficile dans la boue des tranchées, les dangers quotidiens et les douze cents hommes et huit maîtres de camp que lui coûtait l'opération? Il était sûr de coucher avec Gabrielle d'Estrées.

Chartres capitula le 10 avril 1591. Aussitôt M. de Sourdis était rétabli comme gouverneur de la ville, tandis que M. de Cheverny redevenait gouverneur du pays.

Et le soir même Henri IV pouvait enfin montrer à la belle Gabrielle qu'il était aussi ardent au lit que sur un champ de bataille...

***

Le lendemain, dans les rues de Chartres, eut lieu une grande procession que le roi troubla par une de ces gamineries dont il était coutumier. Alors que les Chartrains se rendaient au couvent des Saints-Pères en chantant des cantiques, Henri IV, accompagné de quelques seigneurs protestants, s'amusa à couper leur cortège, pour aller entendre le prêche d'un pasteur qui s'était installé dans un tripot. Cette plaisanterie, d'un goût douteux, mécontenta considérablement les vaincus qui étaient fortement attachés à la religion catholique, et causa un scandale en raison de la très mauvaise réputation dont jouissait l'établissement. C'était, nous dit le *Journal du Siège de Chartres*, « le lieu le plus profane de la ville, où les bateleurs jouaient ordinairement leurs farces et apprenoient aux ruffians à débaucher les honnestes femmes mariées, à tenir les bacchanales, à violer les vierges chastes et à crocheter chambres et buffets ».

Le comportement du roi de France, en cette occasion, peut étonner; mais le fait qu'il ait choqué les Ligueurs nous surprend bien davantage. En effet, depuis deux ans, les partisans de M. de Mayenne organisaient, tant à Paris qu'en province, de très curieuses processions, dont le moins qu'on puisse dire est qu'elles manquaient de tenue. Les participants, hommes et femmes, défilaient derrière la croix « dans un état complet de nudité ». Les prêtres, pour se distinguer de leurs paroissiens, portaient bien une guimpe de toile blanche, mais ce léger vêtement n'arrangeait guère les choses, « pour ce qu'il leur arrivait simplement aux hanches »...

Naturellement ces cérémonies avaient un énorme succès, et un chroniqueur du temps nos dit : « Le peuple estoit tellement eschauffé et enragé, s'il faut parler ainsi, après ces belles dévotions processionnaires, qu'ils se levoyent bien souvent de nuit, de leurs lits, pour aller quérir les curés de leurs paroisses, pour les mener en procession, comme ils firent en ces jours au curé de Saint-Eustache, que quelques paroissiens furent quérir la nuit et le contraignirent de se relever. A la vérité ce bon curé, avec deux ou trois autres de la ville de Paris, condamnoit ces processions nocturnes, parce que les hommes, femmes, filles et garçons marchoient pêle-mêle ensemble et tous nuds, et engendroient des fruits aultres que ceux pour la fin desquels elles avoient été instituées. Comme de fait, près de la porte Montmartre, la fille d'une bonnetière en rapporta des fruits au bout de neuf mois; et un curé qu'on avoit ouy prescher peu auparavant qu'en ces processions les pieds blancs et douillets des femmes estoient fort agréables à Dieu, en planta un autre qui vinst à maturité au bout de terme » (1).

L'époque, il est vrai, n'était pas à l'austérité. En cette France bouleversée par la guerre civile, les désordres les plus regrettables se déroulaient quotidiennement, aussi bien du côté protestant que du côté catholique; et il est amusant de constater que ces hommes qui se haïssaient avaient tout de même un point commun : l'amour pour les nonnes. Ces saintes femmes, en effet, n'eurent jamais autant de succès qu'en ces temps de guerres religieuses.

Les huguenots les violaient, avec le sentiment agréable de mécontenter le pape, et les Ligueurs leur faisaient des enfants pour augmenter le nombre des catholiques.

Les nonnes, d'ailleurs, s'habituèrent assez rapidement à cette existence voluptueuse. Accortes, elles offraient aux soldats de la Sainte Union qui venaient frapper à la porte de leur couvent une hospitalité témoignant d'une conception élargie de la charité chrétienne. L'abbesse ou la prieure donnait d'ailleurs l'exemple à ses filles, et « pourvu qu'elle ne fût pas trop vieille, ni trop laide, elle se mettait avec le chef de la troupe ». C'était alors des banquets, des chansons, des orgies qui duraient « tant que la maison des filles du Seigneur abritait une garnison ».

En certains endroits, à Paris notamment, elles allèrent jusqu'à enfreindre leurs vœux et à quitter le régime claustral. Un chroniqueur nous dit « qu'on ne voyoit que genstils-hommes et religieuses accouplés, qui se faisoient l'amour et se leschaient le morveau ». Ces femmes se promenaient sans aucune honte avec leurs amants dans les lieux publics, « aussi vilaines et desbordées en paroles que tout le reste », portant sous le voile qu'elles avaient conservé, comme seul indice de leur état, « vrais habits de putain et courtisane, estant lardées, musquées et pouldrées ».

Comparée à ces dérèglements, la gaminerie de Henri IV était, on le voit, bien anodine...

(1) *Journal des choses advenues à Paris depuis le 23 décembre 1588 jusqu'au dernier jour d'avril 1589.*

***

Après la prise de Chartres, les Conseillers qui étaient partisans d'une offensive contre Rouen insistèrent auprès du roi pour que l'armée se rendît immédiatement en Normandie; mais Henri, tout à la joie de pouvoir enfin savourer la belle Gabrielle, fit la sourde oreille et, un beau soir, quitta tout le monde pour suivre sa nouvelle maîtresse à Cœuvres.

Pendant plus d'un mois, il se désintéressa complètement de la situation militaire pour s'abandonner à la douceur de ce qu'on appelait alors « la belle vie »...

Hélas! les derniers jours de cette lune de miel furent troublés par Antoine d'Estrées qui, brusquement, laissa entendre à sa fille qu'il ne voulait pas jouer plus longtemps les pères complaisants.

Cette attitude était causée par la rancœur. Au moment où Gabrielle était entrée dans la couche royale, Antoine, seul de la famille, n'avait rien reçu en compensation, et son amertume était considérable.

Un soir, il appela Gabrielle :

— Le roi est marié, lui dit-il, jamais il ne répudiera sa femme. Vous voilà donc engagée dans des liens scandaleux qu'il vous faut rompre au plus vite. Je vais vous y aider d'ailleurs en vous mariant avec le sire de Liancourt.

Gabrielle fut épouvantée et rentra dans sa chambre en larmes.

Or qu'on ne se méprenne point : ce n'est pas le roi qu'elle craignait de perdre en se mariant, mais Bellegarde qu'elle n'avait pas cessé d'aimer et dont elle espérait encore devenir la femme. Il fallait donc, pour rester libre, amadouer Antoine d'Estrées en lui faisant donner au plus vite une charge importante.

Elle réfléchit et, quelques jours plus tard, demanda à Henri IV d'aller prendre aux Ligueurs la ville de Noyon, située à quinze lieues de Cœuvres.

Le roi s'en étonna.

— Cela me ferait plaisir, dit-elle en souriant.

Immédiatement, il partit rejoindre ses capitaines :

— Messieurs, nous allons demain mettre le siège devant Noyon...

Il y eut un grand silence. Cette décision extravagante, prise au moment où la conquête de la Normandie était de la plus haute importance, laissa tout le monde abasourdi. Les conseillers demandèrent au souverain ce qui le poussait dans cette entreprise. Henri IV leur répondit que cela ne regardait que lui, et l'armée se dirigea vers la Picardie.

Le siège dura quinze jours. Le 17 août les Noyonnais capitulèrent. Aussitôt, Antoine d'Estrées fut nommé gouverneur de la ville, tandis que l'un de ses fils — car il fallait que tout le monde profitât de la bonne fortune échue à Gabrielle — devenait évêque...

Beaucoup plus détendu, le châtelain de Cœuvres sembla se désintéresser dès lors de l'honneur de sa famille.

La favorite avait obtenu ce qu'elle voulait (1).

***

On pourrait penser qu'après avoir fait ainsi la volonté de sa maîtresse Henri IV se dirigerait sans attendre vers Rouen. Il n'en fit rien, bien que les troupes anglaises, envoyées par Élisabeth, fussent arrivées à Dieppe, prêtes à l'aider dans son entreprise contre la capitale normande.

Ravi de se trouver dans les bras de sa chère Gabrielle, il s'attarda à Noyon.

Élisabeth, un peu étonnée de cette inaction, envoya son ambassadeur Unton pour voir ce qui se passait. Initiative malheureuse, car le roi se servit de cette visite pour demeurer près de sa maîtresse un peu plus longtemps encore.

(1) Tous les historiens du temps sont d'accord pour rendre Gabrielle d'Estrées responsable de cette incompréhensible entreprise militaire contre Noyon qui nous valut une centaine de morts inutiles. « A la prière de Gabrielle d'Estrées, dit de Thou, le prince se décida à aller assiéger Noyon. » La chose est affirmée également par Claude Groulart, premier président au Parlement de Rouen, qui, mêlé de très près aux négociations entamées pour attirer Henri IV en Normandie, déclare que « au lieu d'y venir, le roy devenu ardemment amoureux de Gabrielle d'Estrées, pour lui complaire, investit Noyon ».

— Puisque vous êtes là, monsieur l'ambassadeur, dit-il, nous allons organiser de grandes fêtes...

On s'amusa dès lors beaucoup, on dansa, on badina gaillardement et, le 31 octobre, Unton, fort choqué, écrivait à la reine d'Angleterre : « *Madame, le roi a choisi cette ville à cause du grand amour qu'il a pour la fille du gouverneur, qui a tout pouvoir sur lui, et c'est moi qui sers de prétexte à son séjour ici.* »

Enfin, vers la mi-novembre, Henri IV consentit à sortir de cette vie de plaisir et à se mettre en route. Le 3 décembre, il était avec ses armées devant Rouen. Mais les retards apportés à cette expédition avaient été mis à profit par les Rouennais, et le siège se termina par un échec dont la belle Gabrielle peut être tenue pour responsable devant l'Histoire...

XI

LE ROI TROUVE BELLEGARDE SOUS LE LIT DE GABRIELLE

> On ne peut dire d'un ménage qu'il est bien fait que lorsque rien ne traîne sous les meubles.
>
> COMTESSE DE TRAMAR

Au mois d'août 1592, Henri IV eut une mauvaise surprise. Il apprit que Gabrielle, dont il faisait pourtant tous les caprices, continuait, en cachette, à se faire « visiter le labyrinthe », comme on disait alors, par Roger de Bellegarde.

Dès qu'il regagnait son armée, en effet, la belle retournait sans aucun remords dans la couche de ce jeune homme ardent et spirituel qu'elle espérait toujours épouser, et se livrait avec lui à des joutes exténuantes dont le bruit faisait, paraît-il, plaisir à entendre.

Le roi fut contrarié. Pendant quelques jours, il se désintéressa complètement de la situation militaire pour chercher un moyen d'éliminer Bellegarde définitivement et sans éclat.

Après avoir imaginé quelques stratagèmes assez compliqués, il pensa que le plus simple était de marier Gabrielle à un homme complaisant et se souvint alors d'un prétendant agréé par Antoine d'Estrées, le malingre et ridicule Nicolas d'Amerval, sieur de Liancourt, qui réunissait toutes les qualités souhaitées puisqu'il était pauvre, benêt et nanti de deux filles à élever, fruits d'un premier mariage.

Aussitôt, il fit venir en secret Antoine d'Estrées et lui demanda de marier, sans attendre, Gabrielle au sieur de Liancourt.

Le gouverneur de Noyon fut très étonné. Il pensa que Henri et sa fille s'étaient brouillés et craignit de perdre les nombreux avantages qu'il devait au plaisir royal. Pour gagner du temps, il objecta qu'un mariage coûtait cher et qu'il n'avait pas suffisamment d'argent.

— J'y ai pensé, dit le roi.

Et il lui fit remettre cinquante mille écus soleil (1).

Gabrielle devint folle de fureur en apprenant qu'on la donnait à ce personnage falot.

Elle protesta et écrivit au roi pour lui demander son aide. Henri IV lui répondit sur un ton doucereux qu'elle ne devait avoir aucune crainte, car il serait là pour empêcher la cérémonie. Rassurée, Gabrielle fit semblant d'accepter le mari qu'on lui destinait.

Naturellement, le 8 juin, jour des noces, le roi ne vint pas et la pauvre fiancée, après avoir espéré son intervention jusqu'à la dernière minute, se laissa finalement conduire à l'autel. Comme elle était dans un état de grand abattement, la cérémonie fut terne, et le repas qui suivit extrêmement morne.

Mais la belle croyait encore que le roi serait là avant que Mme de Sourdis, sa tante, ne la conduisît à la chambre nuptiale. A dix heures du soir, elle dut se rendre à l'évidence : le roi l'avait abandonnée. « Alors, nous dit Sauval, la nouvelle mariée voyant arriver l'heure fatale où elle devoit être livrée au monstre qu'on lui avoit choisi pour époux, sans que son galant parût pour la garantir du péril où elle alloit être exposée, après avoir pesté cent fois contre sa négligence et juré autant de fois qu'elle s'en vengeroit, elle se prépara à soutenir l'attaque avec toute la vigueur dont elle étoit capable. Comme elle vit qu'il ne falloit plus attendre de secours que d'elle-

(1) Les historiens estiment généralement qu'Antoine d'Estrées fit ce mariage contre la volonté du roi. La remise de cette somme par Henri IV prouve le contraire. Elle est attestée par un acte qui se trouve aux archives de Navarre à Pau. Le texte y est sans équivoque : il y est dit qu'une somme de 50 000 écus soleil doit être remise à Gabrielle, « en considération des services que Sa Majesté a reçus et reçoit chaque jour du sieur d'Estrées » et pour donner à celui-ci « le moyen de colloquer ladite demoiselle sa fille en tel lieu qu'il désire et principalement en faveur du mariage qu'il entend faire d'elle avec le sieur de Liancourt. »

même. elle opposa si bien sa résistance aux empressements de son mari qu'il ne put la faire résoudre à se coucher de toute la nuit. »

Cette union ne commençait pas bien pour le pauvre Nicolas de Liancourt.

Elle allait continuer plus mal encore.

Le lendemain soir, il se jeta aux pieds de Gabrielle et la supplia en pleurant de vouloir bien entrer dans le lit avec lui.

Prise de pitié, la belle finit par se coucher. Il se produisit alors un phénomène assez courant pour que M. Kinsey lui ait consacré un long chapitre dans son *Rapport :* Nicolas fut saisi, en voyant à ses côtés cette fraîche et jolie fille de dix-neuf ans entièrement nue, d'une émotion qui le priva de tous ses moyens.

Gêné, il se releva et alla vers la fenêtre ouverte, dans l'espoir que l'air de la nuit agirait bénéfiquement sur son ressort intime. Au bout d'un moment, il eut un frisson et éternua. C'est tout l'effet que la brise nocturne produisit sur lui.

Le pauvre pensa qu'il pourrait se réhabiliter rapidement. Hélas! il eut la même défaillance le lendemain et tous les jours suivants.

Incapable de forcer son talent, il finit par se résigner, tandis que Gabrielle. ravie. remerciait le ciel de lui avoir épargné une rude corvée.

***

Quelques jours après ce mariage blanc, Gabrielle d'Estrées reçut une nouvelle qui l'attrista et lui permit de s'enfermer de longues heures dans ses appartements sous prétexte de pleurer.

Sa mère. Françoise d'Estrées, avait été tuée à Issoire avec son jeune amant, le marquis d'Allègre, gouverneur de la ville. Ce meurtre avait été commis dans des circonstances curieuses. Un soir, une douzaine d'hommes. conduits par deux bouchers, étaient venus attaquer le gouverneur et sa maîtresse auxquels ils reprochaient un luxe scandaleux. Après avoir enfoncé la porte, ils s'étaient rués sur les malheureux et les avaient tués à coups de couteau. Puis ils s'étaient amusés à traîner les cadavres dans la rue et à les exposer, entièrement nus, aux regards des passants. On avait alors pu constater que l'élégante Françoise d'Estrées se faisait de petites nattes « ornées de rubans » en un endroit tout à fait inattendu de sa personne (1)...

« Ce qui prouve, nous dit Rémy Mathieu, qu'elle était coquette et se voulait parée pour être à tout instant en mesure de plaire, ceci dans le cas où lui serait venu inopinément quelque visiteur... » (2).

On était de bonne race, dans la famille de Gabrielle...

***

Pendant deux mois, le malheureux Liancourt n'ayant jamais essayé de renouveler ses lamentables essais, les jeunes époux vécurent sans histoire, présentant même toutes les apparences du bonheur conjugal. L'arrivée du roi allait troubler cette belle paix. A la fin du mois d'août, Henri IV vint, en effet, s'installer à proximité du château d'Amerval, bien décidé à remettre Gabrielle dans son lit. Mais celle-ci n'avait pas pardonné au souverain de l'avoir laissée se marier; elle lui fit savoir qu'elle ne reprendrait pas son activité de favorite.

Le Béarnais avait le secret — et les moyens — d'amadouer les gens : il dicta des lettres patentes qui faisaient Antoine d'Estrées gouverneur de l'Ile-de-France et accordaient à Gabrielle d'importants domaines.

Voici le texte d'un de ces actes inspirés par le désir : *Henry, par la grâce de Dieu, roi de France et de Navarre, Savoir faisons que Nous, voulant reconnaître comme notre ami et féal chevalier des Ordres, capitaine de cinquante hommes d'armes de nos ordonnances, le sieur d'Estrées, notre lieutenant général de l'Ile-de-France, par les grands et recommandables services qu'il*

(1) Cf. M. de Saint-Foix : « On s'aperçut d'une mode qui s'étoit introduite depuis quelque temps parmi les femmes du grand monde : ce n'étoient pas seulement leurs cheveux qu'elles tressoient avec de la nonpareille de différentes couleurs... ». *Essais historiques sur Paris.*

(2) Rémy Mathieu, *Les Amours du bon roi Henri*

a faits à nos prédécesseurs et à Nous en diverses circonstances et voulant par les susdites considérations gratifier notre chère et bien-aimée Gabrielle d'Estrées, sa fille, avons donné et délaissé, donnons et délaissons à ladite dame nos terres et seigneurie d'Assy et ensemble le château de Saint-Lambert, avec les bois, terres, prés, etc., y appartenant.

Quelques jours plus tard, Gabrielle, se trouvait, douce et ronronnante, dans le lit du Béarnais.

Nicolas s'aperçut tout de suite de son infortune et fit mine de protester. Aussitôt une charge extrêmement importante vint lui permettre d'élever convenablement ses deux petites filles : il fut nommé Gentilhomme de la Chambre du Roi...

Pourvu de ce titre savoureux, il vécut dès lors en fermant les yeux...

***

En octobre 1592, la cour errante du « roi sans capitale » s'installa à Saint-Denis. Gabrielle y vint rejoindre Henri IV qui la remercia publiquement en organisant une grande fête avec des violons.

Pendant quelques jours, le roi, oubliant de nouveau son trône, son royaume et son armée qui attendait, un peu déconcertée, qu'on lui donnât des ordres, se consacra entièrement au corps merveilleux de sa favorite.

Cette vie voluptueuse devait être de courte durée. Au début de novembre, le prince de Parme ayant fait son apparition avec des troupes nombreuses à la frontière Nord-Est, le Béarnais dut sortir du lit de Gabrielle, s'habiller à la hâte et se mettre en campagne pour parer à cette nouvelle menace.

Le lendemain, un personnage souriant arrivait à Saint-Denis. C'était Roger de Bellegarde qui voulait profiter de l'absence du roi pour essayer de reprendre sa place en un endroit dont il conservait bon souvenir.

En le voyant paraître, la favorite fut extrêmement émue. Elle n'avait pas cessé d'aimer le Grand Écuyer et le lui avoua sans détours, dès qu'ils furent seuls.

Le soir, ils étaient au lit, fêtant joliment leurs retrouvailles.

***

Henri IV aurait sans doute ignoré cette infidélité si le duc de Parme n'était mort subitement. Privée de son chef, l'armée ennemie, en effet, se disloqua aussitôt et le roi, n'ayant, dès lors, plus rien à craindre dans le Nord, revint à Saint-Denis où l'attitude gênée de Bellegarde lui donna quelques soupçons.

Un jour, il faillit bien avoir la preuve de son infortune. Voici ce que nous conte Sauval, dans son style savoureux :

« Le roi, étant parti fort matin pour exécuter quelque entreprise qu'il avait préméditée, laissa Gabrielle d'Estrées au lit, où elle demeura sous prétexte d'une feinte incommodité, pendant que Bellegarde, pour mieux cacher son jeu, publia qu'il retournait à Mantes; mais, aussitôt que le roi fut parti, Arphure, confidente de Mme Gabrielle, qu'on nommait ordinairement *la Rousse,* introduisit le duc dans un cabinet dont elle seule avait la clef, et l'en retira quand sa maîtresse se fut défaite de toutes les personnes qui lui pouvaient être suspectes. Pendant que ces deux amants ne songeaient qu'à goûter tous les plaisirs qu'une tendre passion peut donner, le roi, qui n'avait pu exécuter son dessein, revint à Saint-Denis. Épouvantée, Gabrielle appela Arphure, qui fit promptement entrer le duc dans le cabinet où il demeura sans bouger. »

Il était temps; déjà le roi poussait la porte de la chambre. Voyant que sa maîtresse était encore au lit, il se recoucha près d'elle, sans se soucier d'un Conseil qui l'attendait, et se montra galant homme.

Mais l'amour a le pouvoir d'ouvrir l'appétit, « aussi, nous dit Sauval, eut-il envie de manger des confitures. Comme il savait qu'Arphure enfermait celles de sa maîtresse dans le cabinet qui donnait dans la ruelle, il en demanda la clef. Mme Gabrielle répondit que cette fille l'avait emportée, et qu'elle était allée visiter quelque parent qu'elle avait dans la ville. Le roi, que ces refus firent entrer dans quelque soupçon, se mit en devoir d'enfoncer la porte, quoique Mme Gabrielle, pour l'en empêcher, se plaignît que le bruit lui faisait mal à la tête. Le roi, qui voulait absolument s'éclaircir de ce doute, feignit de ne pas entendre et continua toujours de donner des coups de pied dans la porte. Bellegarde, voyant qu'il allait bientôt être forcé dans son asile, crut devoir tout hasarder pour se tirer d'un si mauvais pas et, comme il ne pouvait s'échapper que par la fenêtre, il l'ouvrit et sauta dans le jardin, quoique le saut fût un peu rude à cause de la grande hauteur. La fortune lui fut favorable et il ne se fit point de mal, soit que la terre fût humide, ou que sa disposition eût rendu sa chute moins dangereuse.

» Arphure, qui était en sentinelle pour observer ce qu'il deviendrait, ne l'eut pas plus tôt vu sauter qu'elle revint, faisant l'empressée, et dit pour s'excuser qu'elle n'avait pas cru qu'on pût avoir besoin d'elle. Cette adroite confidente ouvrit incontinent le cabinet et donna au roi les confitures qu'il demandait. Ce prince, surpris de n'y trouver personne, s'imagina que Bellegarde était devenu invisible, et Mme Gabrielle, que son étonnement avait rendue hardie, lui fit mille reproches injurieux. Elle lui dit qu'apparemment son amour commençait à faiblir et qu'il ne cherchait qu'un prétexte pour rompre avec elle, mais qu'elle ne lui donnerait pas le loisir de quitter le premier, étant absolument résolue de se retirer auprès de son mari » (1).

Effrayé par cette menace, le roi se jeta à ses pieds et lui demanda pardon. Après quoi, il se recoucha et fit en sorte qu'elle oubliât l'incident...

Cette aventure donna une confiance exagérée à Bellegarde qui continua à rendre de fréquentes visites à Gabrielle.

L'une d'elles, la dernière d'ailleurs, se termina de façon burlesque. Le Grand Écuyer se trouvait dans la chambre de la favorite lorsque le pas vif du roi retentit dans le couloir. Apeuré, il se glissa sous le lit.

Henri IV entra, se dévêtit, se coucha avec Gabrielle et, lui ayant montré son estime, eut faim comme d'habitude. Il appela Arphure et demanda des confitures. Pendant qu'il les mangeait, un petit craquement insolite se fit entendre. C'était le pauvre Bellegarde, à demi ankylosé, qui essayait de changer de position. Henri IV regarda Gabrielle et vit une lueur

(1) SAUVAL, *op. cit.*

d'angoisse dans ses yeux. Comprenant que son rival était là, il emplit une assiette de confitures et la tendit sous le lit :

— Tenez, dit-il, il faut que tout le monde vive!...

Puis, laissant Gabrielle interdite et Bellegarde rouge de honte, il s'en alla en riant aux éclats.

***

Le Grand Écuyer quitta Saint-Denis sur-le-champ et le roi s'en crut débarrassé. Mais, quelques jours plus tard, il intercepta une lettre que sa maîtresse écrivait à Bellegarde et constata que les sentiments de Gabrielle pour Roger étaient beaucoup plus vifs qu'il ne le pensait. Pour la première fois de sa vie, il devint jaloux. Se désintéressant de la politique au moment même où la Ligue essayait de faire élire un roi, ce qui l'eût à tout jamais écarté du trône, il s'enferma dans sa chambre et rédigea l'étonnante lettre que voici :

Il n'y a rien, ma chère maîtresse, qui ne continue plus mes soupçons, ni qui ne les puisse plus augmenter, que la façon dont vous procédez à mon endroit. Puisqu'il vous plaît me commander de les bannir du tout, je le veux, mais vous ne trouverez mauvais que, à cœur ouvert, je vous en dise les moyens, puisque, quelques attaques que je vous aie données assez découvertement, vous avez fait semblant de ne les point entendre.

Vous savez combien j'arrivai offensé en votre présence du voyage de mon compétiteur. La force, que vos yeux eurent sur moi, vous sauva la moitié de mes plaintes, vous me satisfîtes de bouche, non de cœur, comme il y parut. Mais si j'eusse su ce que j'ai appris, depuis être à Saint-Denis, dudit voyage, je ne vous eusse vue et eusse rompu tout à plat. Je brûlerais plutôt ma main qu'elle l'écrivît, et couperais plutôt ma langue qu'elle le dit jamais qu'à vous.

Vous me mandez que vous me tiendrez les promesses que vous me fîtes dernièrement. Comme le vieux Testament a été aboli par la venue de Notre-Seigneur, aussi vos promesses l'ont été par la lettre que vous écrivîtes à Compiègne. Il ne faut plus parler de : « Je ferai », il faut dire : « Je fais. » Résolvez-vous donc, ma maîtresse, de n'avoir qu'un serviteur. Il est en vous de me changer, il est en vous de m'obliger. Vous me feriez tort si vous croyiez que rien qui soit au monde vous puisse servir avec tant d'amour que moi. Nul ne peut aussi égaler ma fidélité. Si j'ai commis quelque indiscrétion (1), *quelle folie ne fait pas commettre la jalousie? Prenez-vous-en donc à vous. Jamais maîtresse ne m'en avait donné; c'est pourquoi je ne connaissais rien de si discret que moi. Feuille-Morte* (2) *a bien fait connaître, en craignant les Ligueurs, qu'il n'était ni amoureux, ni à moi.*

J'ai telle envie de vous voir que je voudrais, pour l'abréviation de quatre ans de mon âge, le pouvoir faire aussitôt que cette lettre, que je finis par vous baiser un million de fois les mains...

Cette lettre produisit une telle impression sur Gabrielle d'Estrées qu'elle rompit immédiatement avec Bellegarde; lequel se consola en devenant l'amant de Marguerite de Guise et de sa mère, la belle duchesse de Nevers, veuve du duc de Guise, assassiné à Blois.

Ainsi le Grand Écuyer rendait-il un hommage inattendu à Gabrielle, en lui montrant qu'il fallait deux femmes pour la remplacer...

(1) Allusion à la lettre interceptée.

(2) Les couleurs *pains bis, cuir tanné, feuille-morte* étaient à la mode, et Bellegarde était un élégant.

XII

GABRIELLE D'ESTRÉES POUSSE HENRI IV A ABJURER

Il n'y a aucune révolution dans les empires et dans les familles où les femmes ne soient entrées comme cause, comme objet ou comme moyen. C'est à elles que le Destin a dit : *Imperum sine fine dedi.*

CONDORCET.

Au début de 1593, le marquis d'O écrivait avec désinvolture à Henri IV :

Sire, il ne faut plus tortignonner, vous avez dans huit jours un roi élu en France, le parti des princes catholiques, le pape, le roi d'Espagne, l'empereur, le duc de Savoie et tout ce que vous aviez déjà d'ennemis sur les bras. Et il vous faut soutenir tout cela avec vos misérables huguenots, si vous ne prenez une prompte et galante résolution d'ouïr une messe... Si vous estiez quelque prince fort dévotieux, je craindrois de vous tenir ce langage. Mais vous vivez trop en bon compagnon, pour que nous vous soupçonnions de faire tout par conscience. Craignez-vous d'offenser les huguenots qui sont toujours assez contents des rois, quand ils ont liberté de conscience, et qui, quand vous leur feriez du mal, vous mettront en leurs prières? Avisez à choisir, ou de complaire à vos prophètes de Gascogne et retourner courir le guilledou, en nous faisant jouer à sauve-qui-peut, ou à craindre la Ligue qui ne craint rien de vous tant que vostre conversion, pour estouffer le Tiers-Parti à sa naissance et estre, dans un mois, roi absolu de toute la France, gagnant plus en une heure de messe que vous ne feriez en vingt batailles gagnées et en vingt années de périls et de labeurs.

Le marquis d'O avait raison, la situation était extrêmement critique pour le Béarnais qui, depuis deux ans, avait perdu un peu trop de temps dans le lit des dames. Mayenne et les Ligueurs venaient de convoquer les États Généraux à Paris pour élire un roi (1) et le peuple, fatigué de la guerre civile, semblait disposé à accepter cette solution qui dépossédait Henri IV de sa couronne.

En outre, depuis quelques jours, le roi d'Espagne, Philippe II, qui avait déjà réussi à faire entrer une garnison dans Paris, essayait de faire proclamer reine de France sa fille Isabelle, petite-fille de Henri II par sa mère.

Il n'y avait donc pas de temps à perdre. Pourtant, le roi hésitait.

Alors Sully s'en mêla : *Vous ne parviendrez jamais à l'entière possession et paisible jouissance de vostre royaume*, lui écrivit-il, *que par deux seuls expédients et moyens : par le premier desquels, qui est la force et les armes, il vous faudra user de fortes résolutions, sévérités, rigueurs et violences, qui sont toutes procédures entièrement contraires à vostre humeur et inclination, et vous faudra passer par une milliasse de difficultés, fatigues, peines, ennuis, périls et travaux, avoir continuellement le cul sur la selle, le hallecret sur le dos, le casque en la teste, le pistolet au poing et l'espée en la main, mais, qui plus est, dire adieu repos, plaisirs, passe-temps, amours, maîtresses, jeux, chiens, oiseaux et bastiments, car vous ne sortirez de telles affaires que par multiplicité de prises de villes, quantité de combats, signalées victoires et grande effusion de sang, au lieu que par l'autre voie, qui est de vous accommoder touchant la religion, à la volonté du plus grand nombre de vos sujets, vous ne rencontrerez, de peines, et difficultés en ce monde, mais pour l'autre, je ne vous en responds pas... De vous conseiller d'aller à la messe, c'est chose que vous ne devez pas attendre de moi,*

(1) Le cardinal de Bourbon était mort en 1590

estant de la religion (1)*; mais bien vous dirai-je que c'est là le plus prompt et le plus facile moyen pour renverser tous les monopoles, et pour faire aller en fumée tous les plus malins projets...*

Cette seconde lettre ébranla fort le roi, mais ne parvint pas encore à le décider.

Il éprouvait quelques scrupules à abandonner ses camarades de combat, ses chers huguenots qui l'avaient suivi partout, et qui s'étaient ruinés pour lui.

C'est alors que Gabrielle intervint.

Depuis quelque temps, la favorite, qui pensait sérieusement à se faire épouser, savait que seul le pape pouvait casser le mariage du roi et de Margot. Elle avait donc décidé de pousser Henri IV à devenir catholique. Un soir, alors qu'il l'entretenait de ses soucis, selon son habitude (2), elle lui parla.

La crainte de ne jamais connaître la vie luxueuse du Louvre la rendit éloquente et elle trouva des arguments propres à émouvoir son amant. Elle aussi lui fit entrevoir, nous dit Mézeray, « la misère du peuple et la perspective de passer le reste de ses jours les armes sur le dos, dans les fatigues, dans le tracas, le hasard, les embûches, loin du repos et des douceurs de la vie » (3).

Puis elle usa de tous les moyens dont dispose une femme aimée, et réussit là où les conseillers, le marquis d'O et même Sully avaient échoué (4).

(1) C'est-à-dire protestant.

(2) Cf. SULLY : « S'estant résolu de faire venir près de lui Mme de Liancourt afin d'avoir une personne confidente, pour lui pouvoir communiquer ses secrets et ses ennuys et sur iceux recevoir une familière et douce consolation telle qu'il estimoit cette dame obligée de lui estre par les grands intérêts qu'elle avoit à la conservation de sa personne. » *Mémoires.*

(3) MÉZERAY, *Histoire de France,* 1651.

(4) Cf. AGRIPPA D'AUBIGNÉ : « Le dernier instrument qui fit plus que tout, ce fut Mlle d'Estrées. Celle-ci, au commencement des amours du roi et d'elle, ne se confioit en serviteurs ni servantes qui ne fissent la cène et profession de réformés, elle preschoit sans cesse la fidélité de ces gens-là, déclamoit tous les jours contre les tyrannies, car c'estoit son terme, que le Roy souffroit des catholiques qui le servoient, exhortant ce prince à la persévérance en sa religion. Mais quand l'espérance de venir à la royauté par le mariage fut

Le 17 mai, Henri IV fit savoir à son entourage qu'il désirait se convertir.

***

Des négociations furent ouvertes immédiatement entre du Plessis Mornay, représentant du roi, et d'éminents prélats. Elles durèrent deux mois pendant lesquels Henri IV, qui était sincèrement attaché à sa religion, vécut des moments pénibles. Enfin, Gabrielle fut si persuasive, si douce, si caressante, qu'il se rendit à Saint-Denis, d'où il lui écrivit, le 23 juillet, cette lettre célèbre :

J'arrivai arsoir de bonne heure et fut importuné de Dieu-gards jusques à mon coucher. Nous croyons la trêve et qu'elle se doit conclure ce jourd'hui. Pour moi je suis, à l'endroit des Ligueurs, de l'ordre de saint Thomas. Je commence ce matin à parler aux évêques. Outre ceux que je vous mandai hier pour escorte, je vous envoie cinquante arquebusiers qui valent bien des cuirasses. L'espérance que j'ai de vous voir demain retient ma main de vous faire plus long discours. Ce sera dimanche que je ferai le saut périlleux. *A l'heure que je vous écris, j'ai cent importuns sur les épaules, qui me feront haïr Saint-Denis comme vous faites Mantes* (1). *Bonjour, mon cœur, venez demain de bonne heure, car il me semble déjà qu'il y a un an que je ne vous ai vue. Je baise un million de fois les belles mains de mon ange et la bouche de ma chère maîtresse. Ce 23 juillet.*

L'après-midi eut lieu une conférence très importante au cours de laquelle le roi posa aux théologiens de nombreuses questions sur les dogmes, la Vierge et le purgatoire. Après

fortifiée en l'esprit de cette dame et qu'en lui-mesme on eut fait couler que tous les ministres ensemble ne pourroient dissoudre le premier mariage, et que le pape seul estoit capable de frapper un si grand coup, alors elle eut les suasions puissantes de ceux qui, en changeant d'opinion, se vantent d'avoir espluché la première : et dès lors employa sa grande beauté et les heures commodes des jours et des nuits pour favoriser ses discours sur le changement. »

(1) La cour, toujours errante, était alors à Mantes.

cinq heures de débats, blême, un peu haletant, il finit par se rendre et déclara qu'il était suffisamment instruit pour devenir catholique :

— Je mets aujourd'hui mon âme entre vos mains, dit-il, extrêmement ému, je vous prie, prenez-y garde, car là où vous me faites entrer, je n'en sortirai que par la mort, et cela, je vous le jure et proteste.

« Et ce disant, ajoute L'Estoile qui rapporte ces propos, les larmes lui sortaient des yeux » (1).

En apprenant la décision du roi, des centaines de Parisiens vinrent à Saint-Denis pour le féliciter et l'acclamer. Mais il ne reçut personne, et demeura enfermé dans une chambre avec Gabrielle qui venait d'arriver...

***

La cérémonie d'abjuration eut lieu le dimanche 25 juillet. Dès l'aube, le peuple de Paris encombrait les rues tendues de tapisseries et jonchées de fleurs. Vers huit heures, précédé d'un régiment de Suisses et de douze trompettes, Henri IV parut, vêtu de satin blanc. Il portait un chapeau noir.

Alors un grand cri retentit, un cri qui détruisait tous les espoirs des Ligueurs, des Espagnols et des Lorrains :

— Vive le roi!

Sur le seuil de l'église, l'archevêque de Bourges attendait Henri IV :

— Qui êtes-vous? demanda-t-il.

— Je suis le roi!

— Que demandez-vous?

— Je demande à être reçu au giron de l'Église catholique, apostolique et romaine.

— Le voulez-vous sincèrement?

(1) Nous voilà loin du fameux : « Paris vaut bien une messe » si souvent reproché à Henri IV. Or ce mot a bien été prononcé, mais par Sully. Nous en trouvons la preuve dans un recueil satirique publié en 1622, intitulé *les Caquets de l'Accouchée* : « Il est vray, dit une commère, la hart sent toujours le fagot; et comme disoit un jour le duc de Rosny au roi Henry le Grand, que Dieu absolve, lorsqu'il lui demandoit pourquoy il n'alloit pas à la messe : " Sire, sire, la couronne vaut bien une messe ". »

— Oui, je le veux et le désire.

Sur les marches de l'église, les gens se pressaient. Au premier rang, le roi aperçut Gabrielle et lui sourit tendrement Puis il s'agenouilla et fit sa profession de foi en ces termes :

« Je proteste et jure devant la face du Tout-Puissant de vivre et de mourir en la Religion Catholique, Apostolique et Romaine, de la protéger et défendre envers tous au péril de mon sang et de ma vie, renonçant à toute hérésie contraire à icelle. »

Après quoi, il fut autorisé à entrer dans l'église, où il se confessa et entendit la messe.

A la sortie, le peuple au comble de l'enthousiasme l'acclama et lui jeta des fleurs. En échange, il voulut qu'on lançât à ces braves gens le contenu d'une énorme bourse d'argent.

Il y eut alors une ruée dont il profita pour regagner son logis avec Gabrielle. Celle-ci, heureuse d'avoir réussi, se montra câline, caressante, un peu perverse selon son habitude, et le roi acheva la journée dans ses bras. Les Ligueurs, dont la mauvaise humeur était compréhensible, s'en offusquèrent naturellement. Le soir même, le moine Jean Boucher insultait le roi, en chaire de Saint-Merri, et se déchaînait « contre l'impertinence de faire coucher une femme de la réputation que l'on sait dans le monastère de Saint-Denis, chose défendue par les secrets Conciles, avec laquelle femme le roi commet publiquement et au su de tout le monde un ordinaire et double adultère, lui marié et elle mariée ».

Mais Henri IV pouvait s'attarder dans les bras de Gabrielle et en savourer la douceur sans remords. En donnant à sa favorite la plus grande des preuves d'amour, il venait de sauver la France de la tutelle espagnole!...

***

En apprenant la conversion du roi, les Parisiens furent bouleversés. Ils se rendirent en foule à Saint-Denis, au point, nous dit Sully, « qu'on ne pouvait quasi tourner par les rues » et que les étudiants profitèrent de cette cohue pour se livrer « à de grosses obscénités à l'égard des jeunes filles, dont plusieurs rentrèrent chez elles avec le corbillon garni »...

Ces braves gens voulaient naturellement voir le roi de près, et leur curiosité causait bien des embarras. Un soir, une centaine de Parisiens se trouvaient massés contre la porte de la maison où dînait Henri IV. Tout le monde poussait, espérant l'apercevoir par une petite fenêtre, quand, soudain, le vantail céda. Perdant l'équilibre, le groupe entier déferla dans la pièce comme une grosse vague et renversa la table avec toutes les victuailles.

Henri IV, en voyant ses gentils sujets à plat ventre dans les compotes, les sauces et les tartelettes, éclata de rire, bien qu'il eût reçu nous dit-on « un plat de petits pruneaux sur son pourpoint ». De tels incidents étaient d'ailleurs loin de lui déplaire car il était « très accostable », selon le mot des auteurs de la *Satire Menippée*, et avait un sens aigu de la publicité. On en aura une preuve par cette anecdote que nous raconte L'Estoile : « le roi, jouant à la paume dans Saint-Denis, ayant avisé tout plein de femmes de Paris sous la galerie, qui avoient envie de le voir et ne pouvoient à cause de ses archers, commanda auxdits archers de se retirer pour leur faire place, afin qu'elles le pussent voir à leur aise... ».

Les propos que tinrent alors ces femmes sont d'ailleurs extrêmement savoureux. Les voici tels que nous les rapporte le chroniqueur. « L'une d'elles commença à dire à une voisine : " Ma commère, est-ce là le roi dont on parle tant et qu'on veut nous bailler? — Oui, dit l'autre, c'est le roi. — Il est bien plus beau que le nostre de Paris, ajouta la première, il a le nez bien plus grand ". »

On voit à quoi tiennent parfois les sentiments politiques de certaines femmes...

***

Cet enthousiasme populaire était naturellement combattu par les Ligueurs qui, ne pouvant plus attaquer le roi sur le chapitre de la religion, se déchaînaient contre Gabrielle et faisaient courir des pamphlets dans lesquels ils reprochaient à la favorite de conduire le Béarnais à sa perte par une luxure effrénée. On aura une idée de cette littérature par le quatrain suivant :

Gabriel vint jadis à la Vierge annoncer
Que le Sauveur du monde aurait naissance d'elle,
Mais aujourd'hui le roi, par une Gabrielle,
A son propre salut a voulu renoncer.

Pour couper court à ces attaques, Henri IV, qui voulait profiter du mouvement d'opinion créé par sa conversion, se sépara momentanément de Gabrielle. Il l'installa à l'abbaye de Montmartre où elle fut reçue avec beaucoup d'amitié par la jeune abbesse, sa cousine. Le soir, après le souper, les deux femmes se retrouvaient dans le jardin qui dominait la capitale, et, tout en faisant des bouquets pour la chapelle de la Vierge, s'entretenaient longuement du roi. Ce sujet leur était cher à toutes deux, puisque l'abbesse, qui s'appelait Claude de Beauvillier, avait été, trois ans auparavant, on s'en souvient, la maîtresse de Henri IV.

De temps en temps, le Béarnais venait à Montmartre et restait quelques heures avec Gabrielle dans le pavillon particulier qui avait été mis à sa disposition. Après lui avoir prouvé sur le lit ses sentiments distingués, il la mettait au courant des événements politiques, annonçant à chaque fois la reddition de plusieurs villes et la soumission de nombreux Ligueurs. Pourtant, Paris, dont ils voyaient les mille clochetons scintiller à leurs pieds dans la lumière douce de l'été 1593, Paris, tenu en main par M. de Mayenne lui même, refusait de se rendre, et Gabrielle s'en désolait. Un soir, elle dit :

— Et si vous ameniez le gouverneur de Paris à trahir la Ligue?

Le roi, qui ne pensait qu'aux moyens militaires de prendre la capitale, demeura muet. La favorite reprit :

— Croyez-moi, tout ne se fait pas avec des canons et des cavaliers. Comment ne le savez-vous pas, vous qui avez vécu avec tant de femmes?

Elle ajouta en riant :

— Et puis, il faut bien que les ambitieux et les cupides servent à quelque chose...

Henri IV, séduit par cette idée, promit d'envoyer quelques agents secrets à M. de Belin, gouverneur de Paris, avec des propositions alléchantes; puis il se rendit à Saint-Denis pour prendre immédiatement toutes les dispositions nécessaires.

Quand il fut parti, Gabrielle alla s'accouder à la fenêtre et, longtemps, dans le soir tiède, rêva les yeux fixés sur le Louvre.

***

Les pourparlers avec M. de Belin furent rapides. Le gouverneur, tenté par ce que lui offrait Henri IV, accepta sans discuter de livrer la ville en faisant ouvrir nuitamment certaines portes.

Le roi mit au point avec ses conseillers — et avec Gabrielle qu'il voyait presque tous les jours — un projet hardi : il s'agissait de faire sortir l'armée de Mayenne sur l'ordre de Belin et d'entrer quelques heures plus tard dans la capitale en toute sécurité.

En attendant qu'une occasion permît de réaliser ce plan, le Béarnais et ses amis cessèrent à peu près toute activité. Naïfs, les Ligueurs crurent avoir gagné la partie et, dans leur enthousiasme, se laissèrent aller aux plaisirs vulgaires de l'insulte. Le roi et la favorite furent traités de « démons lubriques » et de « bêtes chaudes »...

Or ces appellations qui n'émouvaient plus personne troublèrent un Orléanais illuminé et pudibond qui se nommait Pierre Barrière. Fort dévot, il s'imagina que le ciel l'avait désigné pour débarrasser la France de ce roi qui entendait la messe et commettait l'adultère. Il acheta un grand couteau et se dirigea vers la capitale provisoire de la France. En traversant Paris, il eut soudain quelques doutes sur le bien-fondé de sa mission. Voulant en avoir le cœur net, il alla trouver le curé de Saint-André-des-Arts et lui dévoila son projet :

— Qu'est-ce que vous en pensez?

Le curé était Ligueur; il applaudit :

— C'est une très bonne idée, mon petit. Ce roi se conduit fort mal avec une femme mariée. Il faut le tuer.

L'âme en paix, Barrière partit pour Saint-Denis. Là, il chercha un complice qui, bien entendu, le dénonça, et il fut arrêté. Le lendemain, les juges le condamnaient à avoir « le poing brûlé, les bras et les jambes rompus, puis à être mis sur la roue et étranglé ».

Il n'en demandait pas tant.

Gabrielle eut froid dans le dos en apprenant cette histoire et se montra plus pressée que jamais d'entrer dans Paris avec son amant. Hélas! de nouveaux obstacles empêchaient constamment la réalisation du plan projeté par le roi et l'entreprise était, jour après jour, reportée. Cinq mois d'attente énervante passèrent ainsi.

— Laissez venir l'hiver, disait-on. A ce moment, l'action sera facile.

L'hiver apporta une catastrophe. A la fin de janvier 1594, alors qu'on préparait l'attaque, Mayenne, pour des raisons mystérieuses, remplaça Belin par le comte de Brissac.

Tout était à recommencer...

Poussé par sa maîtresse, Henri IV se mit immédiatement en rapport avec le nouveau gouverneur de Paris et lui offrit, s'il acceptait de trahir ses chefs, le titre de maréchal de France.

Brissac promit son concours.

Il reprit le projet mis au point par son prédécesseur et, pour que les Ligueurs ne se méfiassent pas de lui, imagina de jouer les niais. Tous les amis de Mayenne furent dupes de cette manœuvre et le duc de Féria écrivit au légat : *Mesmes, pour vous monstrer quel grand homme d'affaires c'est, une fois que nous tenions le Conseil céans, au lieu de songer à ce qu'on disoit, il s'amusoit à prendre des mouches contre la muraille.*

Pendant que Brissac endormait ainsi la méfiance de la Ligue, le roi se faisait sacrer à Chartres. Cette nouvelle atterra les Ligueurs. Le duc de Mayenne, craignant pour sa sécurité, allégua la nécessité d'aller en Picardie rejoindre l'armée espagnole et quitta précipitamment Paris le 6 mars, après avoir donné la garde de la ville à M. de Brissac. Le 21, le gouverneur envoya sous un vague prétexte les meilleures compagnies de la garnison à Pontoise afin d'être tranquille, et Henri IV, aussitôt prévenu, vint masser ses troupes dans le faubourg Saint-Honoré. Enfin, le 22, à quatre heures du matin, M. de Brissac, trahissant ainsi qu'il l'avait promis, ouvrit lui-même la Porte Neuve, et l'armée royale entra dans la capitale...

Contrairement à la légende popularisée par le célèbre tableau de Gérard, les Parisiens ne montrèrent qu'un enthousiasme modéré en voyant Henri IV dans leurs murs. Des coups de feu furent même tirés sur lui, et une trentaine de gêneurs qui ne semblaient pas suffisamment contents (ils criaient : « Nous sommes vendus! »), furent jetés à l'eau par les gardes du roi.

Sans se soucier de ces trublions, Henri IV alla entendre la messe à Notre-Dame, chanta un *Te Deum* et se rendit au Louvre où, deux heures plus tard, descendue à la hâte des hauteurs de Montmartre, Gabrielle d'Estrées venait le retrouver, ivre de joie...

***

Vers la fin du mois de mars, le bruit courut dans Paris que la favorite était enceinte. Tout le monde devina que le rein du bon roi Henri n'était pas étranger à l'affaire et les esprits chagrins se scandalisèrent.

Les gens de bon sens, au contraire, se réjouirent, disant que depuis vingt-deux ans aucun roi de France n'avait donné une telle preuve de virilité (1) et que c'était un heureux événement qui faisait bien augurer de l'avenir; mais ceux-là constituaient, comme d'habitude, le petit nombre.

Finalement, devant l'hostilité des Parisiens, la favorite dut quitter le roi et se réfugier, de nouveau, à l'abbaye de Montmartre.

***

Maître de Paris, mais fortement critiqué pour sa liaison avec Gabrielle, Henri IV avait encore beaucoup à faire pour asseoir son autorité. D'ailleurs de nombreuses villes refusaient de le reconnaître, et il en souffrait.

Au mois d'avril, résolu à montrer sa force, il alla mettre le siège devant la place de Laon, tenue par la Ligue. Les

(1) Depuis Charles IX, qui avait donné, en 1572, une fille à Élisabeth d'Autriche.

opérations furent longues, car les Laonnais avaient des armes en quantité et des caves pleines de provisions. Au bout d'un mois, Gabrielle vint, malgré un état de grossesse avancé, rejoindre son amant. Elle eût voulu partager son destin et coucher sous la tente avec lui, mais le roi le lui interdit, disant que « la vie de camp n'étoit point bonne pour une femme qui avoit un enfant au ventre ».

Elle alla donc s'installer au château de Coucy. C'est là qu'elle accoucha le 7 juin d'un gros garçon qu'on nomma César. Le choix du prénom causa, dit-on, quelques soucis au roi. Il aurait voulu l'appeler Alexandre; mais l'ombre de son ex-rival, le premier amour de Gabrielle, le fit hésiter. « Il eut peur, nous explique Tallemant des Réaux, qu'on ne dise Alexandre *le Grand;* car on appelait M. de Bellegarde : M. Le Grand (1), et, apparemment, il avait passé le premier... » (2).

Ce petit nuage étant écarté, Henri IV montra une joie sans bornes et revint devant les murs de Laon avec une force décuplée. Le 21 juillet, la ville capitulait...

Peu après, Poitiers, Amiens, Beauvais, Cambrai, Concarneau, Quimper, Doullens, Saint-Malo, Péronne se rendaient également.

A l'annonce de chaque reddition, le Béarnais sautait de joie et courait voir Gabrielle qui avait regagné l'abbaye de Montmartre où César faisait la joie des petites nonnes.

— Ce fils me porte bonheur, disait-il tendrement.

Bientôt, la Provence fut délivrée du joug d'Épernon et le royaume presque entièrement soustrait au clan hispano-lorrain. Alors Henri IV pensa que le moment était venu de faire son entrée officielle dans Paris. Il en fixa la date au 15 septembre pour que Gabrielle, qu'il voulait associer à la royauté et à son triomphe, fût à même d'y participer.

Le 14, ils allèrent tous deux passer la nuit à Saint-Germain-en-Laye, et le lendemain, vers sept heures du soir, alors que la nuit commençait à estomper la couleur des choses, le roi entra

(1) Il était Grand Écuyer.

(2) Ce fait est rapporté également dans un pamphlet du XVIe siecle intitulé : *Les Regrets et vie de la duchesse de Beaufort, divulguez en l'an 1597, lors de la prise d'Amiens.*

dans sa capitale à la lueur des flambeaux et accompagné d'une suite magnifique.

Tous les Parisiens étaient venus acclamer leur souverain qui portait, pour l'occasion, un chapeau gris orné de son légendaire panache blanc...

A quelques pas devant lui roulait une somptueuse litière encadrée d'une compagnie d'archers. On y pouvait voir Gabrielle, souriante et éblouissante dans une robe de satin noir semée de broderies de jais, la jupe « toute huppée de blanc et chargée de tant de perles et de pierreries si reluisantes qu'elles offusquaient la lueur des flambeaux », raconte Pierre de L'Estoile.

Elle était alors dans tout l'épanouissement de sa beauté. « Son visage était lisse et transparent comme une perle dont il avait la finesse et l'eau, nous dit Mlle de Guise, qui pourtant ne l'aimait guère. Le satin blanc de sa robe paraissait noir à comparaison de la neige de son beau sein. Ses lèvres étaient couleur de rubis et ses yeux d'un bleu céleste, si luisants qu'on eût pu difficilement juger s'ils empruntaient au soleil leur vive lumière ou si ce bel astre leur était redevable de sa clarté... »

En la voyant passer, si belle, les Parisiens, émerveillés, hochaient la tête :

— C'est la putain du roi, disaient-ils.

Mais il y avait maintenant dans leur ton une nuance de respect.

Au milieu de cette foule joyeuse, une femme triste regardait, elle aussi, la belle Gabrielle. C'était Corisande...

Mme de Gramont, en effet, se trouvait à Paris depuis quelque temps avec son amie Catherine de Bourbon, sœur du roi, et le destin, toujours facétieux, la faisait assister au triomphe de sa remplaçante... (1).

Le soir, lorsque les cérémonies furent achevées, Henri IV rentra au Louvre et la favorite prit le chemin de l'hôtel du Bouchage qui devait être, désormais, sa demeure officielle.

(1) Mme de Gramont demeura quelque temps à Paris, mais le roi lui fit tant d'affronts qu'elle retourna à Hagetmau, où elle eut à plusieurs reprises la magnanimité de rendre de grands services à la Couronne. Elle mourut en février 1621...

***

Le roi mena, pendant quelque temps, une vie tout à fait familiale, partageant son temps entre Gabrielle qu'il voyait la nuit, et César qu'il contemplait le jour. Or, bientôt, une idée l'obséda : ce fils qu'il adorait était légalement l'enfant de Nicolas d'Amerval... Il lui parut en conséquence urgent d'entamer la procédure nécessaire pour rendre libre sa maîtresse.

Le divorce fut donc résolu et Gabrielle, sur la prière du roi, envoya à l'évêque d'Amiens cette curieuse supplique :

Vous démontre dame Gabrielle d'Estrées qu'étant âgée seulement de dix-huit ans elle aurait par force et contrainte été mariée par son père avec M. Nicolas d'Amerval, seigneur de Liancourt. Toutefois, pendant et depuis le temps de deux ans, elle n'aurait vécu ni conversé avec son mari comme ont accoutumé de faire personnes vraiment capables en légitime mariage, encore que ledit sire d'Amerval, dissimulant son impuissance, se serait approché d'elle plusieurs fois sans aucun effet à rendre le devoir conjugal, ce que ladite suppliante aurait tu et dissimulé jusques ici sans faire aucune plainte. *S'étant enfin déclarée à ses tantes et sœurs, avait été conseillée de s'adresser à vous comme juge ordinaire pour lui être pourvue de remèdes convenables.*

Convoqué par l'évêque, Nicolas d'Amerval répondit qu'il avait eu quatre enfants de sa première femme et que son impuissance, le soir de ses noces, était due à une chute de cheval.

— Par la suite, avoua-t-il, j'ai plusieurs fois voulu hanter mon épouse; mais malgré mes efforts je n'ai pu avoir sa compagnie charnelle

Entendue à son tour, Gabrielle se prétendit lésée « pour n'avoir point reçu son dû conjugal »...

Naturellement, ce procès qui dura trois mois amusa beaucoup le gentil peuple, ravi de voir étaler au grand jour toute la sordide intimité des grands. Et l'on riait d'autant plus que la plupart des gens ne voyaient dans l'impuissance du sieur de Liancourt qu'un bon prétexte trouvé par le roi pour faire rompre le mariage de Gabrielle.

Fin novembre, le bruit couru que Nicolas, rendu momentanément défaillant par sa chute de cheval, avait retrouvé toute sa vigueur et tout son entrain. Cette nouvelle réjouit les amateurs d'histoires lestes.

— Le sieur de Liancourt demandera sans doute l'épreuve du Congrès, disaient-ils en se pourléchant à l'avance.

Qu'était-ce donc que le Congrès? Un bien curieux procédé d'expertise qui était utilisé depuis le XIVe siècle dans les procès de divorce pour impuissance.

Le mari, accusé de n'avoir pu se montrer galant compagnon, demandait à être convoqué par une assemblée de médecins. On le faisait se mettre au lit avec son épouse et, au signal donné, il devait tirer les rideaux et s'efforcer d'être agréable à la dame.

Deux heures étaient accordées pour l'épreuve à laquelle assistaient, outre les médecins, quelques matrones. A tout moment, le mari dont l'honneur était en jeu pouvait appeler les témoins « pour leur montrer sa belle tenue ou leur faire constater sa victoire ».

La plupart du temps, le pauvre, impressionné par la présence des médecins chargés de juger son « œuvre », demeurait dans un affligeant marasme...

Au bout de deux heures, les experts venaient écarter les rideaux, relevaient les draps et faisaient toutes les constatations utiles. Après quoi, ils rédigeaient leur rapport et le portaient au juge qui attendait dans une pièce voisine.

Cette épreuve eût pu être demandée par le sieur de Liancourt qui avait alors retrouvé toute sa virilité; mais le mari de Gabrielle eut peur du roi (et peut-être aussi du ridicule). Il se contenta de rédiger son testament et d'écrire pour la postérité : « ... Et parce que pour obéyr au roy et de crainte de perdre la vie, je suis sur le point de consentir à la dissolution du mariage de moy et de ladite d'Estrées, suivant la poursuite qui s'en fait devant l'Official d'Amiens, je déclare et proteste devant Dieu et devant les hommes, je jure et affirme que si la dissolution se fait et ordonne, c'est contre ma volonté et par force, pour le respect du roy, *n'estant véritable l'affirmation, confession et déclaration que je pourrai faire estre impuissant et inhabile pour la copulation charnelle et génération...* »

Et, le 24 décembre 1594, le mariage de Gabrielle et de Nicolas fut déclaré nul par l'Official d'Amiens...

***

Trois jours plus tard, le 27 décembre, vers cinq heures du soir, le roi rentrait à Paris entouré par un groupe de cavaliers qui tenaient des torches et des flambeaux.

Le vent glacé qui sifflait dans la rue Saint-Honoré pliait les flammes, et Henri IV, emmitouflé dans une cape, avait du givre sur la barbe. Malgré le froid, le menu peuple se pressait sur la chaussée, jobard et gouailleur, comme à l'ordinaire.

Au coin de la rue de l'Autruche, un jeune homme « vestu de noir honnestement » demanda à l'un de ses voisins « lequel estoit le roi; sur quoi l'autre lui en montra un qui avoit des gants fourrés, lequel lui dit estre le roi ». L'inconnu se mêla alors au cortège et suivit Henri IV jusqu'à l'hôtel du Bouchage où habitait Gabrielle d'Estrées. Là, comme tout le monde — cavaliers, gentilshommes, gardes, et même « infinies personnes inconnues » — entrait sur les pas du souverain, il pénétra à son tour sans difficulté et parvint avec la foule jusqu'à la chambre de la favorite.

Sans se faire remarquer, ce qui était facile parmi ces gens qui ne se connaissaient pas pour la plupart, il réussit à se glisser auprès du roi. A ce moment toute l'assistance avait les yeux fixés sur deux nouveaux venus à la cour, les sieurs de Ragny et de Montigny, qui s'inclinaient devant Henri IV. Comme celui-ci se baissait pour les relever, le jeune homme tira brusquement un couteau de sa poche et lui en porta un coup violent au visage. On entendit alors « un bruit comme si l'on avoit donné un soufflet à quelqu'un ».

— Au diable soit la folle, s'écria le roi. Je crois qu'elle m'a blessé!

— C'est faux, répliqua aussitôt la bouffonne qui vivait à la cour, ce n'est pas moi!

Personne n'avait compris ce qui s'était passé; aussi, quand

Henri IV retira une dent de sa bouche et la montra à l'assistance, y eut-il quelques cris de surprise et un léger affolement. Enfin, Montigny remarqua l'inconnu qui demeurait immobile au milieu du désordre, les mains tremblantes.

— C'est vous ou moi qui avons blessé le roi, dit-il.

L'autre devint livide et les gardes se jetèrent sur lui.

A ses pieds, on trouva le couteau sanglant dont il s'était débarrassé. Arrêté sur-le-champ, il déclara s'appeler Jean Chastel, et reconnut qu'il avait voulu tuer le roi.

— J'ai frappé trop haut, dit-il, l'air ennuyé. Je visais le cou.

Mené au Fort-l'Évêque, le jeune homme y fut interrogé et les juges, qui croyaient avoir affaire à un attentat politique comprirent avec stupeur qu'il s'agissait de tout autre chose.

Jean Chastel avait des vices contre nature qui auraient pu faire sa fortune sous Henri III, mais qui le gênaient sous Henri IV. Il était venu trop tard dans un monde trop pieux. Or, à plusieurs reprises, il avait dissimulé dans ses confessions les péchés honteux auxquels ses goûts anormaux l'avaient poussé. Sachant que saint Thomas (1) s'était élevé violemment contre la sodomie, il avait fini par penser qu'il ne pourrait jamais obtenir l'absolution et qu'il mourrait en état de péché mortel. Le malheureux avait donc imaginé de tuer le roi pour avoir, au moment de son exécution, l'assistance d'un prêtre forcé de l'absoudre...

Son rêve se réalisa deux jours plus tard : après s'être confessé, il fut écartelé.

Naturellement, les juges ne publièrent pas les véritables mobiles de Jean Chastel — qui nous sont connus grâce à Jacques de Thou, l'historien ami de Henri IV. Ils préférèrent laisser croire à un attentat politique, et comme le jeune tourmenté avait été élevé par les Jésuites, Ligueurs acharnés, ils accusèrent ceux-ci d'être à l'origine du complot.

Le procès fut rapide. Poussé par le roi qui voyait là une occasion de se débarrasser de ses ennemis, le Parlement de Paris bannit, par arrêté, tous les Jésuites du royaume.

Ils partirent, insultés grossièrement, comme il se doit, par le

(1) « Et avec lui tous les « théologiens postérieurs », dit joliment l'ecclésiastique, auteur de la *Mœchialogia*...

menu peuple qui, neuf mois plus tôt, ne voulait pas de Henri IV...

***

Dès qu'il fut remis de ses émotions, le roi se préoccupa de nouveau du petit César. Maintenant que Gabrielle était libre, il pouvait légitimer le fruit de leurs amours : c'est ce qu'il fit par lettres patentes datées de janvier 1595. Le texte de cet acte peu connu et rédigé probablement par les conseillers intimes de Gabrielle est fort curieux. Le roi semble honteux de l'action qu'il accomplit, et cherche à la justifier en invoquant l'intérêt du pays. Après avoir rappelé dans quel état il a reçu le royaume « proche d'une quasi inévitable ruine », il ajoute :

« *On a vu que nous l'avons relevé et par la grâce de Dieu tantôt rétabli en son ancienne force et dignité, n'ayant à ce épargné non seulement notre labeur, mais notre sang et notre vie.* » Puis il en vient au sujet même de ses préoccupations et précise qu'il espère que son courage et sa force seront héréditaires chez ceux qui proviendront de lui et « *puisque Dieu n'a pas encore permis que nous en ayons en légitime mariage, pour être la reine, notre épouse, depuis dix ans, séparée de nous* (1), *nous avons voulu en attendant qu'il veuille nous donner des enfants qui puissent légitimement succéder à cette couronne*, rechercher d'en avoir ailleurs en quelquc licu digne et honorable, *qui soient obligés d'y servir, comme il s'en est vu d'autres de cette qualité* (2) *qui ont bien mérité de cet état*

(1) Dans *Le Divorce satyrique*, voici ce que dit Henri IV de la stérilité de son union avec la reine Marguerite : « Je m'en suis quelquefois ébahi moi-même, qui, Dieu merci, ne suis pas des plus refroidis, et qui, n'en déplaise à cette prude femme, ai autant d'adultérins mal semés comme elle en divers endroits; mais je ne sais oncques deviner la cause de notre compagnie stérile et infructueuse, ni pour l'attribuer aux raisons communes, bien que je sache qu'à regret elle a souvent consenti à la force de mes désirs pour se donner volontairement en proie à mille, qui n'en eussent osé prétendre ni espérer aucune faveur si, luxurieusement effrontée, elle ne les eût, pour parler intelligiblement, mis dessus... »

Par un curieux phénomène, en effet, Marguerite, qui avait eu des enfants avec Champvallon et Aubiac, était stérile avec Henri IV..

(2) De la qualité de bâtards..

et y ont fait de grands et notables services. Pour cette occasion, ayant reconnu les grandes grâces et perfections, tant de l'esprit que du corps, qui se trouvent en la personne de notre chère et bien-aimée la dame Gabrielle d'Estrées, nous l'avons depuis quelques années recherchée à cet effet, comme le sujet que nous avons connu le plus digne de notre amitié. *Ce que nous avons estimé pouvoir faire avec moins de scrupules et charges de consciences, que nous savons que le mariage qu'elle a contracté avec le sieur de Liancourt était nul et sans avoir jamais eu aucun effet, comme il s'est justifié par la séparation et la nullité dudit mariage qui s en est depuis ensuivi.* Et s'étant ladite dame après nos longues poursuites et ce que nous avons apporté de notre autorité, condescendu à nous obéir et complaire, un fils est né, qui a porté jusqu'à présent le nom de César Monsieur. *Ses vertus précoces nous décident, en l'avouant et reconnaissant notre fils naturel, de lui accorder nos lettres de légitimation.* »

Le roi dit encore : « *J'accorde ces terres à César parce que le défaut de sa progéniture l'excluant de toute prétention à la succession de cette couronne et de ce qui en dépend, mais aussi de celle de notre royaume de Navarre, et de tous nos autres biens et revenus de notre autre patrimoine, il demeurera en très mauvaise condition, s'il n'était par ladite légitimation rendu capable de recevoir tous les dons et bienfaits qui lui seront faits tant par nous que par autres. Pour ces causes, nous le déclarons légitime par les présentes, aux fins qu'il puisse acquérir, tester, recevoir donation et tenir telles charges, dignités, offices, tant de Nous que des rois nos successeurs...* »

Le Parlement de Paris enregistra ces lettres sans protester.

La joie de Gabrielle, devenant ainsi favorite officielle, fut immense, on s'en doute. Pourtant, la jeune femme ambitionnait un autre titre. Elle rêvait d'être reine de France...

***

Depuis quelque temps, déjà, elle poussait le roi à répudier Margot qui vivait toujours en exil et n'avait de reine que le nom. Elle renouvela ses prières, déploya tout son charme, se fit tendre et voluptueuse... Finalement Henri IV envoya à Usson M. Erard, maître des requêtes, auprès de son épouse.

Qu'offrait-il à Marguerite en échange d'une couronne? Une somme de deux cent cinquante mille écus pour payer les dettes que la pauvre avait dû faire depuis dix ans, une rente viagère et une place de sûreté. Il demandait, en échange à la reine qu'elle donnât une procuration en blanc, et qu'elle déclarât devant l'Official « que son mariage ayant été contracté sans dispense, à un degré de parenté prohibé et sans libre consentement », elle en désirait l'annulation.

M. Erard arriva à Usson après une semaine de voyage. Il devait avoir en arrivant un curieux spectacle. Margot, qui aimait toujours autant le jeu d'amour, avait, en effet, pris l'habitude de se coucher nue sur un lit en laissant sa fenêtre ouverte « pour donner aux passants qui jetoient un regard l'envie de venir lui beliner le joyau ».

C'est ainsi que le maître des requêtes, austère et digne homme s'il en fut, revit pour la première fois sa souveraine...

***

L'idée d'un divorce ne déplaisait pas à la reine Margot dont le seul espoir était de sortir d'Usson, et qui savait bien que jamais Henri IV ne la rappellerait auprès de lui. Mais, en femme rouée, elle voulut profiter de la situation, montra des exigences et, pour bien affirmer son indépendance, fit traîner les pourparlers.

Son attitude était pourtant pleine de respect. Elle évitait, en effet, de manifester une amertume qui eût risqué d'agacer le roi. D'ailleurs, était-elle amère? Elle avait bien sûr quarante ans et sa vie s'était trouvée gâchée par un mariage imposé; mais grâce à une époque troublée elle avait eu tous les amants qu'une femme bien douée physiquement pût souhaiter avoir dans son lit : des petits, des grands, des gros, des maigres, des vieux, des jeunes, des ouvriers, des intellectuels et même un chanoine de Notre-Dame de Paris, le vigoureux Choissin, dont on disait « qu'il lui avait souvent parfumé son devant de thorax »... Et puis sa vie n'était pas finie, et elle espérait bien continuer à « faire l'androgyne », comme on disait alors par manière de plaisanterie. Une seule chose lui importait donc : quitter le château d'Usson et rentrer à Paris, où des jeunes gens boutonneux seraient heureux de profiter de son expérience.

La couronne, les biens, la richesse? Elle s'en moquait, pourvu qu'elle eût de quoi nourrir ceux qui lui donnaient le seul plaisir qu'elle aimât...

Gabrielle d'Estrées, dont elle savait que le roi voulait faire sa femme, la laissait pareillement indifférente. Mieux, elle montrait presque de l'amitié à son égard. C'est ainsi que, lorsque Henri IV disposa en faveur de la favorite d'une magnifique abbaye qui lui appartenait, elle se déclara enchantée, *ayant reçu trop de plaisir,* écrivit-elle au roi, *que chose qui dépendait de moi ait pu être propre pour témoigner à cette honnête femme combien j'aurai toujours de volonté de servir à son contentement et combien je suis résolue d'aimer et honorer toute ma vie ce que vous aimerez* (1).

A quelque temps de là, elle poussa l'amabilité jusqu'à écrire à Gabrielle elle-même cette incroyable lettre :

Prenez, je vous prie, assurance de moi et m'obligez tant que de la donner au roi et de croire que mes désirs se conforment entièrement à ses volontés et aux vôtres. J'en parle en commun, les estimant si unies que, me conformant à l'une je le serai aussi à l'autre... Je vous prierai trouver bon que je vous parle librement et comme à celle que je veux tenir pour ma sœur *et que, après le roi, j'honore et j'estime le plus...*

On ne peut pas être plus gentil avec la maîtresse de son mari.

***

La favorite fut très touchée par cette lettre et pensa avec joie que la répudiation se ferait sans trop de difficultés.

Mais elle était prudente et savait ne pas se fier uniquement aux hasards de la chance. C'est pourquoi, tandis que M. Erard continuait ses négociations, elle préparait avec ses conseillers intimes (et avec sa famille) une combinaison qui

(1) Lettres de Marguerite de Navarre. Éditées par Guessard.

devait lui assurer une souveraineté indépendante et héréditaire pour elle et ses enfants. Desclozeaux, son principal biographe, nous dit à ce propos : « Ses proches n'apportaient aucune réserve dans leurs velléités ambitieuses et il fut un moment où ils parlèrent même de constituer en Champagne ou en Franche-Comté une principauté relevant de la couronne et tenue à foi et hommage par Gabrielle et son fils César » (1).

Mais un tel cadeau ne pouvait s'obtenir de la seule générosité de l'amant ; il fallait mériter la reconnaissance du roi en étant l'inspiratrice d'une conquête ou d'un grand fait d'armes. C'est pourquoi, le 17 janvier 1595, Gabrielle poussa Henri IV à déclarer la guerre à l'Espagne... (2).

Aussitôt. Philippe II, qui s'était assuré le concours des Ligueurs, riposta en envoyant des troupes en Picardie, en Bretagne et en Bourgogne, où quelques héros commencèrent à s'étriper avec soin. Mais les premiers combats ne furent pas très sérieux, et Henri IV, qui détestait se déranger pour rien, continua de goûter les douceurs de la paix aux côtés de Gabrielle dont les talents amoureux l'émerveillaient chaque jour un peu plus. Depuis qu'elle rêvait d'une couronne, la favorite, en effet, se surpassait...

En reconnaissance, le roi lui fit alors cadeau du château de Montceaux, fort beau domaine situé à deux lieues de Meaux, que Gabrielle aménagea immédiatement de façon confortable et luxueuse grâce aux sommes considérables que le Trésor lui versait chaque année. Naturellement, le meuble auquel elle etait redevable de tant de bienfaits fut l'objet de soins particuliers. Immense et capable de résister aux joutes amoureuses les plus ardentes, il occupait la moitié de la chambre. Surmonté d'un baldaquin aux rideaux de velours jaune, ses draps étaient de satin blanc et ses taies d'oreillers de soie brodée d'argent aux chiffres H et G entrelacés.

Un tel luxe, au moment où le menu peuple criait misère et où le roi lui-même manquait d'argent, fit jaser. De nombreux

(1) DESCLOZEAUX, *Gabrielle d'Estrées*, 1889.

(2) Cf. DREUX DU RADIER : « elle fut une des premières causes de la déclaration de guerre contre l'Espagne. » *op. cit.* ; et *Mémoires de Sully*, tome I, ch. 59.

pamphlets inspirés par les Ligueurs circulèrent dans Paris contre celle qu'on appelait déjà la marquise de Montceaux (1), et des chansonniers, des poètes se permirent de lui envoyer de petits conseils rimés qui témoignent de la liberté de ces heureux temps.

Je n'en donnerai qu'un exemple : ce sonnet d'une étonnante audace adressé à Gabrielle par Guillaume de Sablé :

Pensez, Madame, à vous : la fortune est muable;
Vous avez la faveur, ne la négligez point.
Craignant que quelque jour ne vous laisse en pourpoint;
Faites des serviteurs et rendez-vous aimable.

Mainte autre devant vous, qui ont fait le semblable,
Par un esprit prudent ont prévu à ce point
D'établir leur bonheur ferme, et si bien à point
Qu'à la postérité leur gloire est perdurable.

Ce que je vous en dis, Madame, assurez-vous
Que c'est pour votre bien, et ne suis point jaloux
De vous voir prospérer autant que dame aucune.

Mais je vois à regret, comme chacun voit bien,
Que le nombre est petit à qui vous faites bien.
Pensez-vous établir par là votre fortune?

La favorite n'allait pas tarder à suivre les conseils que lui donnait le poète...

***

Au mois de mai, Henri IV, apprenant que les Espagnols attaquaient la Bourgogne, laissa Gabrielle et courut rejoindre ses armées à Dijon. Dès la première rencontre, il s'aperçut que les forces de Philippe II étaient mieux équipées et plus nombreuses que les siennes. Il les battit tout de même à Fontaine-Française; mais sa pauvreté lui avait fait frôler le

(1) En fait, elle n'eut droit à ce titre qu'à partir de septembre 1596.

désastre, et il pensa qu'il était grand temps de mettre les Finances du royaume entre les mains d'un homme habile et sûr.

De retour à Paris, il s'en entretint avec Gabrielle qui, justement, cherchait à se faire des créatures, suivant le conseil de Guillaume de Sablé.

— Prenez Rosny, dit-elle.

A ce moment les Finances étaient dirigées par un Conseil composé de personnages puissants que le roi voulait ménager. Craignant qu'un brusque remplacement de ces messieurs par un surintendant ne prît l'allure d'un coup de force, il décida d'opérer en douceur. Il alla trouver Sully (1) et lui proposa de travailler pendant quelque temps avec ceux du Conseil afin d'endormir leur méfiance.

— Ainsi, dit-il, les caressant et les assurant de votre amitié, ils ne vous dénieront point la leur, et il arrivera même qu'en vous donnant quelques louanges sur la forme de votre conduite, lorsque je les mettrai sur ce propos, je prendrai de là occasion de vous mettre avec eux sans qu'ils s'y puissent directement opposer ni dire que vous ne savez rien aux Finances.

Sully refusa, trouvant le procédé inélégant. Alors, le roi furieux courut chez Gabrielle pour la mettre au courant de son échec.

— Tout est de votre faute, dit la favorite. Vous êtes le roi : vous n'avez qu'à commander, et le Conseil vous obéira...

Le lendemain, Henri IV revint chez Sully, le prit par la main et lui dit :

— Vous ne savez pas? J'ai conté à ma maîtresse tous les discours et contestations que nous eûmes hier, vous et moi, sur lesquelles nous avons eu de grandes et longues disputes. Enfin, elle m'a mis tant de raisons en avant qu'elle m'a quasi persuadé que vous aviez raison et moi tous les torts du monde de vous vouloir établir en des affaires de telles importances et tant chatouilleuses que sont les Finances, par l'intervention, agréation et obligation d'aucun autre que de moi seul (2).

(1) Bien que M. de Rosny ne s'appelât Sully qu'à partir de 1605, c'est sous ce nom que je le désignerai dès maintenant.

(2) SULLY, *op. cit.*

Quelques jours après, les Finances étaient confiées à Sully. Ainsi, nous dit Dreux du Radier : « l'État dut à Gabrielle le grand homme qui devoit en régler le grand ressort, et la France en jouit plus tôt qu'elle n'auroit fait à sa persuasion ».

Hélas! Sully devait se montrer bien ingrat à l'égard de la favorite...

***

Pendant ce temps, la guerre voulue par la châtelaine de Montceaux continuait pour le plus grand profit des Espagnols. Le 21 avril 1596, une nouvelle vint affliger tout le pays; Calais était tombé aux mains d'une armée ennemie conduite par le cardinal d'Autriche.

Aussitôt, le peuple accusa Henri IV, non sans raison, d'être responsable de cet échec. On murmura « qu'il s'amusait un peu beaucoup avec la marquise » (1) et que le plaisir qu'il trouvait dans le lit de sa maîtresse l'avait empêché d'aller se porter au secours de Calais. Un quatrain composé par Sigogne eut alors beaucoup de succès :

Ce grand Henri qui voulait estre
L'effroi de l'Espagnol hautain
Maintenant fuit devant le prêtre
Et suit le c... d'une putain.

Ce qui était vrai; mais un peu leste...

Un distique latin, plus brutal encore, fit la joie des lettrés, des clercs et même des bons prêtres qui ont toujours aimé à rire :

Te Mars avexit, Venus opprimit. O scelus! Ensis Cuspide quod portum est, cuspide penis abit.

C'est-à-dire :

« Mars t'a élevé, Vénus t'abaisse. O crime! Ce qui a été acquis à la pointe de l'épée s'en va à la pointe du... »

(1) Pierre de l'Estoile, *op. cit.*

XIII

L'ÉDIT DE NANTES
ŒUVRE DE GABRIELLE

C'est sa réhabilitation, c'est l'honneur de sa vie d'avoir aidé Henri IV dans l'accomplissement de cette œuvre de tolérance.

DESCLOZEAUX.

Après la perte de Calais, tout le monde pensa que le roi organiserait la défense des autres villes menacées par les Espagnols. Henri IV lui-même le pensait sincèrement, oubliant, comme toujours, qu'il était l'esclave de sa passion pour Gabrielle.

Au début du mois de mai, il écrivait, d'Abbeville, à M. du Plessis-Mornay : *Nous passerons notre été ici et à Amiens, pour être à la tête des ennemis, s'ils entreprennent quelque chose.* Mais huit jours plus tard il était à Montceaux, près de sa maîtresse...

Il devait y rester jusqu'en octobre, batifolant dans la forêt, banquetant avec des amis, racontant des histoires galantes, et surtout se livrant avec la favorite à d'exténuants plaisirs sur le grand lit blanc à baldaquin.

Comme tous les amoureux du monde, Henri IV donnait à son amie tout ce qu'il possédait. Il faisait même plus encore : il lui offrait ce qui appartenait à l'État. C'est ainsi que, le 25 août 1596, il lui fit cadeau de la totalité des biens « du feu Bocquet, habitant à Paris, et de ses enfants, qui avaient tué ledit défunt », que le 31 du même mois il la gratifia du produit d'amendes importantes, que le 2 septembre il lui abandonna le montant de tous les trop-perçus dont les receveurs de Guyenne et du Rouergue étaient astreints à faire la restitution, et qu'un peu plus tard, anticipant sur les recouvrements qu'il escomptait, il lui fit don de trente-deux mille livres à provenir sur la vente des offices de judicature dans la province de Normandie...

Avec cet argent, la nouvelle marquise de Montceaux fit embellir son château et exécuter d'importants travaux de terrassements.

Le peuple, qui n'aimait déjà pas beaucoup Gabrielle, s'émut de ces libéralités, et le libelle suivant circula dans Paris :

Du Roy et de la Marquise

Ho! vous parlez de notre roy
— Non, fais-je. Vous jure ma foy
Par Dieu, j'ai l'âme trop réale
Je parle de Sardanapale
Con sempre star in bordello
Hercule no se flatta immortello (1)
Au royaume de Conardise
Où pour madame la Marquise
Les grands monts sont mis à Montceaux
Et toute la France en morceaux (2).

Or, tandis que le roi détournait allègrement les sommes destinées au Trésor, l'argent manquait pour mener la guerre contre les Espagnols. Des régiments entiers menaçaient d'abandonner leurs postes si les soldes n'étaient pas payées, et Sully, effrayé par la légèreté de son souverain, partageait l'accablement du peuple.

Bientôt, Henri IV lui-même fut épouvanté par son dénuement. Dépouillé par son insatiable maîtresse, portant des chemises déchirées et des pourpoints troués au coude, il

(1) Les pamphlétaires utilisaient souvent l'italien pour dire des grossièretés...

(2) *Mémoires secrets des rois de France.*

entrevit la catastrophe et décida de s'adresser directement aux représentants du pays pour leur demander de lui venir en aide.

***

Au mois d'octobre, il convoqua une assemblée de notables, à Rouen, afin d'étudier avec eux le moyen de rétablir ses finances. Croyant habile de frapper les populations normandes par le spectacle d'une cour brillante et élégante, il demanda à Gabrielle, seule personne riche du royaume, de le précéder en grande pompe. La favorite, bien qu'enceinte de huit mois, fit le voyage et arriva à Rouen dans une luxueuse litière. Le premier président, Claude Groulard, vint la saluer comme s'il s'agissait d'une souveraine, et l'archevêque lui demanda très humblement si elle voulait accepter de loger au palais abbatial de Saint-Ouen.

Seul, le chapitre de la cathédrale montra quelque mauvaise humeur, alléguant qu'il s'agissait d'une concubine; mais le prélat intervint et exigea qu'on fût plein de prévenances pour la bien-aimée de Sa Majesté.

Ce saint homme compréhensif était, il est vrai, Antoine de Bourbon, frère naturel du roi...

Le lendemain, Henri IV arriva à son tour et ouvrit l'assemblée des notables par quelques mots d'esprit, avant d'exposer ses difficultés. Gabrielle, qui était particulièrement intéressée par la réussite de cet « emprunt national », l'écoutait, dissimulée derrière une tapisserie.

Hélas! les députés, eux, firent la sourde oreille, et Henri IV dut connaître l'humiliante nécessité de s'adresser à la reine d'Angleterre, qui lui prêta deux cent mille écus, et à la Hollande, qui lui consentit une avance de quatre cent cinquante mille florins.

A Rouen, au milieu de ses soucis, une grande joie devait tout de même échoir au bon roi Henri : c'est là que Gabrielle donna le jour à leur deuxième enfant : une fille qu'on prénomma Catherine-Henriette.

***

Au début de février 1597, la cour quitta la Normandie et rentra à Paris où le roi se mit sans plus tarder à dépenser l'argent qu'on lui avait prêté, en organisant des bals somptueux pour distraire sa maîtresse.

On le vit même un certain jour de février pousser l'inconscience jusqu'à faire une mascarade et à visiter toutes les maisons où l'on donnait un divertissement. Gabrielle, qui était pendue à son bras, « le démasquait et le baisait partout où il entrait », nous dit un chroniqueur.

C'est au cours d'une de ces fêtes, un soir de mars, alors que princes, seigneurs et gentilhommes lutinaient les dames avec une belle impudeur, qu'on vint lui apprendre la prise d'Amiens par les Espagnols.

La nouvelle le stupéfia.

Après un an passé à « rire et à baller », le roi se trouvait brusquement au bord de l'abîme. Paris, en effet, risquait d'être attaqué par l'ennemi et pris à son tour...

Bouleversé, extrêmement pâle, le Béarnais pensa à haute voix :

— C'est assez fait le roi de France, dit-il, il est temps de faire le roi de Navarre!

Puis il se tourna vers Gabrielle qui pleurait :

— Ma maîtresse, il faut quitter nos armes et monter à cheval pour faire une autre guerre.

Les invités se retirèrent dans le plus grand désarroi et la favorite, se sentant peut-être indirectement responsable de cette seconde défaite, réunit à la hâte tout l'argent qu'elle put se procurer, environ cinquante mille livres, et le remit au roi. Après quoi, elle se fit préparer une litière et quitta Paris dès l'aube avec les premières troupes qui marchaient sur Amiens.

Ce départ ressemblait à une fuite, et c'en était une d'ailleurs. Connaissant les sentiments des Parisiens à son égard, la favorite ne voulait pas rester seule dans la capitale en l'absence du roi. Elle préférait partager la vie des soldats qui allaient mettre le siège devant la cité prise par les Espagnols.

Henri IV la suivit de près et, le 28 mars, ils étaient tous deux sous les murs d'Amiens.

Vingt mille hommes se trouvaient déjà à pied d'œuvre dans un immense camp, tout hérissé d'enseignes et d'oriflammes claquant au vent. Gabrielle fit planter sa tente de cuir non loin de celle du roi et commença à donner son avis sur les opérations militaires, ce qui ne tarda pas à créer une grande confusion.

La présence de la favorite amusait d'ailleurs les soldats qui composaient entre eux des chansons ordurières et ne se cachaient pas pour dire que leur camp était devenu un bordeau... Cette grosse plaisanterie avait le don de faire rire le roi...

— Il faut bien qu'ils s'occupent, disait-il.

En effet, les Espagnols qui possédaient des ressources considérables se gardaient bien de sortir et les Français, qui manquaient d'artillerie, ne pouvaient attaquer. Chacun restait donc sur ses positions. Bientôt, d'astucieux commerçants, comprenant que le siège serait long, vinrent installer des petites boutiques volantes pour offrir quelques distractions aux militaires. « Il n'y avait jusqu'aux cabarets, tavernes et cuisines de Paris, dit Legrain, qui ne fussent transportés aux tentes de l'armée et marqués de la même enseigne qu'ils avaient dans la capitale. En sorte qu'on disait que c'était une seconde ville de Paris nouvellement bâtie devant Amiens. »

Ce camp étonnant eut rapidement l'aspect d'une immense foire et les gens des environs accoururent en foule pour le visiter. Des bandes de filles venaient s'y amuser avec les soldats, et les Espagnols, stupéfaits, se demandaient, du haut de leurs murailles, en l'honneur de qui avait lieu cette kermesse.

Il vint même des dames et des gentilshommes de Paris, ravis de connaître l'atmosphère d'un siège. Gabrielle d'Estrées, jouant les maîtresses de maison, leur faisait visiter les différents quartiers, leur expliquait le fonctionnement des canons et les initiait avec esprit aux travaux exécutés par les sapeurs. Après quoi, elle invitait à dîner sous sa tente les visiteurs de marque et l'on mondanisait...

On ne s'étonnera pas, dans ces conditions, que le siège ait duré plus de six mois. C'est, en effet, le 19 septembre seulement que la garnison espagnole, épuisée, démoralisée, accepta de se rendre.

Aussitôt, Gabrielle retourna à Paris pour préparer le retour triomphal du roi. La favorite pouvait être satisfaite, les événements l'avaient servie : au cours d'un engagement, le grand maître de l'artillerie ayant été tué, elle avait obtenu que son père, Antoine d'Estrées, reçût la charge importante et lucrative que laissait le défunt (1); en outre, s'étant acheté pour cent vingt mille écus le comté de Beaufort, elle avait vu avec joie le roi ériger, un soir de victoire, cette terre en duché pairie. Elle était donc maintenant duchesse...

Sa joie fut de courte durée. En arrivant à Paris, elle apprit qu'on l'appelait « duchesse d'ordure »...

Ce qui la désappointa.

Mais ni les railleries ni les insultes ne pouvaient freiner son ambition. Dès que les combats en Picardie furent terminés, elle attira l'attention du roi sur la Bretagne, tenue par le dernier rebelle du royaume, le duc de Mercœur.

— Il faut aller à Angers et négocier une paix honorable, dit-elle.

Au début de 1598, Henri IV partit pour la Bretagne accompagné d'une armée et de Gabrielle qui se trouvait de nouveau enceinte...

La favorite se préoccupait-elle donc enfin de la France? Non. Elle désirait simplement marier son fils César avec Françoise, fille unique du duc de Mercœur et l'une des plus riches héritières du royaume...

A Angers, elle dirigea elle-même les négociations et obtint ce qu'elle désirait « avec une habileté dont beaucoup ne la jugeaient pas capable ».

Le contrat de mariage des deux enfants fut signé le 5 avril. Aussitôt, la duchesse de Beaufort se rendit à Nantes pour prendre possession du gouvernement de Bretagne dont le duc de Mercœur s'était démis en faveur de César... Elle exultait. Pourtant, sa joie était ternie par les attaques venimeuses des protestants qui la détestaient, l'accusaient ouvertement de s'enrichir aux dépens de l'État et demandaient sa disgrâce immédiate. C'est alors que pour les amadouer elle poussa le

(1) DREUX DU RADIER dit : « Henry avait destiné cette charge à Sully; mais l'amour l'emporta sur l'amitié. » *Op. cit.*

roi à signer, le 13 avril, le fameux Édit de Nantes qui mettait fin à la guerre religieuse (1).

Une fois de plus, sa ruse lui faisait gagner la partie...

***

Gabrielle avait une bonne nature : dès que les signatures furent sèches au bas du pacte qui mettait fin aux guerres religieuses en France, elle rentra dans sa chambre, fit appeler le roi... et accoucha d'un gros garçon.

Son premier fils avait été baptisé César : celui-ci reçut le prénom d'Alexandre et le titre de *Monsieur*, comme un enfant de France.

Henri IV, une fois de plus, fut ravi. Prenant ses familiers par le bras, il s'exclamait en riant :

— Voilà qui me change de la reine Marguerite, qui était stérile comme un radis creux...

Plaisanterie peu galante et même un tantinet triviale qui témoignait, en fait, de l'amertume profonde du souverain. Car, plus que ses infidélités, c'est son infécondité qu'il reprochait à la reine Margot. L'avenir de la dynastie le préoccupait. Après sa mort, les Ligueurs s'opposeraient certainement au couronnement de César, malgré Mayenne (2), et soutiendraient les prétentions du jeune prince de Condé. Des troubles graves, une guerre civile peut-être s'ensuivraient...

Pour éviter ces malheurs à la France, Henri devait obtenir du pape l'annulation de son mariage et l'autorisation d'épouser au plus tôt Gabrielle.

Ayant pris la décision d'écrire à Rome, le Béarnais se sentit

(1) DESCLOZEAUX : « A cet Édit s'attache aussi le nom de Gabrielle qui travailla avec une habileté et un succès dignes d'une si bonne cause d'abord à modérer les injustes exigences des uns et des autres, ensuite à gagner les conseillers du roi aux concessions nécessaires, enfin à obtenir l'adhésion de la magistrature. » *Op cit.*

(2) En 1595, Mayenne s'était réconcilié avec le roi grâce à Gabrielle, qui, en échange, avait demandé au duc « la promesse de se déclarer, lui et les siens, en faveur de ses enfants et de leur mettre, après la mort de Henri IV, la couronne sur la tête à l'exclusion de tous les princes du sang. » (Cf. DE THOU, *Histoire du règne de Henri IV*.)

de meilleure humeur et, tout content à l'idée de ses noces prochaines, il alla passer la nuit avec Mlle des Fossés, une charmante blondinette qui lui voulait du bien.

Le lendemain, il convoqua Sully qui nous raconte en détail leur entrevue. Après quelques considérations sur la politique, le roi aborda, sans avoir l'air d'y toucher, le sujet qui lui tenait à cœur :

— Aux présentes difficultés, il semble impossible d'apporter des remèdes certains, dit-il, si je ne me dispose à donner des enfants venant de moi à la France, comme c'est chose que j'ai toujours désirée, et de laquelle j'ai pris bonne espérance, depuis que l'archevêque d'Urbin m'a donné avis que le pape facilitera mon démariage. De sorte que, pour l'accomplissement de ce dessein, il ne me restera plus qu'à voir s'il y aura moyen de trouver une femme assez bien conditionnée.

Le ministre fut intrigué par ce préambule, et se caressa la barbe avec nervosité.

— Si on l'obtenait par souhait, reprit le roi, je voudrais trouver en celle-là sept qualités principales, à savoir : beauté en la personne, pudicité en la vie, complaisances en l'humeur, mobilité en esprit, éminence en extraction, fécondité en génération et grands États en possession. Mais je crois que telle femme n'est jamais née, ni prête à naître. Partant, voyons un peu ensemble quelle fille ou femme, dont nous avons ouï parler, serait à désirer pour moi, soit dedans, soit dehors le royaume.

Sully commença à voir où le roi voulait en venir; mais il ne dit rien.

— Je vous dirais pour le dehors, poursuivit Henri IV, qu'à l'Infante d'Espagne, quelque vieille et laide qu'elle soit, je m'accommoderais assez, pourvu qu'avec elle j'épousasse aussi les Pays-Bas. Mais le roi Philippe est bien éloigné de ce dessein. Je ne refuserais pas non plus la princesse Arabella d'Angleterre, pourvu qu'elle eût été déclarée héritière présomptive.

» L'on m'a parlé aussi de certaines princesses d'Allemagne. Mais les femmes de ce pays ne me reviennent nullement. Et, si j'en épousais une, je croirais toujours avoir un tonneau dans mon lit. Le duc de Florence a aussi une nièce, Marie, rose et blonde, que l'on dit assez belle (1) mais de la même race que la reine Catherine, laquelle a causé tant de maux à la France et à moi-même; partant, j'appréhende fort cette alliance que d'aucuns me conseillent. Voilà pour les étrangères.

» Quant à celles du royaume, vous avez ma nièce de Guise, belle, de grande taille et d'apparence d'avoir de beaux enfants, laquelle me plairait fort, nonobstant de petits bruits que certains font courir sur son compte, car, pour mon goût, j'aimerais mieux une femme qui fît un peu l'amour qu'une qui eût mauvaise tête. Mais j'appréhende la trop grande passion qu'elle témoigne pour ses frères de Lorraine.

Cette fois, Sully, un peu agacé, prit la parole :

— Hé! quoi donc, Sire? De tant d'affirmatives et de négatives, je ne saurais conclure autre chose sinon que vous désirez bien être marié, mais que vous ne trouvez point de femme sur la terre qui vous convienne. A ce compte, faudrait-il implorer l'aide du ciel, afin qu'il fît rajeunir la reine d'Angleterre ou ressusciter Marguerite des Flandres, Anne de Bretagne ou Marie Stuart?

» Pour mon opinion, ni biens, ni royale extraction ne vous sont absolument nécessaires. Ayez seulement une femme que vous puissiez aimer et qui vous fasse des fils, pour que tous les bons Français se réjouissent et les aiment de tout leur cœur.

Henri IV crut que Sully approuvait son choix et dit en souriant :

— Si vous concluez principalement à ces trois conditions que la femme soit belle, d'humeur complaisante et qu'elle me fasse des fils, songez un peu vous-même si vous n'en sauriez pas connaître quelqu'une en qui tout cela se fût rencontré?

Le ministre fit semblant de chercher et secoua la tête.

— Or sus, que diriez-vous si je vous la nommais?

— Nommez-la donc, Sire, répondit Sully, car pour moi j'avoue que je n'ai pas assez d'esprit pour cela.

— Oh! la fine bête que vous êtes! s'écria le roi en éclatant de rire. Mais je vois bien où vous voulez en venir en faisant ainsi le niais et l'ignorant, c'est en l'intention de me la faire nommer. Or donc, le ferai-je : car vous me confesserez que

(1) Marie de Médicis, future épouse de Henri IV...

toutes ces trois conditions peuvent être trouvées en ma chère maîtresse, la duchesse de Beaufort.

Sully fronça les sourcils. Aussitôt le Béarnais, avec sa souplesse habituelle, fit machine arrière.

— Non que pour cela je veuille dire que j'aie songé à l'épouser, se hâta-t-il d'ajouter, mais seulement pour savoir ce que vous en diriez si, faute d'autre femme, cela me venait quelque jour en fantaisie, vous ordonnant de m'en parler librement, puisque je vous ai choisi pour me dire mes vérités en particulier.

Le surintendant des finances garda un moment le silence, puis gravement, lentement, il donna son opinion :

— Vous rendant obéissance, Sire, je vous dirai qu'outre le blâme général que vous pourriez encourir, et la honte qu'un repentir vous apportera lorsque les bouillons d'amour seront attiédis, je ne puis imaginer nul expédient plus propre à développer les intrigues, embarras et prétentions qui surviendront à cause de vos enfants, nés de si diverses manières et avec des formes tant irrégulières. Pour le premier d'iceulx, on ne saurait nier qu'il soit né d'un double adultère. Le second fils que vous avez à présent se croira plus avantagé à cause que ce ne sera plus que sous un simple adultère. Et ceux qui viendront après, lorsque vous serez marié, ne faudront de prétendre qu'eux seuls doivent être estimés légitimes. A toutes ces difficultés je vous laisserai penser à loisir avant de vous en dire davantage.

Ce n'était pas du tout la réponse à laquelle s'attendait le roi. Il se leva et dit seulement :

— Ce ne sera pas trop mal fait, car vous en avez assez dit pour la première fois.

Sans rien ajouter, Sully quitta la pièce, laissant Henri IV de fort méchante humeur (1).

***

Quelques jours plus tard, le roi, revenant de la chasse vêtu très simplement, et n'ayant avec lui que deux ou trois

(1) Cf. SULLY, *op. cit.*

gentilshommes, passa la Seine au quai Malaquais. Voyant que le batelier ne le reconnaissait pas, il lui demanda ce qu'on disait de la paix de Vervins qui venait d'être signée avec les Espagnols.

— Ma foi, je ne sais pas ce que c'est que cette belle paix, dit le brave homme, mais il y a des impôts sur tout, et jusque sur ce misérable bateau avec lequel j'ai bien de la peine à vivre.

— Et le roi, dit Henri IV, ne compte-t-il pas mettre ordre à tous ces impôts-là?

— Le roi est un bon homme, reprit le batelier; mais il a une putain à laquelle il faut tant de belles robes et tant d'affiquets que cela ne finit point; et c'est nous qui payons cela. Passe encore si elle n'était qu'à lui, mais on dit qu'elle se fait caresser par bien d'autres...

Une fois de plus ce n'était pas ce que le roi espérait entendre...

Il eut pourtant l'esprit d'en rire; mais le lendemain il envoya chercher le batelier et lui fit répéter devant Gabrielle tout ce qu'il avait dit la veille.

Le malheureux, rouge de confusion, dut s'exécuter. En entendant certain mot, la favorite entra dans une violente colère.

— Il faut le faire pendre! cria-t-elle.

— Attendez, dit le roi, ce n'est pas tout. La fin est la meilleure.

Les dernières phrases, bredouillées par le batelier, mirent Gabrielle dans un état voisin de l'hystérie. « Les yeux, qu'elle avait fort beaux, lui sortaient littéralement de la tête et perdaient ainsi, nous dit un contemporain, beaucoup de leur charme habituel. » Le roi voulut la calmer :

— Il s'agit d'un pauvre diable que la misère met de mauvaise humeur. Je ne veux plus qu'il paye pour son bateau; et je suis sûr qu'il chantera tous les jours : *Vive Henri! Vive Gabrielle!* (1).

Furieuse, la duchesse de Beaufort se retira dans sa chambre et le batelier rentra chez lui complètement éberlué; mais le roi

(1) PIERRE DE L'ESTOILE, *op. cit.*

se souvint de la leçon et, le soir même, il demandait à Sully de ne pas ébruiter ses projets matrimoniaux...

***

Cette précaution était un peu tardive, car toute la cour connaissait déjà les intentions de Henri IV par Gabrielle, qui ne pouvait s'empêcher de parler « du jour où elle serait reine ». Pourtant, en cette fin de mai 1598, le mariage du roi n'était pas, au Louvre, le principal sujet de conversation. On ne s'entretenait, en effet, que d'une aventure burlesque qui venait d'arriver à une dame de compagnie, la charmante Mme de Vitry. Un soir, cette jeune femme, qu'embrasait un grand feu intérieur, avait, en l'absence de son mari, attiré plusieurs gardes dans sa chambre pour une de ces petites réunions intimes qui apportent généralement beaucoup d'apaisement aux dames ardentes.

Or, au moment où tout ce monde était très occupé, un bruit de pas résonna dans le couloir et Mme de Vitry, épouvantée, murmura :

— Mon mari!

C'était, en effet, le chevalier de Vitry qui rentrait plus tôt que prévu.

Aussitôt, les gardes cachèrent tous leurs vêtements dans un coffre et se glissèrent entièrement nus sous le lit.

Il était temps, le mari entrait. Après avoir embrassé sa femme, il se coucha et se montra « galant compagnon ». Soudain, dans la chambre, éclata un énorme éternuement, bientôt suivi d'un second, d'un troisième, d'un quatrième et d'un cinquième...

C'étaient les cinq gardes qui s'enrhumaient.

Fort intrigué, M. de Vitry regarda sous le lit, découvrit les amants de sa femme et tout se termina dans un grand bruit de dispute, de coups, de larmes et de reniflements.

Depuis, on n'appela plus Mme de Vitry que Mme des Cinq-Gardes...

XIV

QUI A EMPOISONNÉ GABRIELLE D'ESTRÉES?

La favorite embarrassait tout le monde — même le Saint-Siège.

LÉONCE PERRET

Pendant tout le printemps de 1598, Henri IV eut l'âme d'un collégien. Délaissant les affaires de l'État, il se promenait en rêvant dans la forêt de Fontainebleau et dessinait un peu partout ce monogramme :  (un S coupé d'un trait) qui était censé représenter sous forme de rébus le nom de la favorite (1), après quoi il rentrait dans son cabinet, pour y travailler à une chanson d'amour qu'il composait dans le goût du temps.

Lorsqu'elle fut terminée, il s'en montra satisfait et l'envoya à sa « fiancée », avec un petit mot : *Ces vers vous représenteront mieux ma condition et plus agréablement que ne le ferait la prose. Je les ai dictés, non arrangés.*

Il s'agissait de « Charmante Gabrielle », chanson à la fois mièvre et solennelle, qui devait avoir, pour des raisons incompréhensibles, un extraordinaire succès pendant près de trois cents ans... (2).

(1) Il est vrai que Henri IV, en bon Méridional, ne faisait pas la différence entre le son *é* et le son AIT. Il devait lire *S-trait* : Estrees. (Signalons que ce rébus figurent toujours sur les lambris du château de Fontainebleau.)

(2) Pour composer cette chanson, Henri IV se serait fait aider par un poete de la Cour. Bertaud, peut-être...

En voici un extrait :

Charmante Gabrielle,
Percé de mille dards,
Quand la gloire m'appelle
Sous les drapeaux de Mars,

Cruelle départie,
Malheureux jour !
Que ne suis-je sans vie
Ou sans amour !

L'amour sans nulle peine
M'a, par vos doux regards,
Comme un grand capitaine,
Mis sous vos étendards.
Cruelle départie... (etc.)

Je n'ai pu dans la guerre
Qu'un royaume gagner ;
Mais sur toute la terre
Vos yeux doivent régner.
Cruelle départie... (etc.)

Le dernier couplet contenait une allusion très claire au mariage projeté :

Partagez ma couronne,
Le prix de ma valeur ;
Je la tiens de Bellone,
Tenez-la de mon cœur.
Cruelle départie... (etc.) (1).

En recevant ces vers, la duchesse de Beaufort comprit qu'elle touchait enfin au but. Le roi lui avait bien souvent promis de l'épouser, mais jamais encore il n'avait exprimé aussi clairement son intention de la faire monter sur le trône. Elle en fut bouleversée au point que « son maintien ordinaire

(1) On peut s'étonner qu'après sept ans de liaison Henri IV s'exprimât avec ce lyrisme de soupirant. C'est, nous dit joliment Dupleix, « que les appas de la dame étaient si puissants et si attrayants que sa passion amoureuse croissait avec la jouissance de son objet »...

changea ». A partir de ce jour, elle ne se déplaça plus que lentement, le buste raide, les traits figés et la tête aussi droite que si elle eût déjà supporté le poids d'une lourde couronne.

Oui, elle était presque reine et l'Europe entière le sut bientôt. Les dames de la cour lui rendirent les honneurs dus à une souveraine, les gentilshommes baisèrent le bas de sa robe, elle reçut les ambassadeurs et assista aux conseils privés du roi où, comme partout, elle sut montrer une aimable autorité. Ces réunions, au cours desquelles se décidait l'avenir du pays, ne l'intimidaient nullement. Elle y prenait la parole, discutait des impôts ou de l'attribution d'une charge militaire, sans cesser d'être coquette. Parfois, nous dit Pierre de L'Estoile, elle se penchait vers le roi et lui tendait ses lèvres...

Ce qui choquait les membres de l'assemblée, mais donnait aux débats un ton bien agréable...

***

La puissance de la duchesse de Beaufort fut dès lors immense, incalculable. Source et dispensatrice de toutes les faveurs, elle agissait en maîtresse absolue, au grand déplaisir des familiers du roi qui songeaient avec angoisse au moment où elle serait vraiment la reine. Henri IV, il est vrai, se montrait fort maladroit. Non seulement, nous dit Cheverny dans ses *Mémoires,* « il ne faisait plus aucune grâce, il ne donnait aucune charge ni aucun gouvernement, si ce n'est à la prière de la duchesse, mais encore il voulait qu'on la remerciât des faveurs qu'il accordait et que ce fût à elle qu'on en reportât la reconnaissance... »

***

Presque reine, Gabrielle se trouvait à tous points de vue sur les marches du trône. Elle n'habitait pas encore au Louvre, bien que le roi eût mis à sa disposition un grand appartement, mais elle avait quitté l'hôtel du Bouchage pour venir s'installer dans une maison sise rue Fromenteau, toute proche du palais, et un couloir secret, gardé jour et nuit par quatre gardes, permettait à Henri IV d'aller, quand il le voulait, passer quelques savoureux instants chez sa maîtresse. L'ardeur du roi était toujours aussi grande, en effet, et un chroniqueur nous dit « que le désir d'amour l'obligeait parfois à interrompre pour une demi-heure des entretiens très importants ».

Pourtant, si l'on en croit la rumeur publique du temps, cette virilité n'était pas suffisante pour apaiser les sens exigeants de Gabrielle que l'on accusait d'avoir des bontés pour Claude Vallon, son écuyer, et le quatrain suivant circulait ouvertement dans la capitale :

MADAME LA MARQUISE A SA TANTE

Mon Dieu! que j'ai eu peur — n'en dites rien, ma tante, —
Que le roi n'aperçût Vallon dessus mon lit.
Puisque lui seul (1) *ne fait que m'ouvrir l'appétit,*
Il me faut bien chercher ailleurs qui me contente (2).

Ces pasquins ne troublaient pas le roi qui, depuis le mariage de M. de Bellegarde, seul rival à ses yeux, avait une confiance aveugle en la fidélité de la favorite. Rome lui causait bien d'autres soucis. Depuis des mois, et malgré l'action sournoise de cardinaux amis de la France, Clément VIII refusait de prononcer l'annulation du mariage royal.

Le Saint-Père, parfaitement renseigné par Alexandre de Médicis, cardinal de Florence (3), son légat à Paris, savait que Henri IV voulait épouser Gabrielle, et ce projet lui déplaisait. Il pensait, avec quelque raison, que le comportement du roi de France laissait un peu à désirer et se refusait à s'associer au scandale en permettant à la concubine de prendre la place de l'épouse légitime. Il faut dire que le cardinal de Florence ne faisait rien pour rendre la favorite sympathique au pape. Au contraire. Il écrivait par exemple : *On dit qu'elle accapare tout l'argent du roi, qui devrait servir à d'autres fins, qu'elle vend la justice et que c'est par sa faute que le roi n'a point de succession légitime!* ou encore : *La Gabrielle s'est vengée et continue à se venger en empêchant les réformes et en soutenant*

(1) Le roi.

(2) On accusa également la favorite d'être la maîtresse du duc de Mayenne et du comte de Soissons.

(3) Futur pape Léon XI.

certains personnages afin qu'on n'examine pas leurs comptes, etc.

Le fait que la morale chrétienne se trouvât bafouée à la cour de France ne motivait pas entièrement l'hostilité du saint prêtre à l'égard de Gabrielle. Il ne la motivait même pas du tout. Le légat avait d'autres raisons plus personnelles de décrier la favorite; depuis longtemps, il désirait faire épouser à Henri IV sa cousine Marie de Médicis...

Cette adolescente de dix-sept ans était une charmante orpheline au menton un peu lourd que son oncle Ferdinand de Médicis, grand-duc de Toscane, avait recueillie et considérait comme sa fille.

Depuis quelque temps, de nombreux agents secrets, envoyés en France par Ferdinand, étaient chargés de vanter les qualités de la jeune Florentine et de créer ainsi un mouvement d'opinion en sa faveur.

Ces personnages, bien entendu, faisaient surveiller étroitement Gabrielle et payaient tous ceux qui pouvaient leur apporter des renseignements croustillants sur sa conduite. L'un d'eux, Bonciani, put ainsi envoyer en Toscane la lettre suivante : *On parle actuellement d'une chose de très grande importance quant au dévergondage de Mme de Montceaux : à savoir qu'un serviteur du roi, qui a épousé une femme de chambre de cette dame, dernièrement, lorsque Sa Majesté alla à Fontainebleau, lui a dit qu'étant son serviteur et vassal il se trouvait plus obligé envers Sa Majesté qu'envers Mme de Montceaux. Pour cette raison, il lui affirmait donc, comme chose absolument certaine pour la tenir de sa femme, que ni le fils, ni la fille que Sa Majesté croyait être siens n'étaient en réalité de lui, et que sa dite femme avait été contrainte par Mme de Montceaux d'introduire parfois dans sa chambre deux hommes dans la même nuit. Sa Majesté s'en ouvrit immédiatement à Mme de Montceaux qui, à cette nouvelle, s'évanouit. Elle nia ensuite de la façon la plus formelle les faits et elle insista pour qu'on recherchât la vérité. Mais celui qui a fait ces révélations, et qui a été mis en prison, les maintient avec une telle obstination qu'il s'offre à les prouver, même sur sa tête. Parce que cela est assez conforme à ce qu'on pense de la conduite* (1),

(1) De la favorite.

l'opinion du cardinal (1) *est que le roi arrivera finalement à ouvrir les yeux et à se résoudre à se marier pour son bien et pour le repos de son royaume.*

La cour était devenue un nid d'intrigues...

***

Alors que les Florentins essayaient, par tous les moyens, de barrer la route du trône à Gabrielle, Henri IV, qui souffrait d'un ennui vénérien que lui avait laissé l'abbesse de Longchamp, tomba malade à Montceaux (2).

Malgré les soins que lui donna la favorite bouleversée, il fut pris un soir d'une syncope qui le laissa « deux heures sans parler ni mouvoir ». Des médecins, des ministres, des gentilshommes accoururent aussitôt à son chevet en montrant un tel affolement que le peuple s'imagina que le roi était mort.

Huit jours plus tard, il allait mieux; mais un rapport de Paris lui apprenait qu'au bruit de son décès les ducs de Montpensier, de Joyeuse et d'Épernon s'étaient réunis dans le but de former un conseil de Régence et d'écarter du trône le fils de Gabrielle.

Les difficultés dans lesquelles il risquait de laisser la France un jour lui apparurent alors, et il demeura perplexe.

Est-ce dès cet instant qu'il commença à moins désirer son mariage avec Gabrielle? C'est possible. En tout cas, sans rien changer dans son attitude à l'égard de la favorite, il entra peu de temps après en pourparlers avec la famille de Marie de Médicis...

La duchesse de Beaufort, loin d'imaginer une telle trahison, rayonnait de bonheur depuis que son amant était guéri. Elle le cajolait, l'embrassait, le caressait, et lui demandait quand il se déciderait à annoncer officiellement leur mariage.

— Bientôt, bientôt, disait Henri IV, lorsque les circonstances le permettront.

Fin décembre on baptisa Alexandre, ce qui donna lieu à des

(1) De Florence.

(2) « C'est l'abbesse Catherine de Verdun qui lui avait laissé ce fâcheux *souvenez-vous de moi.* » BASSOMPIERRE, *op. cit.*

fêtes extraordinaires dont le prix s'éleva à plus de cent mille écus. Sully, en voyant sur la note « pour les frais du baptême d'Alexandre Monsieur comme Enfant de France », se permit de murmurer d'un ton bourru :

— Il n'y a pas d'enfant de France!

Piquée, Gabrielle alla se plaindre au roi qui, pour la première fois, prit la défense de son ministre et répondit sèchement :

— Je vous déclare que si j'étais réduit à cette nécessité que de choisir à perdre l'un ou l'autre, je me passerais mieux de dix maîtresses comme vous que d'un serviteur comme lui!

Après cette scène, qui se termina par un baiser de paix, Gabrielle rentra chez elle folle d'inquiétude. Voulait-il toujours l'épouser? Serait-elle reine?

Rendue nerveuse par une quatrième grossesse, elle alla, dès le lendemain, consulter des devins réputés. Leurs prédictions l'anéantirent. L'un d'eux lui dit qu'elle ne se remarierait jamais, un autre qu'un enfant lui ferait perdre toute espérance, et un troisième qu'elle mourrait jeune et ne verrait pas le prochain jour de Pâques.

Très alarmée, elle courut retrouver le roi qui la rassura en riant.

Une fois de plus, elle le supplia de presser Rome et de l'épouser rapidement.

Une fois de plus, Henri IV promit.

Enfin, poussé, harcelé, le 2 mars 1599, alors qu'il venait de demander au grand-duc de Toscane un portrait de Marie de Médicis, il annonça officiellement à la cour qu'il avait l'intention de se marier avec la duchesse de Beaufort (1). En gage de sa promesse, il lui passa au doigt la bague qu'on lui avait donnée le jour de son sacre.

Inondée de joie, la favorite commença aussitôt à faire exécuter sa robe de mariée.

(1) La duplicité de Henri IV a été récemment démontrée par M. Jacques Bolle, qui a fouillé les archives des Médicis : Cf. son ouvrage *Pourquoi tuer Gabrielle d'Estrées?* Cet auteur cite entre autres une lettre du chanoine Bonciani au grand-duc de Toscane, *datée du 9 mars*, d'où il ressort que le roi a demandé à l'ambassadeur florentin s'il comptait rester en France *après son mariage avec la princesse Marie de Médicis*...

***

Un mois plus tard, elle était à Fontainebleau, heureuse d'être libérée de tous ses sombres pressentiments. Détendue, souriante, elle entraînait Henri IV dans les jardins où fleurissaient les premières violettes. Ils se promenaient bras dessus, bras dessous, s'embrassaient au pied des arbres et rentraient au château en riant. Or on approchait de Pâques, et le père Benoît, confesseur du roi, qui trouvait inconvenant que les amants vécussent ensemble pendant la semaine sainte, alla un matin les retrouver dans le parc.

— La duchesse de Beaufort ne doit pas rester ici, dit-il, car cela risquerait de causer un scandale qui vous serait, Sire, préjudiciable. Elle doit rentrer à Paris, où elle en profitera pour faire seule une retraite fervente afin d'édifier le peuple sur ses sentiments religieux.

Henri IV et Gabrielle se regardèrent, consternés. Le conseil du prêtre était sage, ils ne songeaient ni l'un ni l'autre à le contester; mais ils étaient pris soudain d'angoisse.

— Rentrons, dit la favorite simplement.

Le lendemain, en pleurant, elle alla prendre le coche d'eau à Melun. Le roi l'accompagnait.

— Je suis sûre que nous ne nous verrons plus jamais, lui dit-elle.

Henri IV, très ému, regarda le bateau s'éloigner, puis il rentra à Fontainebleau les yeux pleins de larmes.

A quatre heures du soir, Gabrielle débarquait quai de l'Arsenal. Des amis l'attendaient, qui la conduisirent chez un ami du roi, (en son ex-amant) le financier florentin Zamet, où elle dîna. Le repas fut exquis; pourtant un fruit qu'elle prit au dessert lui laissa un arrière-goût amer, et c'est avec « le feu au gosier » et des « tranchées à l'estomac » qu'elle monta se coucher.

Le surlendemain, tout Paris se répétait avec stupeur que la favorite était mourante...

***

Que s'était-il passé?

Gabrielle, après une nuit fort agitée, avait quitté, le

mercredi matin, la maison de Zamet pour se rendre à l'église du Petit-Saint-Antoine où elle s'était confessée, car elle voulait faire ses pâques le Jeudi saint. Le soir, elle avait assisté à l'office des Ténèbres en compagnie de la princesse de Lorraine, puis elle était rentrée se coucher chez Zamet où, brusquement, elle avait été prise de convulsions.

Dès qu'elle s'était sentie un peu mieux, elle avait supplié son entourage de la faire porter chez sa tante.

— Je ne veux pas rester un instant de plus chez Zamet! s'était-elle écriée.

On l'avait donc transportée chez Mme de Sourdis, où elle s'était plainte de violents maux de tête. Le lendemain, pourtant, elle avait tenu à se rendre à Saint-Germain-l'Auxerrois pour y communier, puis elle était rentrée se coucher en chancelant, et de nouvelles convulsions avaient tordu son corps pendant plus d'une heure.

Depuis, elle étouffait, les yeux exorbités, le visage rendu hideux par la souffrance.

De temps en temps, elle réclamait le roi. Elle avait eu la force de lui griffonner une lettre entre deux crises et se désolait à la pensée que Fontainebleau était à quinze lieues de Paris.

— Quand il arrivera, je serai morte, gémissait-elle.

Des convulsions de plus en plus terribles la secouèrent durant la nuit de jeudi à vendredi. Au matin, sa tête était tournée presque devant derrière et sa bouche, complètement tirée sur le côté gauche, « rejoignait l'épaule », ce qui n'était pas bon signe.

Naturellement, tout Paris suivait avec curiosité les phases de cette atroce agonie. De porte en porte, les bonnes gens se transmettaient les nouvelles que colportaient les domestiques de la duchesse, et y ajoutaient le plus souvent des commentaires peu charitables. En effet, les conversations se terminaient généralement par :

— Elle va donc enfin crever, cette putain-là!

Ce qui ne peut être tenu pour une gentillesse...

Au début de l'après-midi, on apprit que Gabrielle avait perdu la vue, l'ouïe « et les autres sens », et cette nouvelle plut...

Pressentant la fin, les Parisiens se rendirent en foule au

cloître Saint-Germain-l'Auxerrois avec l'espoir insensé d'entrer subrepticement dans la maison de Mme de Sourdis et d'assister à la mort de la favorite.

***

Pendant ce temps, Henri IV, accompagné d'une petite suite, galopait vers Paris. A Essonnes, il vit venir à sa rencontre trois cavaliers qui faisaient de grands signes. Il s'arrêta. C'étaient Ornano, Bassompierre et Pomponne de Bellièvre. Angoissé, il demanda :

— Quelles nouvelles?

Bassompierre baissa les yeux et dit :

— Sire, la duchesse est morte!

Le roi demeura un instant comme foudroyé et ses amis durent le conduire dans une abbaye voisine où il se coucha, « la bave aux lèvres ». Après être demeuré « aussi immobile qu'un saint de pierre », il rejeta tout à coup draps et couvertures et sauta sur le plancher en criant qu'il voulait aller au chevet de la morte pour la tenir encore une fois dans ses bras. Bassompierre et Ornano l'en dissuadèrent, disant que Gabrielle était affreusement défigurée par les tourments qu'elle avait endurés et qu'il valait mieux ne pas gâcher le souvenir qu'il avait d'elle.

Ces arguments frappèrent Henri IV qui retomba dans un profond abattement et finit par se laisser ramener à Fontainebleau, sans soupçonner, bien sûr, qu'à Paris sa bien-aimée respirait encore...

Qui donc avait eu l'idée de faire ce mensonge au roi? Un curieux personnage qui n'avait pas quitté le chevet de la favorite et qui s'appelait Fouquet la Varenne. C'était un ancien cuisinier devenu ambassadeur et homme de confiance de Henri IV.

Au début de l'après-midi, il était allé trouver Ornano et Bassompierre et leur avait dit que la duchesse était morte.

— Allez immédiatement au-devant de Sa Majesté, avait-il ajouté, annoncez-lui la nouvelle et faites en sorte qu'elle ne vienne pas à Paris.

Que craignait-il donc?

Avait-il peur que Gabrielle pût encore parler au roi et lui fît des révélations sur la maladie qui l'emportait?

On pourrait le croire. Car ce n'est pas sans une raison très grave qu'on empêche un homme d'embrasser une dernière fois la femme qu'il aime; surtout quand cet homme est le roi...

Quoi qu'il en soit, l'attitude de Fouquet la Varenne semble bien étrange. Mais nous verrons par la suite qu'il n'était pas le seul, en cette fin de semaine sainte de 1599, à se conduire bizarrement.

***

Dans le courant de l'après-midi, la foule qui stationnait devant l'hôtel de Mme de Sourdis s'aperçut tout à coup qu'un valet avait oublié de fermer la porte; aussitôt, les Parisiens envahirent les appartements, pénétrèrent dans la chambre où Gabrielle agonisait, seule, abandonnée de tous, et se bousculèrent autour du lit, cherchant à apercevoir la peau devenue noire et le visage déformé de celle qu'ils haïssaient. Certains ne se gênaient pas pour faire des réflexions grossières; d'autres dérobaient des bibelots. C'est ainsi que Mme de Martigues, qui avait réussi à se faufiler au premier rang, se pencha sur Gabrielle, lui prit les mains en pleurant, lui retira habilement ses bagues et les mêla à son chapelet...

A six heures du soir, on chassa tous les badauds et La Rivière, médecin du roi, vint examiner la duchesse. Il constata qu'elle était dans le coma, se releva aussitôt et murmura :

— *Hic est manus Domini* (1).

Puis il se retira.

A l'aube du Samedi saint, 10 avril 1599, ainsi que l'avait prédit le devin, Gabrielle d'Estrées, marquise de Montceaux, duchesse de Beaufort et maîtresse du roi de France, rendit l'esprit à quelques pas du Louvre où l'attendait la chambre des reines...

Elle avait vingt-six ans.

Or, à ce moment même, il se passait, à Rome, une scène étrange. Le pape Clément VIII qui, depuis quelques semaines,

(1) « Ici est la main de Dieu. »

hésitait à annuler le mariage du roi de France, dans la crainte que celui-ci n'épousât aussitôt sa maîtresse, sortit de sa chapelle privée et dit à ses familiers, avec un gros soupir de soulagement :

— Dieu y a pourvu!

Phrase singulière, on le reconnaîtra.

***

La mort de cette jeune femme rayonnante de santé était tellement inexplicable que le roi ordonna une autopsie qui eut lieu dans la soirée du samedi. Après avoir retiré « par pièces et lopins » l'enfant que portait Gabrielle, les médecins constatèrent qu'elle avait « le poumon et le foie gâtés, une pierre en pointe dans le rognon, le cerveau offensé », et conclurent à l'empoisonnement.

Le peuple, qui a souvent du flair en ces occasions, murmura aussitôt qu'il s'agissait d'un crime politique. A la cour, des diplomates et des conseillers, qui savaient combien le grand-duc de Toscane tenait à marier sa nièce au roi de France, partageaient cette opinion. Dans une lettre chiffrée adressée au duc de Ventadour, le président Vernhyes écrivait : « *Ses parents et serviteurs reconnaissaient dans sa mort un coup du ciel. Mais elle est soupçonnée de poison, principalement des siens... Les médecins disent qu'un citron qu'elle mangea chez Zamet lui fit mal...* »

La main de Dieu ou le poison? Il est bien difficile de se prononcer; mais il faut avouer que la disparition de Gabrielle arrangeait bien des gens : 1° Henri IV, qui regrettait de lui avoir promis le mariage; 2° Sully, qui ne voulait pas la voir monter sur le trône; 3° le pape, qui se trouvait délivré d'un problème embarrassant, et surtout 4° le grand-duc de Toscane à qui, un an auparavant, le chanoine Bonciani écrivait secrètement : « *Sans la duchesse, on traiterait du mariage de votre nièce avant quatre mois. Toujours s'accroît l'amour du roi pour sa dame; cela deviendra un mal incurable si Dieu n'y met sa Sainte Main...* »

Or cette main de Dieu, dont tout le monde parlait sur un ton hypocrite, n'aurait-elle pas été fortement aidée par une main humaine? On peut le supposer, je crois, sans trop de témérité. Dans ce cas, qui donc aurait empoisonné Gabrielle?

Zamet? Ce n'est pas impossible, car le financier florentin était en relation avec le grand-duc de Toscane qui n'avait pas hésité, quelques années auparavant, à faire empoisonner son neveu et sa nièce Bianca Capello.

Sully? Ce n'est pas impossible non plus. Sans doute était-il au courant du projet d'union avec Marie de Médicis; mais, connaissant la faiblesse et la versatilité de Henri IV, il savait qu'une nuit d'amour en compagnie de Gabrielle pouvait faire rompre les négociations avec Florence. Et il était prêt à tout pour empêcher la favorite d'être reine de France. Le 10 avril, il prononça d'ailleurs une phrase ambiguë : « Ma fille, dit-il à sa femme en souriant, *la corde a rompu, voilà le roi délivré de beaucoup de maux!* » Ce qui donna lieu à des commentaires perfides.

Fouquet la Varenne? C'est très possible aussi. Et l'on peut se demander si ce curieux personnage n'a pas essayé d'écarter les soupçons qui pouvaient peser sur lui, lorsqu'il a écrit à Sully, le 9 avril, « que la duchesse avait dîné chez Zamet et que son hôte l'avait traitée de viandes les plus friandes et délicates et qu'il savait être le plus selon son goût... », ajoutant : « *Ce que vous remarquerez avec votre prudence, car la mienne n'est pas assez excellente pour présumer des choses dont il ne m'est pas apparu...* »

Main de Dieu ou main d'un homme?

Les historiens, depuis trois cent cinquante ans, ne parviennent pas à se mettre d'accord (1).

***

Les obsèques de la duchesse de Beaufort eurent lieu le lundi de Pâques à Saint-Germain-l'Auxerrois, avec une grande pompe. Après l'absoute, Pierre Matthieu, ennemi juré de Gabrielle, prononça une oraison funèbre qui dut faire plaisir à bien des gens, mais dont il aurait pu se dispenser.

« La mort la prit, dit-il, au temps que celles qui veulent être

(1) Le Dr Cabanès conclut à la mort naturelle due à une éclampsie.

réputées belles après leur mort *doivent désirer de mourir avant le flétrissement de leur beauté.* Car, quand elles meurent vieilles et qu'il n'y a plus en la bouteille que la lie, on ne se souvient plus de ce qu'elles ont été, et il ne s'en parle que comme d'un flambeau qui tombe en cendres ou comme des fleurs qui, autant qu'elles étaient agréables, vives et droites sur la plante, *déplaisent et puent quand elles sont cueillies et décolorées.* »

Ce qui revenait à dire que la beauté de Gabrielle masquait une très haute pourriture...

Le peuple, on s'en doute, ne fut pas plus charitable et des épitaphes cruelles circulèrent pendant quelques jours. En voici un exemple :

Ci-gît le malheur de la France
Ci-gît le bordeau de la cour
Ci-gît la grand'réjouissance
Des filles et femmes d'amour.

Le lendemain, la bien-aimée du roi était enterrée à l'abbaye de Maubuisson pour le plus grand plaisir des bonnes gens... (1).

(1) Quelques jours plus tard, Henri IV, toujours facétieux offrit la robe nuptiale, préparée sur l'ordre de sa maîtresse, aux Oratoriens de Vendôme, pour qu'ils en fissent un ornement d'autel...

XV

LE ROI ÉPOUSE MARIE DE MÉDICIS POUR LIQUIDER LES DETTES DE LA FRANCE

La dot est la raison du mariage. L'amour en est le prétexte.

COMMERSON.

Après les obsèques de la duchesse de Beaufort, Henri IV retourna à Fontainebleau, prit le deuil en noir, ce qu'un roi n'avait jamais fait, et traça quelques phrases d'une main lasse à l'intention de sa sœur Catherine :

Mon affliction est aussi incomparable comme l'était le sujet qui me la donne, les regrets et les plaintes m'accompagneront jusqu'au tombeau... La racine de mon amour est morte, elle ne rejettera plus...

On était le 15 avril.

Le 16, des amis du Béarnais, ceux que Sully appelait « les porte-poulets et conseilleurs de débauches », navrés de voir leur souverain dans une telle tristesse, pensèrent qu'ils devaient essayer de lui changer les idées. Et, comme ils le connaissaient bien, ils lui parlèrent d'une ravissante jeune fille nommée Henriette d'Entragues qui habitait Malesherbes.

Le roi était plongé dans son chagrin. Il releva la tête et demanda d'une voix cassee :

— Comment est-elle?

Les autres expliquèrent qu'elle était blonde, gracieuse,

intelligente, cultivée, qu'elle avait les yeux bleus et la fesse attirante.

Une petite lueur s'alluma dans le regard du roi, qui demanda de nouvelles précisions. On lui apprit alors que la jeune personne était la fille de la fameuse Marie Touchet, l'ancienne maîtresse de Charles IX, et qu'elle semblait avoir hérité le tempérament ardent qui avait fait la fortune de sa mère.

Ces détails plurent à Henri IV. Les ayant entendus, il dîna de bon appétit, se montra enjoué et déclara à plusieurs reprises qu'il avait grande envie d'aller chasser du côté de Malesherbes.

Ainsi, six jours après la mort de Gabrielle, « la racine de l'amour » faisait déjà des efforts pour « rejeter »...

La perspective de connaître une belle fille avait transformé le roi en quelques instants; au point que la cour, pourtant habituée à ce genre de choses, en fut frappée et que, le lendemain, Nicolas Rapin, fils du poète, écrivit : *On met déjà Mlle d'Entragues sur le trottoir... Un clou chasse l'autre* (1).

A la fin du mois d'avril, alors que Sully poursuivait les pourparlers avec l'oncle de Marie de Médicis, Henri IV partit avec ses amis, auxquels s'était joint Bassompierre, pour chasser le lièvre près de Malesherbes.

« Mme d'Entragues, nous dit Sauval, ayant été avertie du dessein qu'on avait d'embarquer le roi avec une de ses filles, l'envoya prier de venir se reposer chez elle. » Henri IV, abandonnant la chasse, y courut aussitôt. Quand il vit Henriette, il imagina les bons moments qu'on pouvait passer avec elle, et montra une satisfaction qui fit plaisir aux parents.

Le soir même, il voulut pénétrer dans la chambre de la belle et lui montrer qu'à quarante-huit ans il était encore fougueux. Mais il trouva porte close. Henriette, à qui sa famille avait fait

(1) Tout le monde s'aperçut du changement survenu dans l'attitude du roi, et Contarini en avisa Rome dans ce style propre aux diplomates et aux ecclésiastiques : *Après l'extrême douleur que le roi a ressentie à la nouvelle de la mort de la duchesse de Beaufort, il commence maintenant, avec sa sagesse à éprouver cette consolation et ce soulagement d'esprit que très raisonnablement on attendait.*

la leçon, refusa d'ouvrir et le roi dut rentrer dans son lit, la tête basse...

Le lendemain matin, il était « tout soupirant d'un grand amour ». C'est ce que voulait Mme d'Entragues, qui rêvait de voir sa fille prendre la place de Gabrielle d'Estrées.

Plusieurs soirs de suite, Henri IV alla secouer, sans succès, la porte de la jeune fille. Enfin, déçu, amer et « le cœur gonflé de sentiments », il quitta Malesherbes et rentra à Fontainebleau.

Quinze jours plus tard, il revint, fit sa cour humblement et parvint à s'isoler un moment avec Henriette. La petite rouée, sans protester, se laissa prendre le bras, la taille et le tétin, puis, « comme piquée aux fesses », se sauva soudain avec des cris de vierge offensée, abandonnant le roi, « fort embarrassé de sa contenance... »

Le lendemain matin, Charles de Valois, demi-frère de la jeune fille (1), vint trouver Henri IV et, d'un ton désagréable, le pria, devant témoins, de cesser ses assiduités. Le roi le prit fort mal. Il injuria Charles, alla saluer ses hôtes et quitta Malesherbes.

Comme toutes ses émotions lui avaient échauffé le sang, il ne rentra pas à Fontainebleau, mais se dirigea vers Châteauneuf où habitait la maréchale de La Châtre, mère de deux jeunes filles ravissantes.

A peine arrivé, il se précipita sur l'aînée, l'accompagna jusque dans sa chambre et, sans lui laisser le temps de s'étonner, lui fit profiter des bonnes dispositions dans lesquelles Henriette le mettait depuis un mois.

Le lendemain il regagna Paris, sans se douter que Mme de La Châtre, émue, confuse et reconnaissante, commençait à faire, elle aussi, de beaux rêves pour sa fille...

***

Après quelques jours consacrés à la rancœur, Henri IV se réveilla un beau matin pris du désir fou de revoir Henriette.

Montant dans une litière, il se fit conduire à Marcoussis,

(1) C'était un bâtard que Marie Touchet avait eu de Charles IX.

près de Blois, où Mme d'Entragues et son mari feignaient de séquestrer leur fille depuis que Charles de Valois avait fait son esclandre.

On le reçut très fraîchement, mais, comme il fallait bien que l'intrigue avançât un peu, il fut tout de même autorisé à rencontrer Henriette en privé. Pendant deux heures, celle que Sully devait appeler « la pimbêche et rusée femelle » se laissa prier, supplier, implorer, puis finalement demanda cent mille écus...

Henri IV, tout joyeux, remonta dans sa litière et revint à bride abattue à Paris pour réclamer la somme à Sully. Celui-ci poussa les hauts cris, car il avait à fournir, quelques jours après, quatre millions pour le renouvellement de l'alliance avec les Suisses. Le roi ayant insisté, le ministre dut obéir; mais, pour donner à Henri IV une idée de sa folie, il fit porter la somme en petites monnaies qu'un valet vint étaler dans le cabinet royal. Quand le compte y fut, le plancher était entièrement recouvert et le Béarnais ne put s'empêcher de dire :

— Ventre-saint gris! Voilà une nuit bien payée.

Ce qui ne l'empêcha pas de grimper dans sa litière et de retourner à Marcoussis avec les cent mille écus.

Henriette l'accueillit gentiment et reçut l'argent avec une élégante simplicité. Aussitôt, le roi la prit par la main et voulut la conduire vers un lit confortable. Elle l'arrêta :

— Je vous ai tout promis, lui dit-elle, je vous accorderai tout; mais il faut le pouvoir; or je suis observée de si près qu'il m'est impossible de vous donner toutes les preuves de reconnaissance et d'amour que je ne puis refuser au plus grand des rois et au plus aimable des hommes.

Voyant le roi effondré, elle ajouta avec un adorable sourire :

— Ne nous flattons point, nous n'aurons jamais la liberté si nous ne l'obtenons de M. et Mme d'Entragues. Ce n'est plus moi qu'il s'agit de vous rendre favorable, je n'y suis que trop disposée. Vous avez obtenu mon cœur, que n'êtes-vous pas en droit de demander? (1).

(1) DREUX DU RADIER, *op. cit*

Puis elle prit le roi par la main, l'embrassa, se fit chatte, autorisa quelques privautés et avoua finalement que ses parents ne consentiraient à les laisser dormir ensemble que s'il acceptait, « afin de garantir leur honneur dans le monde et leur conscience envers Dieu », de lui signer une promesse de mariage.

A ce moment, Mme d'Entragues entra dans la pièce et Henri, qui avait besoin de réfléchir, prit congé.

Lorsqu'il fut dehors, il s'aperçut qu'il avait été dupé encore une fois. Furieux, il se rendit d'une traite à Chenonceaux où il savait que la reine Louise de Lorraine, veuve de Henri III, vivait entourée d'un bataillon de filles d'honneur aussi jolies que perverses. Et dès le premier soir il donna bien de l'agrément à l'une d'elles, Marie Babou de la Bourdaisière, qui, « se trouvant être une cousine de Gabrielle d'Estrées, avoit beaucoup de goût pour la chose... ».

Séduit, il ne quitta guère le lit de la belle, s'enivra de plaisir pendant trois jours et rentra à Paris calmé. Mais l'image obsédante de Henriette ne tarda pas à venir le hanter de nouveau, et un soir, après avoir convoqué Charles de Valois, il rédigea la promesse de mariage dans les termes exigés par M. d'Entragues.

Avant de la porter à Henriette, il alla la montrer à Sully qui, sans rien dire, la déchira. Henri fut stupéfait. Incapable de prononcer un mot, il ramassa les morceaux de papier que le ministre avait jetés sur le sol et partit pour Malesherbes. Là, il reconstitua la lettre dont voici le texte effarant :

Nous, Henry quatrième, par la grâce de Dieu, roi de France et de Navarre, promettons et jurons devant Dieu, en foi et paroles de Roi, à messire François de Balzac, sieur d'Entragues, Chevalier de nos ordres, que, nous donnant pour compagne damoiselle Henriette-Catherine de Balzac, sa fille, au cas que, dans six mois, à commencer du premier jour du présent, elle devienne grosse, et qu'elle en accouche d'un fils, alors et à l'instant nous la prendrons à femme légitime épouse, *dont nous solenniserons le mariage publiquement et en face de notre sainte Église, selon les solennités en tels cas requises et accoutumées. Pour plus grande approbation de laquelle présente promesse, nous promettons et jurons comme dessus de la ratifier et renouveler sous notre seing, incontinent après que nous aurons obtenu de Notre Saint-Père le Pape la dissolution du mariage entre nous et dame Marguerite de France, avec permission de nous remarier où bon nous semblera. En témoin de quoi nous avons écrit et signé la présente. Au bois de Malesherbes, ce jourd'hui premier octobre 1599.*

Le soir même, Henriette ouvrait son lit au roi de France et faisait en sorte qu'un heureux événement vînt bien vite obliger celui-ci à tenir sa promesse...

***

Quelques jours plus tard, Henri IV rentra à Paris en compagnie de la nouvelle favorite. Il était un peu exténué, car Henriette, dans sa hâte d'être enceinte, ne lui avait guère laissé de répit, l'attirant sur les lits, les coffres, les tapis, la paille des écuries, l'herbe des prés, bref dans tous les endroits propres au jeu d'amour, et même, nous dit-on, « dans les placards à vêtements »...

A Paris, elle continua son manège et le roi, heureux d'avoir trouvé une maîtresse qui voulût bien répondre à son tempérament, se livrait à des exploits qui n'étaient pas sans inquiéter la cour.

Car tout le Louvre était au courant des exigences de la favorite.

— S'il continue, murmurait-on, il n'aura jamais la force d'épouser Mlle de Médicis.

Au début de décembre, Henriette annonça au roi qu'elle attendait un enfant. Il était temps, car un historien de l'époque nous dit que le pauvre « ne pouvait plus fournir à l'appointement »...

En apprenant qu'il allait être père, le Béarnais fut vivement contrarié, car il n'avait pas du tout l'intention d'épouser sa maîtresse. Or cette grossesse pouvait l'obliger à rompre avec la Toscane et à placer sur le trône de France une petite intrigante qui ne l'aimait pas. Se sentant coupable, il alla trouver Sully et lui demanda de faire accélérer les pourparlers avec l'oncle de Marie de Médicis.

Cette parole fit plaisir au ministre qui détestait Mlle d'Entragues, dont il avait deviné l'ambition, et qu'il considérait « comme une franche putain et une belle garce ». Ravi de pouvoir lui être désagréable, il alla répéter à quelques intimes ce que lui avait dit le roi. Deux heures plus tard, toute la cour en était informée et souriait avec ironie en regardant Henriette.

Celle-ci ne fut mise au courant que le lendemain. Sa colère fut terrible. Elle accourut au Louvre (1), entra dans le cabinet du roi en claquant les portes, poussa des cris, hurla des injures et, finalement, jura d'ameuter le royaume et d'exhiber la promesse de mariage si une autre qu'elle devenait reine de France.

Henri IV n'aimait pas les scènes. Il écouta celle-ci avec ennui. Quand Henriette, à bout de souffle, s'arrêta de parler, il dit simplement :

— Encore faut-il que vous ayez un garçon!

La favorite rougit, ne trouva rien à répondre, et s'en alla très vexée.

Le lendemain, une litière roulait sur la route d'Orléans. A l'intérieur, ruminant sa colère, se trouvait Henriette qui, toutes affaires cessantes, se rendait à Notre-Dame de Cléry pour demander à la Vierge de lui faire avoir un enfant du sexe masculin...

***

Pendant que la favorite faisait ses oraisons au bord de la Loire, une nouvelle importante parvenait à Paris : le pape venait enfin d'annuler, par un acte daté du 15 décembre, le mariage de Henri IV et de la reine Margot (2). Le roi était libre...

(1) Le roi lui avait donné l'hôtel de Larchant.

(2) Le mariage fut annulé pour avoir été contracté entre une princesse catholique et un prince hérétique — qui se trouvaient être, en outre, des parents rapprochés à un degré prohibé par l'Église — et pour avoir été imposé de vive force à la princesse Marguerite par sa mère Catherine de Médicis.

Aussitôt il aborda avec Baccio Giovannini, représentant du grand-duc de Toscane, la question de la dot de Marie de Médicis. Il faut dire que cette question était capitale, puisque le roi de France, en épousant la riche princesse florentine, cherchait moins à trouver l'âme sœur qu'à réaliser une bonne opération financière.

En effet, la Toscane était depuis longtemps créancière de la France. Pour conquérir son royaume, Henri IV avait eu souvent recours aux caisses du grand-duc Ferdinand qui s'était toujours montré d'une extrême générosité. Il lui devait 973 450 ducats d'or et espérait bien, en faisant monter Marie de Médicis sur le trône, liquider définitivement cette dette...

En outre, pour arranger un peu les finances du royaume qui se trouvaient alors en piteux état, le roi comptait recevoir de Toscane une grosse somme d'argent frais.

Il demanda 1 500 000 écus d'or.

Le grand-duc était, certes, flatté de remettre une Médicis sur le trône de France et reconnaissait qu'un tel honneur devait appeler un échange de bons procédés, mais il trouva tout de même les prétentions de Henri IV un peu excessives et discuta.

De longs débats commencèrent pendant lesquels le roi ne se gêna pas pour parler ouvertement de son prochain remariage.

Lorsqu'elle revint de Cléry, Henriette trouva donc la cour en pleine effervescence. Apprenant ce qui se tramait, elle entra dans une fureur qui faillit lui faire perdre la raison et menaça, une fois de plus, le roi d'un scandale retentissant.

Henri IV, avec sa rouerie habituelle, lui assura que tout cela n'était qu'une affaire politique qui ne devait avoir aucune suite, et parvint à la calmer.

Cette habileté lui permit de retrouver ses « petits garçons » (c'est ainsi qu'il appelait les seins de sa maîtresse) et de prendre du bon temps pendant deux mois...

***

Au début de mars 1600, les négociateurs franco-florentins se mirent finalement d'accord. Le grand-duc donnerait

600 000 écus d'or, dont 350 000 seraient versés le jour des noces et le reste défalqué de la dette.

L'opération sembla bonne à Henri IV qui, sans rien dire à Henriette, envoya M. de Sillery à Florence pour signer le contrat.

Les fiançailles furent alors annoncées officiellement et Henriette d'Entragues, dont l'indignation était compréhensible, cria si fort que les ambassadeurs italiens, qui écoutaient généralement aux portes, coururent se réfugier dans leurs chambres. Fort embarrassé, le roi commença par lui faire don de la terre de Verneuil, érigée en marquisat, — ce qui la détendit un peu —, puis il lui jura sur sa foi qu'il n'avait pas l'intention d'épouser Marie de Médicis. De nouveau Henriette reprit espoir. Sachant qu'il était très amoureux, elle croyait pouvoir tout attendre de lui, même une rupture avec la Toscane...

Rassurée pour un temps, elle retrouva sa douceur et redonna, nous dit-on, « bien du plaisir au roi... »

Pourtant, à mesure que les semaines passaient, Henri IV devenait plus nerveux. Lorsque Henriette entra dans son septième mois, il pensa avec angoisse que si elle accouchait d'un garçon il allait se trouver pris entre la promesse de mariage signée à Malesherbes et l'engagement signé à Florence par M. de Sillery. Une telle éventualité l'empêchait un peu de dormir...

Heureusement, le ciel vint à son secours. Un jour, à Fontainebleau, alors que Henriette était couchée, la foudre tomba par la fenêtre ouverte dans la chambre qu'elle occupait et passa sous le lit. La favorite eut une telle frayeur qu'elle fit une fausse couche et mit au monde un garçon qui mourut presque aussitôt...

En apprenant cette aventure, Henri IV fut bien soulagé. Il embrassa la pauvre Henriette, dont les rêves venaient de s'envoler, et partit pour Lyon, le cœur guilleret.

Sur la route, il batifola, rencontra des amis, fit la fête, s'arrêta à Moulins pour y passer huit jours entre les bras de Marie Babou de La Bourdaisière, et se mit à échanger des lettres d'amour avec sa fiancée florentine. Dans l'une d'elles, sa belle humeur revenue lui faisait écrire : *Comme vous désirez la conservation de ma santé, je vous recommande aussi la vôtre, afin qu'à votre arrivée nous puissions faire un bel enfant...*

Cette correspondance devint de plus en plus tendre. Le roi appelait sa fiancée « ma maîtresse » et s'exaltait comme à l'ordinaire, lui jurant un amour éternel et baisant « un million de fois » ses mains. Peu à peu, il se prit à son propre jeu et finit par désirer cette petite Florentine qu'il ne connaissait que par un portrait d'ailleurs très idéalisé...

Il fut décidé alors que le mariage aurait lieu à Florence par procuration, et le roi chercha l'homme qu'il pourrait envoyer là-bas pour le représenter dans une circonstance aussi solennelle.

Comme il n'avait pas le sens des convenances, il ne trouva rien de mieux que de désigner Roger de Bellegarde, l'ancien amant de Gabrielle d'Estrées, celui-là même qu'il avait découvert un jour sous le lit de sa maîtresse...

La cérémonie eut lieu le 5 octobre, célébrée par le cardinal Aldobrandini, délégué par le pape.

En apprenant que tout était accompli, Henriette, qui se trouvait à Lyon où le roi l'avait fait venir, eut un sursaut de colère. Elle traita son amant de menteur et lui demanda quand viendrait sa « banquière ».

— Aussitôt que j'aurai chassé toutes les putains de la cour, répondit Henri IV.

Après quoi, ils se battirent froid pendant quelques jours.

Le 30 octobre, Marie de Médicis débarqua à Toulon. Le 3 novembre, elle était à Marseille, le 16 à Aix et le 2 décembre à Lyon, où elle eut la surprise de ne pas trouver le roi. Désinvolte, celui-ci était allé faire un petit voyage en compagnie d'Henriette avec laquelle il s'était de nouveau réconcilié...

Il n'arriva que huit jours plus tard.

Comme il était neuf heures du soir, il alla directement frapper à la porte de la reine. Elle allait se coucher et se trouvait déjà déshabillée. En voyant son mari, elle se jeta à genoux; mais il la releva, la prit dans ses bras et la baisa longuement sur les lèvres.

— J'entends que vous me prêtiez la moitié de votre lit, dit-il, car je n'ai pas apporté le mien.

Sans attendre la réponse, il se déshabilla à son tour et se coucha à côté de Marie de Médicis.

Dix minutes plus tard, elle était reine de France...

XVI

HENRIETTE D'ENTRAGUES VEUT AMEUTER L'EUROPE CONTRE LE ROI

> Quand l'amour est extrême, il se croit tout permis.
>
> CAMPISTRON.

Le premier contact entre les nouveaux époux fut assez fâcheux. Le roi trouva la reine molle, fade, trop grasse, niaise et inexpérimentée, tandis que Marie de Médicis était incommodée par la forte odeur de bouc qui émanait de lui. Un historien du temps nous dit même « qu'il puait tellement qu'elle se trouva mal » (1).

Bref, ils eurent tous deux « un empêchement à leur ivresse » et gardèrent de leur nuit de noces un souvenir plutôt désagréable. Mais ils ne s'étaient pas mariés pour s'amuser, et dès le lendemain soir, malgré le peu de goût qu'ils avaient l'un pour l'autre, ils se remirent courageusement à la tâche et s'efforcèrent de ne pas œuvrer en vain.

Le ciel est secourable aux consciencieux : la reine se trouva enceinte.

Aussitôt, le roi quitta Lyon et retourna à Paris où l'attendait Henriette d'Entragues. Après ces quelques jours consacrés au devoir, il avait hâte de connaître un peu de

(1) Cf. TALLEMANT DES RÉAUX : « Quand Marie de Médicis coucha avec lui pour la première fois, elle ne laissa pas d'être terriblement parfumée, quelque bien garnie qu'elle fût d'essences de son pays. » (*Historiettes, T. I.*)

plaisir. La grosse Florentine à l'esprit lent lui avait donné la nostalgie de sa fine et spirituelle maîtresse. A peine arrivé dans la capitale, il se rendit à l'hôtel de Larchant, où elle habitait, et lui prouva que le mariage n'avait point épuisé ses forces. Ils restèrent plusieurs jours au lit. Quand ils se relevèrent, Henriette était enceinte, elle aussi...

***

Le désir de retrouver la femme qu'il aimait avait fait commettre au roi une grosse faute : il avait laissé Marie de Médicis seule en compagnie des aventuriers de tout poil qu'elle avait amenés d'Italie et qui composaient sa suite.

Or parmi ces personnages sans scrupule se trouvaient une femme et un homme qui allaient bientôt jouer un rôle désastreux dans notre pays. Ils s'appelaient Léonora Dosi (1) et Concino Concini...

Elle, était la sœur de lait de la reine; intelligente, ambitieuse, rouée, elle avait acquis une autorité considérable sur la Florentine qui ne cherchait qu'à lui faire plaisir. C'était, nous dit un de ses biographes, « une petite personne fort maigre et fort brune, de taille assez agréable, aux traits accentués et réguliers ». Elle avait vingt-sept ans.

Lui, remplissait auprès de la reine les fonctions d'écuyer. Il était, nous dit-on, « vaniteux et vantard, souple et hardi, rusé et ambitieux, pauvre et avide ». Il avait vingt-cinq ans.

Ils étaient faits pour s'entendre.

Ils firent mieux; ils s'aimèrent.

Pendant le voyage, Léonora était tombée amoureuse de Concini et l'avait attiré dans sa chambre, car c'était une femme de tête.

Flatté d'avoir été remarqué par une dame qui vivait dans l'intimité de la reine, et supputant les avantages que pouvait lui apporter une telle liaison, l'écuyer avait cédé.

Depuis, c'était lui, par l'intermédiaire de Léonora, qui dirigeait Marie de Médicis... On conçoit, dans ces conditions,

(1) Elle ne prit que par la suite le nom de Galigaï, sous lequel on la connaît aujourd'hui.

l'importance de la faute du Béarnais qui abandonnait la reine au moment où il aurait dû se montrer vigilant.

Au lieu de renvoyer en Italie tous ces « freluquets » bruyants, bavards et ambitieux, qui n'étaient venus en France que pour y chercher fortune, et couper ainsi tous les liens sentimentaux qui unissaient la Florentine à son pays, il laissa s'établir des habitudes. Et lorsque la reine le rejoignit à Paris, au début de février 1601, les Italiens étaient déjà installés dans leurs fonctions. Léonora était demoiselle d'atours, titre qui n'était donné en France qu'aux dames de la noblesse, et Concini avait la haute main sur toute la suite de Marie de Médicis...

Les jeux étaient faits...

***

En arrivant au Louvre, la nouvelle reine fut fort déçue. Elle s'attendait à entrer dans un palais merveilleux, comparable à ceux qu'elle avait connus à Florence, et ne trouva qu'un vieux bâtiment gris, sale et poussiéreux, où les appartements qui lui étaient destinés n'avaient même pas été aménagés.

C'est alors que le roi commit une deuxième faute. Au lieu de chercher à faire oublier cette négligence par beaucoup de gentillesse, il organisa une rencontre d'un incroyable muflerie.

La reine n'était pas arrivée depuis deux heures qu'il vint, en effet, lui présenter Henriette d'Entragues :

— Cette femme a été ma maîtresse, dit-il, et veut être aujourd'hui votre humble servante.

La favorite, il faut bien le reconnaître, ne fut pas mieux traitée, en cette occasion, que Marie de Médicis. Lorsqu'elle s'inclina, selon l'usage, pour baiser la robe de sa souveraine, le roi, trouvant probablement qu'elle ne montrait pas un respect suffisant, l'attrapa par le bras et l'obligea rudement à se mettre à genoux.

Henriette se releva furieuse et quitta le salon, laissant Marie de Médicis un peu interdite. Tout le monde avait été gêné par cette scène, sauf Henri IV, bien entendu, qui s'amusait beaucoup à la pensée que ces deux femmes étaient enceintes de ses œuvres. Il en parlait d'ailleurs sans cesse, précisant même avec cette belle goujaterie qui le caractérisait :

— Il me naîtra bientôt un maître et un valet...

Pour plus de commodité, il installa Henriette au Louvre, à quelques pas des appartements de la reine, et passa son temps à faire la navette de l'une à l'autre.

Lorsqu'elle fut connue du menu peuple, cette absence de préjugés frappa les esprits. Il s'ensuivit quelques désordres. A l'exemple du roi, bien des gens voulurent, en effet, connaître les joies de l'adultère et un vent de folie souffla tout à coup sur Paris où les mauvais lieux, appelés clapiers, proliférèrent rapidement.

Il y eut bientôt une telle concurrence que les tenanciers de ces établissements furent obligés de rechercher des « distractions » originales et propres à attirer l'honorable clientèle.

L'un d'eux eut l'idée du « jeu des cerises », petit intermède qui consistait à faire venir dans la salle commune une ravissante jeune fille d'aspect affriolant et de la faire se déshabiller lentement. Lorsqu'elle était complètement nue, les clients jetaient des cerises (ou des noix, suivant la saison) sur le plancher. La demoiselle devait alors se baisser pour les ramasser et se montrer ainsi « dans des postures intéressantes ».

Quand elle avait fini, l'atmosphère était assez tendue...

Naturellement, les bons prêtres essayaient d'endiguer cette vague de lubricité. Mais ils se faisaient mal recevoir :

— Allez donc faire vos sermons au roi qui a deux femmes, leur répondait-on.

Et les bons prêtres, fort gênés, baissaient la tête...

***

Pendant tout l'été 1601 les ventres de la reine et de la favorite s'arrondirent en même temps, pour la plus grande joie du roi.

Malheureusement, les deux futures mamans ne partageaient pas sa belle humeur. Elles s'entredéchiraient à belles dents et faisaient, à tour de rôle, d'interminables scènes de jalousie à Henri IV qui s'en tirait, comme d'habitude, par des promesses ou des cadeaux. La reine, moins intelligente que la favorite, était la plus terrible. Elle poursuivait le roi dans les couloirs en hurlant des injures. Parfois, elle allait jusqu'à le battre, ce qui n'était jamais arrivé à un roi de France.

— Malheureuse, lui dit un jour Sully qui venait d'assister à une de ces scènes navrantes, vous ignorez donc que Sa Majesté pourrait vous faire décapiter?

— Il n'a qu'à quitter sa poutane, glapit-elle.

Et elle sortit en donnant des coups de pied dans les meubles.

Fin septembre, comme elle arrivait à terme, on fit appeler une sage-femme nommée Louise Bourgeois, qui nous a laissé de savoureux souvenirs. Écoutons-la :

« Le roi me dit :

» — Ma mie, il faut bien faire; c'est une chose de grande importance que vous avez à manier.

» Je lui répondis :

» — J'espère, Sire, que Dieu m'en fera la grâce.

» — Je te crois, dit le roi.

» Et, s'approchant de moi, il me dit tout plein de mots de gausserie... (1).

» Le roi me demandait à toute heure si la reine accoucherait bientôt, et quel enfant ce serait. Pour le contenter je lui dis qu'oui. Il me demanda derechef quel enfant ce serait, je lui dis que ce serait ce que je voudrais.

» — Eh quoi. N'est-il pas fait?

» Je lui dis qu'oui, qu'il était enfant, mais que j'en ferais un fils ou une fille, ainsi qu'il me plairait.

» Il me dit :

» — Sage-femme, puisque cela dépend de vous, mettez-y les pièces d'un fils.

» Je lui dis :

» — Si je fais un fils, Monsieur, que me donnerez-vous?

» — Je vous donnerai tout ce que vous voudrez; plutôt tout ce que j'ai.

» — Je vous ferai un fils, et ne vous demande que

(1) Car le roi ne cessait de penser à la gaudriole, même pendant que sa femme accouchait.

l'honneur de votre bienveillance, et que vous me vouliez toujours du bien...

» Il me le promit et me l'a tenu... »

Le 27 septembre, la reine accoucha à Fontainebleau, et Louise Bourgeois nous conte comment elle revigora le nouveau-né, qui se trouvait un peu déficient :

« J'enveloppai bien l'enfant, ainsi que j'entendais ce que j'avais à faire. Le roi vint auprès de moi, regarde l'enfant au visage, que je vis en grande faiblesse. Je demande du vin à M. de Lozeray, l'un des premiers valets de chambre du roi. Il apporta une bouteille : je lui demande une cuiller. Le roi prit la bouteille qu'il tenait. Je lui dis :

» — Sire, si c'était un autre enfant, je mettrais du vin dans ma bouche et lui en donnerais, de peur que la faiblesse ne dure trop.

» Le roi me mit la bouteille contre la bouche, et me dit :

» — Faites comme à un autre.

» J'emplis ma bouche de vin, et lui en soufflai ; à l'heure même, il revint et savoura le vin que je lui avais donné... » (1).

C'est ainsi que le futur Louis XIII entra dans la vie en buvant un grand coup de rouge.

Louise Bourgeois présenta alors le nouveau-né à l'assistance. « Et, nous dit Héroard, médecin du roi, l'on put voir un enfant grand de corps, gros d'ossements, fort musculeux..., les parties génitales à l'avenant du corps et le croupion tout velu ».

Ce spectacle pourtant bien anodin attira les jeunes femmes de la cour, tout heureuses de contempler ce qui leur permettrait peut-être un jour d'être de puissantes favorites.

« Mme la duchesse de Bar, sœur du roi, qui considérait les parties si bien formées de ce beau corps, ajoute Héroard, ayant jeté sa vue sur celles qui le faisaient être dauphin, se retourna vers Mme de Panjas et lui dit qu'il en était bien parti (pourvu) » (2).

Tout le monde éclata d'un gros rire...

(1) *Récit véritable de la naissance de Messeigneurs et Dames les enfants de France*, par Louise Bourgeois, 1652.

(2) JEAN HÉROARD, *journal*.

Après quoi, on fit la fête, et Marie de Médicis, fière d'être la première à donner un héritier au roi, se rengorgea dans son lit et prit l'attitude hautaine d'une grosse dinde.

Quelques semaines plus tard, Henriette, un peu jalouse d'avoir été distancée, mit au monde, à son tour, un garçon, que l'on baptisa Henri...

Comme le Béarnais ne perdait pas une occasion d'être désagréable à son épouse, il déclara que cet enfant était plus beau que celui de la reine. Ce qui n'arrangea pas les choses entre les deux femmes....

***

La naissance du petit Henri raviva les espérances anciennes de la favorite :

— La Florentine tient son fils, disait-elle, mais moi je tiens le dauphin. J'ai toujours la promesse que le roi m'a signée et je suis prête à la montrer à l'Europe entière...

Poussée par ses parents, qui ne décoléraient pas depuis l'arrivée en France de Marie de Médicis, elle voulut, dès lors, qu'on la regardât comme la femme légitime du roi et la véritable reine de France...

Aussi refusa-t-elle de permettre que son fils fût conduit à Saint-Germain pour être élevé avec les autres enfants du Béarnais :

— Je ne veux pas, dit-elle, qu'il soit en compagnie de tous ces bâtards...

Bien entendu, le propos fut rapporté à la reine qui entra dans une vive colère et traita, une fois de plus, la marquise de *putane*... Pour se venger, la favorite s'amusa à imiter devant le roi et en public les manières lourdes et l'accent italien de Marie de Médicis. Au lieu de s'offusquer, Henri IV s'esclaffa et voulut que tous ses amis — un peu gênés — rient avec lui.

Le lendemain, la reine fut mise au courant de cette petite séance d'imitation. Elle s'en plaignit au roi, qui lui répondit avec son inconscience habituelle « qu'elle ne devait pas se fâcher pour des bouffonneries faites simplement pour divertir... »

Cet argument, on s'en doute, ne calma pas la Florentine qui demanda le renvoi immédiat de la marquise. Agacé, Henri IV chargea Sully de réconcilier les deux femmes et s'en fut oublier ses ennuis domestiques avec la duchesse de Villars, sœur de Gabrielle d'Estrées, qui, depuis quelque temps, « frétillait du croupion tout en le regardant ». Malgré son sourire séduisant, cette jeune personne était amère. A la mort de la duchesse de Beaufort, il lui avait semblé anormal, en effet, de ne pas devenir favorite, « comme si, nous dit Charles Merki, le roi eût été tenu de choisir encore dans la famille... ».

Henri IV la mit dans son lit; mais il la trouva fade et leur liaison dura peu. La pauvre en fut atrocement déçue, car elle s'était livrée « contre sa pudeur » à mille extravagances perverses dans l'espoir de paraître mieux douée que la marquise de Verneuil.

Son échec la fâcha tellement qu'elle résolut de séparer Henriette du roi. Sachant que la favorite trompait quelque peu Henri IV avec le prince de Joinville, elle courut chez ce jeune homme, frétilla comme elle le savait bien faire, l'enjôla et devint sa maîtresse.

Deux heures plus tard, elle avait entre les mains des lettres fort tendres que la marquise de Verneuil avait envoyées au prince. C'était tout ce qu'elle désirait.

— Prêtez-les-moi, dit-elle.

L'autre accepta et Mme de Villars courut montrer ses papiers compromettants à la reine qui bondit de joie.

— Il faut absolument qué lé roi les voie!

— Je m'en charge, répondit la duchesse.

Lorsque Henri IV eut les lettres sous les yeux, il fut très fâché. Car non seulement Mme de Verneuil y avait écrit des choses fort impudiques qui prouvaient son intimité avec le prince de Joinville, mais elle le traitait lui, le roi, de vieux barbon...

Comme il avait horreur des scènes, il chargea un de ses confidents d'aller jeter des injures à la tête de la favorite. Mais Henriette était rouée. Elle parvint à faire croire qu'il s'agissait de lettres écrites par un faussaire, et elle rentra en grâce, tandis que Mme de Villars était chassée du Louvre.

C'est à ces pauvres intrigues que la cour de France passait son temps en l'an de grâce 1602...

On allait avoir bientôt d'autres préoccupations.

***

François d'Entragues, père de Henriette, lorsqu'il fut mis au courant du complot ourdi par Mme de Villars, trembla rétrospectivement à la pensée que sa fille eût pu être à tout jamais chassée par Henri IV. Et il pensa qu'il était grand temps d'ameuter l'Europe contre ce roi « qui n'avait pas tenu sa promesse de mariage », et de faire reconnaître son petit-fils Henri comme le véritable héritier du trône de France...

Un conseil de famille se tint à Malesherbes et le comte d'Auvergne, frère utérin de Henriette, prit la direction des opérations. Par l'intermédiaire du maréchal de Biron, qui conspirait avec l'étranger, il entra en relation avec Philippe III d'Espagne.

— Ma sœur a été trompée, dit-il. Voulez-vous l'aider à faire valoir ses droits?

L'Espagnol, comprenant qu'il y avait là une occasion inespérée de diviser la France, promit son appui; et il fut décidé qu'à la mort de Henri IV — dont on envisageait avec tranquillité d'avancer la date — la couronne subtilisée au dauphin passerait sur la tête du fils de Henriette.

Mais le complot fut découvert le 15 juin 1602 et Biron fut arrêté à Fontainebleau. Cette nouvelle provoqua une immense émotion dans toute la France, car le maréchal, héros d'Arques, d'Arcy, de Fontaine-Française, était l'objet de la vénération populaire.

Le comte d'Auvergne ne tarda pas à être appréhendé également et les deux hommes se retrouvèrent à la Bastille...

Alors le nom d'Entragues commença d'être murmuré. Aussitôt interrogée, Henriette jura, naturellement, ses grands dieux qu'elle n'était au courant de rien, et on la mit hors de cause ainsi que son père.

Le procès se déroula donc sans eux. A l'issue des débats, le roi, qui ne voulait faire nulle peine à sa maîtresse, eut la faiblesse de gracier le comte d'Auvergne. Quant au maréchal de Biron, dont se désintéressait la favorite, il fut quelques jours plus tard proprement décapité... (1).

La conspiration avait échoué; néanmoins rien n'était perdu pour Henriette puisque la famille d'Entragues, dont le toupet et l'habileté faisaient l'admiration des spécialistes, était intacte.

Il n'y avait plus qu'à recommencer. C'est à quoi le comte d'Auvergne s'employa sans tarder...

***

A ce moment, la reine et la favorite étaient de nouveau enceintes, « le roi leur ayant donné à toutes deux bon et effectif picotin ».

Marie de Médicis accoucha le 22 novembre 1602 d'une fille qu'on nomma Élisabeth, et la marquise de Verneuil, le 21 janvier 1603, d'une fille également, qui fut appelée Gabrielle-Angélique.

Toute la cour fêta ce double événement et le bon peuple, toujours facile à émouvoir, se réjouit d'avoir un souverain aussi vert et aussi galant...

Brusquement une nouvelle vint troubler cette joie générale : on apprit qu'un des secrétaires du roi, un nommé L'Hoste, chargé du déchiffrement des dépêches, était accusé d'avoir livré des secrets militaires et politiques à l'ambassadeur d'Espagne. La police voulut l'arrêter, mais il se sauva et se noya dans la Marne.

Une enquête fut ordonnée.

Aussitôt, le comte d'Auvergne quitta Paris précipitamment et se réfugia dans ses terres. Cette attitude étrange éveilla les soupçons de la cour, et tout le monde jasa sans aménité. Seul le roi, qui était d'une grande mansuétude à l'égard du demi-frère de sa maîtresse, ne fit aucun commentaire. On devait pourtant savoir assez vite que ce triste personnage était l'âme de la nouvelle conspiration.

(1) Encore que ce soit là une façon de s'exprimer, car un chroniqueur nous dit que « le bourreau le frappa d'un coup si terrible que la tête vola jusqu'au milieu de la cour ». (Bibl. Nat., miss 23.369.)

Avec l'appui de l'Espagne et le concours d'une grande partie de la noblesse, il voulait faire reconnaître Henriette comme femme légitime du roi. Son plan était simple : la marquise se réfugiait avec ses enfants en Espagne, où Philippe III lui promettait une pension de cinquante mille livres et des places fortes, elle mariait son fils à une infante et attendait la mort de Henri IV. A ce moment, il suffisait de supprimer le dauphin et de faire monter Henri de Verneuil sur le trône...

En apprenant ces détails, le roi fut accablé; car il lui fallait, cette fois, laisser châtier la famille d'Entragues dont la culpabilité était évidente. Après avoir hésité longtemps, il lui apparut soudain que c'était peut-être là l'occasion de reprendre sa fameuse promesse de mariage, et il fit arrêter François d'Entragues.

Au cours d'une perquisition au château de Malesherbes, la police découvrit des lettres du roi d'Espagne qui prouvaient la trahison du père de Henriette. Se voyant perdu, celui-ci, comme l'avait espéré le roi, pensa s'en tirer en rendant la fameuse promesse et indiqua l'endroit où il la tenait cachée. Envoyé par Henri IV, M. de Loménie partit immédiatement pour Malesherbes, où il trouva le papier « dans une petite bouteille de verre bien lutée et enclose dans une plus grande bouteille et du coton, le tout bien luté et muré dans l'épaisseur d'un mur ».

En revoyant cette promesse, cause de tous ses maux, le roi poussa un gros soupir de soulagement.

Quelques jours après, il fit arrêter le comte d'Auvergne et garder à vue la marquise de Verneuil dans son hôtel du faubourg Saint-Germain — ce qui fit grand plaisir à la reine.

— Tout est fini avec la marquise, dit le roi à ses familiers.

Et, pour bien le prouver, il prit sur-le-champ une nouvelle maîtresse...

C'était une blonde dont le corsage « laissait apercevoir le beau modelé des épaules et de la poitrine ». Elle s'appelait Jacqueline de Bueil...

Rouée, elle n'accepta d'entrer dans le lit du roi que contre une forte somme. Tallemant des Réaux nous dit que « Henri IV, qui ne cherchait que de belles filles, et qui, quoique vieux, estoit plus fou sur ce chapitre-là qu'il n'avoit esté en sa jeunesse, la fit marchander et en conclut à trente mille écus ».

Sully paya en maugréant, et le Béarnais put s'offrir son tendron.

Après quoi, il songea à lui trouver un mari et fixa son choix sur Philippe de Harlay, comte de Cesi. Le mariage qui eut lieu le 5 octobre 1604 fut suivi d'une scène curieuse. En voyant le jeune homme entrer avec sa maîtresse dans la chambre nuptiale, le roi devint subitement jaloux. Il bondit, enfonça la porte, chassa Philippe de Harlay, se coucha auprès de Jacqueline de Bueil et « demeura à savourer les douceurs du déduit » jusqu'au lendemain, tandis que le marié rongeait son poing dans une chambre voisine...

Malgré cette nouvelle maîtresse, qu'il devait bientôt faire comtesse de Moret, Henri IV ne tarda pas à avoir la nostalgie de sa chère marquise. On le vit bien au cours du procès qui eut lieu à la fin de l'année 1604 : lorsque la cour eut condamné à mort François d'Entragues et le comte d'Auvergne, et « suggéré » de faire mettre la marquise de Verneuil dans un couvent, le roi intervint et accorda sa grâce. Les deux hommes virent alors leur peine commuée en emprisonnement perpétuel (1) et la favorite fut acquittée...

Une fois de plus, l'amour avait été plus fort que la raison d'État...

(1) François d'Entragues resta deux mois à la Bastille, le comte d'Auvergne, qui avait accusé sa sœur au cours du procès : douze ans...

XVII

POUR REVOIR CHARLOTTE DE MONTMORENCY, HENRI IV VEUT DÉCLARER LA GUERRE A L'ESPAGNE

L'amour est une passion entrepreneuse de grandes choses.

MONTAIGNE.

Depuis son divorce, Margot entretenait avec le roi une correspondance amicale et presque affectueuse. Il lui écrivait : *Je veux avoir plus de soin de tout ce qui vous concerne que jamais, et vous faire voir en toutes occasions que je ne veux pas être dorénavant votre frère seulement de nom, mais aussi d'affects...*

Se souvenait-il alors qu'il avait pensé, jadis, à lui faire « sauter un mauvais pas »?

Et elle qui avait, vingt ans auparavant, mobilisé à Agen toute une armée contre lui, répondait : *Votre Majesté, à l'imitation des dieux, ne se contente pas de consoler ses créatures de biens et faveurs, mais daigne encore les regarder et consoler en leur affliction...*

Après trente ans de combats, libres enfin de se détester, ils s'élançaient l'un vers l'autre avec une grande tendresse et s'inquiétaient soudain de leurs bonheurs respectifs. Il lui faisait remettre une importante pension, payait ses dettes, voulait qu'on la respectât, tandis qu'elle souhaitait, sans arrière-pensée, qu'il fût heureux avec Marie de Médicis, sa remplaçante. Elle lui avait envoyé des vœux lorsqu'il s'était remarié et une délicieuse lettre de félicitations quand le dauphin était né. .

Tous les anciens griefs étaient oubliés.

Pourtant elle n'osait pas demander la permission de quitter Usson, où elle était prisonnière depuis dix-neuf ans...

Elle attendait une occasion favorable. Cette occasion, le procès d'Entragues, dont elle avait suivi les péripéties avec un intérêt fiévreux, allait la lui fournir; elle le devina dès le premier jour en apprenant que le comte d'Auvergne était compromis. Aussi demanda-t-elle qu'on la tînt soigneusement au courant des progrès de l'enquête; et quand elle sut que le bâtard de Charles IX était convaincu de trahison, toute frémissante. elle écrivit au roi.

Elle lui rappela tout d'abord que Catherine de Médicis, sous la pression de Henri III, l'avait déshéritée au profit de son « mauvais neveu » (1), et lui démontra qu'il serait déplorable pour la sûreté du royaume que les terres, châteaux, domaines et places fortes du comte félon en Auvergne passassent aux mains de ses complices ou des Espagnols. *Il me faudrait,* ajoutait-elle, *aller d'urgence à Paris faire un procès à ce « mal conseillé garçon »*, *afin de rentrer en possession de mes biens. Après quoi, je me ferai honneur de les remettre à Votre Majesté et au dauphin...*

Dès que cette lettre fut partie, Margot s'aperçut qu'elle n'aurait jamais la patience d'attendre une réponse du roi. Elle fit précipitamment ses malles, grimpa dans un carrosse et prit la route de Paris avec l'intention de mettre Henri IV devant le fait accompli; or elle n'avait pas atteint Bourges que son équipée était déjà connue à la cour...

Sully vint à sa rencontre. Lorsqu'elle le vit, à Cercottes, le 14 juillet 1605, elle trembla, croyant qu'on allait l'arrêter; mais le ministre s'agenouilla :

— Madame, Sa Majesté m'a chargé de vous dire qu'elle vous attend et que toute la cour s'apprête à vous recevoir...

Bouleversée, émue aux larmes, Margot bredouilla quelques paroles, remonta en carrosse et poursuivit son voyage vers Paris. A Étampes, des gentilshommes vinrent la saluer de la

(1) C'est ainsi qu'elle appelait le comte d'Auvergne, bâtard de Charles IX.

part du roi et de la reine; et le 18 juillet 1605, dans la soirée, elle arriva au château de Madrid, à Boulogne, où elle avait décidé de s'installer.

Une désagréable surprise l'y attendait.

A sa descente de carrosse, elle vit un grand officier s'incliner devant elle. Flattée, elle lui tendit la main, le releva et blêmit. Cet homme que le roi avait jugé spirituel d'envoyer pour l'accueillir était Harlay de Champvallon, son ancien amant et son seul grand amour...

Il y eut un silence gêné et, pendant quelques instants, les gens de l'escorte se poussèrent du coude en considérant le visage décomposé de Marguerite (1). Puis un enfant s'approcha respectueusement et fit une révérence.

— Qui est ce gracieux seigneur? demanda la reine, ravie de cette diversion.

On lui apprit que c'était le jeune duc de Vendôme, fils que le roi avait eu de Gabrielle d'Estrées...

Jugeant prudent de ne plus poser de question, elle entra dans sa nouvelle demeure.

***

Le 26 juillet, Henri IV vint la visiter. Sans doute eut-il quelque peine à la reconnaître, car l'adorable Margot au corps svelte et flexible était devenue une énorme dame. Tallemant des Réaux nous la décrit ainsi : « Elle était horriblement grosse. Il y avait des portes où elle ne pouvait passer. Elle était coiffée de cheveux blonds, d'un blond de filasse blanchie sur l'herbe; elle avait été chauve de bonne heure. Pour cela, elle avait de grands valets de pieds blonds que l'on tondait de temps en temps. » Et il ajoute : « Elle avait toujours de ces cheveux-là dans sa poche, de peur d'en manquer... »

Le roi lui baisa les mains, l'appela « ma sœur », et demeura trois heures près d'elle.

Le lendemain, Marguerite alla saluer Marie de Médicis. En

(1) Cette farce du Béarnais fut vivement critiquée par le peuple. « On estima, nous dit Dupleix, que c'était un accueil honteux à une si grande princesse... »

traversant Paris, elle fut acclamée par le peuple qui était bien content de la revoir. Pourtant son nouvel aspect surprit. Les vieux la trouvaient changée et hochaient la tête; quant aux jeunes, qui avaient entendu sur Margot tant d'histoires galantes, ils considéraient avec étonnement cette énorme quinquagénaire « dont les gros seins parfois s'échappaient du décolleté » à la faveur d'un cahot...

Au Louvre, le roi la reçut avec cérémonie et gourmanda Marie de Médicis qui ne s'était pas avancée au-delà du grand escalier.

— Ma sœur, dit-il à Marguerite, mon affection n'a jamais été séparée de vous. Vous êtes maintenant dans cette maison où vous avez toute puissance comme en toutes les autres où la mienne s'étend.

Elle demeura au palais pendant plusieurs jours et chacun lui fit fête, sauf, bien entendu, la marquise de Verneuil qui, toujours venimeuse, dit en souriant à Henri IV :

— Dieu fit un aussi grand miracle en vous, quand il vous tira du ventre de la reine Marguerite, que lorsqu'il retira Jonas du ventre de la baleine!

Ce qui était drôle, sans doute, mais d'un assez mauvais goût.

Enfin on présenta le dauphin à la bonne reine Margot.

— Soyez la bienvenue, maman-fille, lui dit-il (1), et il l'embrassa.

La reine, qui avait jadis abandonné les enfants qu'elle s'était fait faire par Champvallon et par le jeune Aubiac, pensa qu'elle avait été privée de bien des joies et versa une larme.

Le lendemain elle apporta un jouet au dauphin, un jouet singulier d'ailleurs pour un enfant de quatre ans, puisqu'il s'agissait d'un petit Cupidon qui, nous dit un chroniqueur, « pouvait, au moyen de fils, agiter ses ailes et sa virilité »...

***

A la fin du mois d'août, Marguerite quitta le château de Madrid et vint s'installer à l'hôtel de Sens, rue du Figuier, au

(1) C'est Marie de Médicis qui avait eu l'idée de cette curieuse appellation.

coin de la rue de la Mortellerie (1). Cette maison appartenait à l'archevêque Renaud de Beaune; ce qui inspira à un passant le quatrain suivant, que la reine eut la désagréable surprise de trouver un matin, écrit sur sa porte :

Comme reine tu devrais être
Dedans ta royale maison :
Comme putain c'est bien raison
Que tu loges au logis d'un prêtre (2).

Poème qui n'était gentil pour personne.

Au bout de quelques jours, le bruit courut Paris qu'un jeune homme vivait avec la reine Margot. C'était vrai. Après s'être contrainte pendant six semaines à une dure chasteté pour ne point effaroucher la cour, elle avait fait venir d'Usson un petit valet de vingt ans, nommé Déat de Saint-Julien.

« A son arrivée, nous dit l'auteur du *Divorce satyrique,* pour lui faire payer la chôme, ils demeuraient souvent ensemble, enfermés dans un cabinet, des sept et huit jours entiers, avec leurs habits de nuit, sans se laisser voir qu'à Mme de Châtillon, qui cependant rongeait son frein à leur porte et aidait seule à tenir secret ce que tout le monde savait assez. »

Margot adorait ce jouvenceau qui, peu regardant comme bien des jeunes gens, « saoulait de caresses sa chair vieillissante » et y prenait plaisir.

Hélas! un autre page, Vermont, âgé de dix-huit ans, lorgnait les appas débordants et usés de la quinquagénaire. Un jour d'avril 1606, la jalousie le poussa au meurtre. Alors que la reine revenait de la messe en carrosse avec Saint-Julien, il bondit, un pistolet à la main, et tua le favori à bout portant.

Marguerite, couverte du sang de son amant, crut devenir folle. Quand on lui amena l'assassin, qui avait été arrêté sur-le-champ, elle entra dans une grande agitation, retroussa ses jupes, prit ses jarretières et les tendit aux gens du guet :

— Tuez-le! cria-t-elle. Voici mes jarretières. Étranglez-le! (3).

(1) Actuellement la rue de l'Hôtel-de-Ville.
(2) PIERRE DE L'ESTOILE, *op. cit.*
(3) Rapporté par Agrippa d'Aubigné.

Devant un tel accès de fureur, Vermont restait très calme.

— Tournez-le, dit-il aux gardes, que je voie s'il est mort.

Complaisants, les fonctionnaires obéirent.

— Ah! que je suis content, cria-t-il. S'il n'était pas mort, je l'achèverais.

« Outrée de colère », la reine rentra chez elle en disant « qu'elle ne voulait boire ni manger qu'elle n'eût vu mourir l'assassin de son favori » et, sans attendre, elle écrivit au roi pour réclamer une justice expéditive. Le surlendemain, on installa un échafaud pour exécuter Vermont sur les lieux même de son crime.

Marguerite se mit à sa fenêtre, impatiente de voir la hache s'abattre sur le cou du jeune homme. Mais elle était un peu énervée et une syncope vint gâcher son plaisir. Elle rata le plus intéressant.

Deux jours plus tard, ne pouvant plus vivre à l'hôtel de Sens qui lui rappelait trop son cher Saint-Julien, elle partit s'installer sur les hauteurs d'Issy, dans un vaste domaine où elle organisa bientôt d'extraordinaires fêtes galantes.

Pour oublier le défunt...

***

A la fin de l'automne, lorsque le parc jauni commença d'être top venté pour que « les dames pussent s'y faire trousser et mettre les fesses à l'air », la reine Margot rentra à Paris.

Elle s'installa dans un domaine qu'elle venait d'acquérir sur la rive gauche, le long de la rue de Seine, juste derrière l'abbaye de Saint-Germain-des-Prés (1).

De ses fenêtres, elle pouvait voir le Louvre, ce qui inspira le couplet suivant à un poète anonyme — et méchant :

N'étant plus Vénus qu'en luxure,
Ni reine non plus qu'en peinture
Et ne pouvant, à son avis,

(1) Ce domaine occupait l'emplacement compris actuellement entre les rues de Seine et des Saints-Pères, la rue Visconti et le quai Malaquais

Loger au Louvre comme reine,
Comme putain, au bord de Seine,
Elle se loge vis-à-vis (1).

Ces petits vers d'un esprit médiocre amusèrent énormément le roi. Aussi prit-il l'habitude de dire à ses courtisans, après chacune de ses visites à Marguerite :

— Je reviens de mon bordeau!

Ce qui faisait « rire à l'environ ».

Il faut avouer que dans sa nouvelle maison la reine Margot ne se tenait pas mieux qu'à Issy... Elle avait pris pour amant un cadet de Gascogne, nommé Bajaumont, que des amis bien intentionnés lui avaient envoyé d'Agen, et passait son temps à lui demander de « faire la culbute », comme on disait alors.

Mais si cet amant avait une force et une vigueur qui lui permettaient de faire crier grâce à Marguerite, il était en revanche inculte et bête. Aussi essayait-elle de l'instruire, s'efforçant même de lui apprendre le beau langage. Hélas! le pauvre demeurait grossier et se montrait totalement bouché aux préciosités qui commençaient d'être à la mode (2). Gênée, elle tint alors à faire voir à ses amis que l'amour ne la rendait point aveugle et que Bajaumont, s'il ne brillait pas par l'esprit, avait du moins d'autres qualités; et elle écrivit une espèce de petite comédie fort curieuse, intitulée clairement : *La Ruelle mal assortie*, ou *Dialogue d'amour entre Marguerite de Valois et sa Bête de Somme*... En voici un extrait :

« Approchez-vous donc, mon Pelou, mon mignon, car vous êtes mieux près que de loin. Et, puisque vous êtes plus propre à satisfaire au goût qu'à l'ouïe, recherchons, d'entre un nombre infini de baisers diversifiés, lequel est le plus savoureux pour le continuer. Oh! qu'ils sont doux maintenant et tous assaisonnés pour mon goût. Cela me ravit, car il n'y a sur moi petite partie qui n'y participe et où ne furète et n'arrive quelque étincelle de volupté. Mais il faut en mourir,

(1) PIERRE DE L'ESTOILE, *op. cit.*

(2) Le salon de la reine Margot, où fréquentaient poètes et écrivains, peut être considéré comme l'ancêtre de l'Hôtel de Rambouillet; on commençait à y parler « phébus », langage raffiné, obscur et prétentieux qui allait faire les délices des précieuses.

j'en suis tout émue et j'en rougis jusque dans les cheveux. Oh! vous excédez votre commission et quelqu'un vous apercevra de cette porte. Eh bien, vous voilà enfin dans votre élément où vous paraissez mieux qu'en chaire. Ah! j'en suis hors d'haleine et je ne m'en puis revenir; il me faut, n'en déplaise à la parole, à la fin avouer que, pour si beau que soit le discours, cet ébattement le surpasse, et peut-on bien dire sans se tromper : " Rien de si doux, s'il n'était si court. " »

La vie entre ces deux amants si mal assortis était naturellement assez difficile. Dès qu'ils se trouvaient hors d'un lit, ils se disputaient, et la reine Margot, qui était devenue d'une jalousie féroce, empêchait son « galant » de sortir seul. Parfois même, elle le battait. Peu intelligent, mais rusé, Bajaumont faisait alors mine d'avoir été blessé, et se mettait au lit où la reine courait le rejoindre...

On comprend que le confesseur de Margot, le futur saint Vincent de Paul, ne se soit pas plu dans cette atmosphère. Il s'en alla, un jour, écœuré, préférant aller vivre avec les galériens...

Pendant ce temps, Henri IV menait une existence extrêmement compliquée entre la reine, la duchesse de Moret, dont il était toujours amoureux, et la marquise de Verneuil, qu'il soupçonnait d'infidélité.

C'est à cette époque qu'il obligea celle-ci, dit-on, à porter, pendant ses absences, une ceinture de chasteté. Ce curieux instrument (que le moyen âge n'avait pas connu) venait, en effet, de faire son apparition en France (1). Inventé à Venise, il avait été exposé et mis en vente par un « quinquailleur » à la foire Saint-Germain. Il s'agissait, nous dit Sauval, « d'un petit engin pour brider la nature des femmes qui était fait de fer et ceinturait comme une ceinture et venait à prendre par le bas et

(1) Car il faut en finir avec la légende du Croisé offrant cet embarrassant cadeau à son épouse avant de partir pour la Terre sainte. Les deux ceintures de chasteté exposées au musée de Cluny sont postérieures à la Renaissance. Voici ce que nous en dit Edmond Haraucourt : « L'une date du XVIIe siècle et elle est allemande, comme l'indique le style de sa décoration; l'autre, qui fut offerte aux collections de l'État par Prosper Mérimée avec d'autres objets rapportés d'Espagne, est peut-être espagnole et vraisemblablement récente. »

se fermer à clef; si subtilement fait qu'il n'était pas possible que la femme. en étant bridée une fois, s'en pût jamais prévaloir pour ce doux plaisir, n'ayant que quelques petits trous menus pour servir à pisser » (1).

Les maris avaient quelques raisons de faire porter cet instrument barbare à leurs épouses, car les femmes étaient alors véritablement « possédées par un démon de luxure qui les poussait, nous dit-on, à commettre mille extravagances propres à faire naître de coupables désirs à leur endroit ». C'est ainsi qu'elles se promenaient dans des robes aux décolletés audacieux qui laissaient voir leur poitrine entièrement nue...

Le menu peuple ricanait en considérant ces grandes dames qui allaient dans les rues le tétin à l'air, et deux quatrains ironiques circulèrent bientôt dans Paris. Le premier était allusif :

A vostre advis celle qui va
La gorge toute descouverte,
Fait-elle pas signe par là
Qu'elle voudroit estre couverte?

Le second était plus direct :

Madame, cachez vostre sein,
Avec ce beau tétin de rose,
Car si quelqu'un y met la main
Il y voudra mettre autre chose.

Si le peuple riait, le clergé, naturellement, fulminait contre ces « nudités de gorge » qui excitaient en tous lieux, même dans les églises, la concupiscence des amateurs. Et les prédicateurs, en chaire, apostrophaient violemment les élégantes qui se montraient « sous les livrées de l'impudicité ». Le cordelier Maillard leur tint, un dimanche, ce curieux langage : « Enfants du diable! femmes maudites de Dieu, qui

(1) SAUVAL. *Le B...l de la Cour et de Paris.*

venez dans le lieu saint pour étaler vos impudiques mamelles, vous serez damnées et pendues par vos infâmes tétons. »

Un autre, plus léger, leur recommandait d'avoir toujours sur leur gorge un fichu de toile de Hollande, et de repousser les mains téméraires des amants qui tenteraient de l'enlever, car, ajoutait-il, « quand la Hollande est prise, adieu les Pays-Bas » (1).

Mais tous les prédicateurs n'avaient pas autant d'éloquence, et l'on cite le cas d'un ecclésiastique qui, s'adressant aux hommes de sa paroisse, s'écria naïvement : « Quand vous voyez ces tétons rebondis et qui se montrent avec tant d'impudence, mes frères, mes très chers frères, bandez les yeux. »

La fin de la phrase déclencha un tel fou rire dans l'église qu'il dut quitter la chaire sans pouvoir terminer son sermon...

Bien entendu, les anathèmes du clergé restèrent sans effet et les dames de Paris — bientôt imitées par celles de province — continuèrent d'exposer sans modestie ces appas qu'un prêtre avait joliment nommés : « les deux cataractes de la nature enfantine altérée » (2).

Certaines poussèrent l'extravagance jusqu'à se passer le bout des seins au rouge vif; mode qui donna l'idée à d'autres femmes de se farder en un endroit plus original encore...

***

La mode des robes échancrées jusqu'au nombril allait être à l'origine d'un nouvel engouement royal. Un soir de mars 1607, au cours d'une fête, Henri IV remarqua une jeune personne extrêmement gracieuse « qui montrait de jolis tétins bien rebondis et ornés de deux framboises ». Elle s'appelait Charlotte des Essarts. Le roi, qui avait justement quelques loisirs (Mme de Moret était enceinte) (3), s'amouracha d'elle et lui fit une cour si pressante que le lendemain soir, nous dit un

(1) On appelait alors « Pays-Bas » le sexe féminin.

(2) L'abbé Valladier, aumônier et prédicateur du roi.

(3) Elle accoucha d'un garçon, Antoine de Bourbon, comte de Moret, qui fut légitimé en 1608.

chroniqueur, « il lui lutinait le Sénégal » (1). En dédommagement, le Trésor lui versa une importante pension...

Pendant quelques mois, Mlle des Essarts eut droit à tous les égards et put croire qu'elle allait devenir troisième favorite en titre; mais, lorsqu'elle fut enceinte à son tour, Henri IV, agacé, pria Sully de le « descharger au plus tost de cette femme ».

— Comment? demanda le ministre, un peu embarrassé.

— Attendez la naissance de l'enfant, répondit le roi, et faites-les entrer tous deux en religion. C'est une sûre retraite.

Une fille naquit qu'on baptisa Jeanne-Baptiste de Bourbon et qu'on mit rapidement dans un couvent de Chelles (2), tandis que Charlotte était conduite à l'abbaye de Beaumont (3).

Alors le roi, qui avait fait de la cour un très mauvais lieu, suivant l'expression de l'ambassadeur de Florence (4), enrichit son harem en devenant l'amant de la sémillante Charlotte de Fontlebon, demoiselle d'honneur de la reine.

Cette jeune personne était encore en fonction dans le lit royal lorsqu'en janvier 1609, Henri IV fut invité avec Marie de Médicis à une fête donnée par la reine Margot. Il suivait ce que nous appellerions maintenant les « attractions » avec un intérêt moyen, quand parut soudain au milieu d'un ballet une petite chanteuse aux cheveux dorés. Elle s'appelait la petite Paulet et avait un éclat éblouissant (5). Voici ce que nous en dit Pierre de l'Estoile : « Cette petite chair blanche, polie et délicate, couverte d'un simple crêpe fort délié, au travers

(1) La nature de la femme : « Ainsi nommée au XVIe siècle, nous dit Lenient, parce que le thermomètre qu'on y plonge monte généralement au degré désigné par le mot *Sénégal.* »

(2) Elle devint, en 1637, abbesse de Fontevrault.

(3) Elle n'y resta pas longtemps car, en 1610, elle devenait la maîtresse de Louis de Lorraine, cardinal de Guise et archevêque de Reims, dont Dreux du Radier nous dit : « qu'il n'était pas fort scrupuleux sur les décences de son état »...

(4) Ce diplomate écrit vertement : *In verità, veddesi mai bordello più simile a questo di questa corte?*

(5) Tallemant des Réaux nous dit : « qu'elle chantait si bien qu'on trouva deux rossignols crevés sur le bord d'une fontaine où elle avait chanté tout un soir... » : morts de dépit sans doute.

duquel paraissaient les linéaments d'une partie secrète encore plus déliée, mettait en goût et appétit plusieurs personnes. »

L'appétit du roi fut l'un des plus vifs, on s'en doute. Et Tallemant des Réaux ajoute tout crûment « qu'il eut envie de coucher avec la belle chanteuse pour la faire chanter sous l'homme ». Ajoutant d'ailleurs : « Tout le monde tombe d'accord qu'il en passa son envie... »

Le roi eut ainsi cinq femmes à satisfaire. Il sut se montrer à la hauteur de la tâche; mais se vit contraint de délaisser quelque peu les affaires de l'État. « Il passait son temps, nous dit-on, à courir d'un lit à un autre avec une fougue d'adolescent. Rien ne comptait plus pour lui que ce qui se tâte... »

Au milieu de ce carrousel galant, il conservait cependant un amour tendre et sincère pour la marquise de Verneuil. Lorsqu'il présidait, par hasard, son Conseil, on le voyait parfois griffonner fiévreusement un billet; ce n'était pas une note sur les événements politiques, mais une lettre enflammée destinée à Henriette. *Je meurs d'envie de vous voir... Bonsoir, mon âme, je te baise les tétons un million de fois...* Et l'austère Sully maugréait contre ces mamelles qui ne valaient pas à ses yeux le Labourage et le Pâturage...

***

Le roi menait cette vie agitée lorsque la reine Marie de Médicis fit répéter, pour les fêtes du Carnaval, un ballet où figuraient les plus belles filles de la Cour. Parmi celles-ci se trouvait la jeune Charlotte de Montmorency, délicieuse blonde de quatorze ans et demi. « On ne pouvait rien voir de plus beau ni de plus enjoué », nous dit Tallemant des Réaux. Et Dreux du Radier ajoute : « Ses yeux pleins de tendresse en inspiraient aux plus indifférents... »

Les répétitions ayant lieu dans une salle contiguë à la chambre du roi, celui-ci aperçut un jour, par la porte entrouverte, le minois de Mlle de Montmorency. Émerveillé, il sortit aussitôt et alla voir répéter le ballet. « Or, nous dit l'auteur des *Historiettes,* les dames devaient être vêtues en nymphes; en un endroit elles levaient leur javelot, comme si elles eussent voulu le lancer. Mlle de Montmorency se trouva vis-à-vis du roi quand elle leva son dard, et il semblait qu'elle l'en voulait percer. Le roi a dit, depuis, qu'elle fit cette action de si bonne grâce qu'effectivement il en fut blessé au cœur et pensa s'évanouir. »

Immédiatement il voulut entraîner Charlotte dans sa chambre, mais elle refusa, disant qu'elle était bien jeune et que, d'ailleurs, on l'avait promise à François de Bassompierre.

Henri IV n'avait pas de goût pour les demi-mesures : il fit rompre les fiançailles et maria la petite Montmorency au prince de Condé que l'on disait inverti « dans l'espoir d'avoir affaire ainsi à un mari complaisant ».

De fait, pendant quelques semaines, Condé considéra avec indifférence le manège du roi qui, pourtant, montrait tous les signes d'une inquiétante passion. Il devenait coquet, changeait d'habits, se lavait, se parfumait, taillait sa barbe, bref, se préparait comme un beau coq à la danse de séduction. Sa passion le poussait même parfois à des extravagances inattendues : un soir, il voulut que Charlotte se montrât tout échevelée sur un balcon, avec deux flambeaux à ses côtés. En la voyant ainsi, il faillit s'évanouir :

— Jésus, qu'il est fou ! dit-elle, fort émue...

Toute la cour suivait avec amusement ces excentricités et Mme de Verneuil essayait d'ironiser :

— N'êtes-vous pas bien méchant, disait-elle au roi, de vouloir coucher avec la femme de votre fils, car vous savez bien que vous m'avez dit qu'il l'était.

Mais ce détail aurait plutôt excité Henri IV (1).

Indifférent aux sourires et aux critiques, « il se montra de plus en plus échauffé à la chasse de cette belle proie », nous dit L'Estoile, au point qu'il oublia une fois de plus les affaires de l'État et que le duc de Mantoue put écrire : *C'est une telle folie, qui tient tous les sens du roi si embarrassés que quasi il*

(1) Le prince de Condé, né en 1588, était le neveu du roi. Mais sa légitimité a été contestée. Il semble que sa mère, Charlotte de la Trémoille, l'ait eu d'un page nommé Belcastel — d'autres disent de Henri IV lui-même — pendant une absence de son mari, quelle aurait, à son retour, fait empoisonner. Des poursuites furent dirigées contre elle, mais le roi ordonna de les abandonner et fit brûler les témoignages recueillis.

n'est capable d'autres affaires que de celles qui concernent cette affection.

Peut-être alors Charlotte, qui encourageait les galantes audaces du Béarnais, se serait-elle abandonnée comme les autres, si, brusquement, et contre toute attente, son mari n'était tombé amoureux d'elle. Jaloux soudain, il demanda au roi la permission de se retirer en province. Henri IV refusa et une violente dispute éclata entre les deux hommes.

— Vous n'êtes qu'un tyran, dit Condé.

Henri IV avait la réplique cruelle :

— Je n'ai fait acte de tyran qu'une fois dans ma vie, dit-il. C'est lorsque je vous ai fait reconnaître pour ce que vous n'étiez pas. Et quand vous voudrez je vous montrerai votre père à Paris.

Le prince baissa la tête et ne dit plus rien. Mais quelques jours après il prenait sa femme en croupe et l'emmenait au triple galop loin de la cour et de ses dangers, au château de Valery, près de Sens.

En apprenant ce départ, Henri IV fut inconsolable. On le voyait pleurer dans les couloirs pour le plus grand agacement de la reine et des quatre favorites qui s'étaient provisoirement coalisées contre Charlotte.

Pendant plusieurs soirs, il essaya d'exprimer sa douleur en vers. Mais les mots venaient malaisément et, découragé, il finit par jeter au feu ses pénibles essais.

Alors Malherbe vint.

Et l'aida.

Pour faire entendre les plaintes du souverain amoureux, le poète composa des *Stances* ampoulées et fort ennuyeuses qui commençaient ainsi :

Donc, cette merveille des cieux
Pour ce qu'elle est chère à mes yeux
En sera toujours éloignée ;
Et mon impatiente amour
Par tant de larmes témoignée
N'obtiendra jamais son retour.

Les poètes ne sont pas toujours bons prophètes. Au mois de juillet 1609, Condé et sa femme furent obligés de revenir à Paris pour assister au mariage du duc de Vendôme, fils naturel du roi. En revoyant « la merveille des cieux », Henri IV sembla renaître et convoqua immédiatement Malherbe qui reprit sa plume pour conter, en vers toujours aussi mauvais, la joie de son maître...

Revenez, mes plaisirs, ma dame est revenue;
Et les vœux que j'ai faits pour revoir ses beaux yeux,
Rendant par mes soupirs ma douleur reconnue,
Ont eu grâce des cieux.

Mais, dès que les fêtes furent terminées, Condé repartit avec Charlotte pour son château de Muret, près de Soissons, et Malherbe dut composer un nouveau poème de quatorze strophes éplorées :

Que d'épines, Amour, accompagnent tes roses.
Que d'une aveugle erreur tu laisses toutes choses
A la merci du sort.
Qu'en tes prospérités à bon droit on soupire.
Et qu'il est malaisé de vivre en ton empire
Sans désirer la mort...

Après avoir pleuré pendant quelques jours, le roi se rendit en Picardie, bien décidé à revoir sa bien-aimée. Pour commencer, il se mit une fausse barbe et rôda dans les bois de Muret (1). Son attente ayant été déçue, il alla demander à M. de Traigny, seigneur de la région, d'inviter à dîner le prince de Condé et sa femme. Ainsi, put-il, le soir de la réception, se cacher derrière une tapisserie de la salle à manger et admirer Charlotte tout à son aise...

(1) « Pour cet effet, nous conte L'Estoile, il part déguisé de Paris, avec cinq ou six autres seulement, déguisés comme lui et portant de fausses barbes, lesquels passant au bac de Saint-Leu, on prend pour des voleurs, et envoie-t-on un prévost des maréchaux après, qui, estant averti que c'estoit le roi, tourne bride et s'en retourne sans faire semblant de rien. »

Mais cette « douce vision » ne lui suffisait pas, on s'en doute, et il imagina une extraordinaire équipée. On était la veille de la Saint-Hubert. Il fit préparer une meute et s'en fut le lendemain à l'aube dans la forêt de Traigny, avec un large emplâtre sur l'œil.

Vers dix heures du matin, la princesse de Condé, qui se promenait en carrosse, aperçut des chiens qu'elle ne connaissait pas.

— A qui est cet équipage? demanda-t-elle.

— Au capitaine de la vénerie royale, lui répondit-on.

Elle se pencha pour admirer la meute et remarqua un curieux veneur, défiguré par un pansement, qui lui faisait des signes avec son œil unique. Intriguée, elle le regarda mieux et reconnut le roi.

Peut-être pensa-t-elle alors à se faire enlever par cet homme qu'elle nommait dans ses lettres « Mon tout » et « Mon cher chevalier ». Il eût suffi d'un geste pour qu'il se démasquât et dît : « Je suis le roi, suivez-moi! »

Mais elle craignit sans doute une intervention regrettable de ses compagnons, tous amis du prince de Condé.

— Rentrons au château! dit-elle simplement.

Une heure plus tard, alors qu'elle était au balcon du grand salon de M. de Traigny et regardait le paysage, elle ne put s'empêcher de sourire : Henri IV, toujours porteur de son emplâtre, se trouvait à la fenêtre d'un pavillon des communs et lui envoyait des baisers...

Condé fut naturellement informé de ces facéties. Redoutant une nouvelle attaque de la part du roi, il monta dans un carrosse avec Charlotte et partit se réfugier à Landrecies, en Belgique.

Le Béarnais, qui était rentré à Paris, jouait aux cartes dans son petit cabinet du Louvre lorsqu'on vint lui apprendre la fuite de Condé. Désemparé, il murmura à Bassompierre :

— Mon ami, je suis perdu. Cet homme a emmené sa femme dans un bois, et je ne sais si c'est pour la tuer ou la faire sortir du royaume. Prends garde à mon argent et entretiens mon jeu pendant que je m'en vas demander de plus particulières nouvelles.

Quand il sut que Condé et Charlotte étaient en Belgique, il

fut d'abord pris de tremblements convulsifs, puis il appela tous ses ministres et, frappant son bureau de coups de poing, il cria :

— Je ferai la guerre à l'Espagne s'il le faut (1), mais je retrouverai la princesse de Condé.

Ravaillac allait empêcher la réalisation de cet extravagant projet.

***

Tandis que le roi préparait déjà son plan de bataille, le marquis de Praslin entra en pourparlers avec l'archiduc Albert qui gouvernait les Pays-Bas.

— Je viens, lui dit-il, vous prier, au nom du roi de France, de faire arrêter le prince de Condé et de le faire reconduire à la frontière. Sa Majesté estime que, tant pour son contentement que pour le bien et avantage public, le prince doit rentrer en France avec son épouse.

Ce discours fit sourire l'archiduc qui savait quel genre de contentement le Béarnais voulait avoir de Charlotte.

— Je regrette, pour le bien et avantage du royaume de France, dit-il, l'œil ironique; mais les droits de l'hospitalité sont sacrés!

Le soir, Condé était informé de cette démarche. Pris de panique, il pensa que le bon roi Henri allait peut-être essayer de le faire assassiner pour avoir la satisfaction de consoler sa veuve, et il partit précipitamment pour Cologne, afin de « se mettre sous la protection des vieilles libertés germaniques ».

Quatre jours plus tard, Charlotte quittait Landecies à son tour et allait se réfugier à Bruxelles, chez sa belle-sœur, la princesse d'Orange (2).

Alors Henri IV résolut de la faire enlever; et, comme il avait le goût des situations singulières, il chargea le marquis de Cœuvres, frère de la belle Gabrielle (et futur maréchal d'Estrées), de cette extraordinaire mission.

Mise au courant, Charlotte, qui s'ennuyait à Bruxelles, se

(1) La Belgique était alors une possession espagnole.
(2) Éléonore de Bourbon, sœur aînée de Condé.

déclara prête à suivre les ravisseurs qui voudraient bien se présenter. Mais Condé fut prévenu par Marie de Médicis et l'entreprise échoua pour la plus grande joie des souverains d'Europe qui suivaient les péripéties de cette pitoyable affaire avec l'intérêt que l'on devine.

Henri IV devint alors fou furieux. Il lui fallait cette femme coûte que coûte, et il donna l'ordre d'activer les préparatifs militaires. Toutes les routes de France se couvrirent de gens de guerre, on forma des magasins de vivres et d'artillerie, on fortifia les frontières et l'ambassadeur Don Inigo de Cardena, fort ému, écrivit au roi d'Espagne : *On s'attend chaque jour à voir le roi marcher sur Bruxelles avec un gros de cavalerie.*

Pourtant, Henri IV hésitait un peu à montrer au monde entier qu'il était prêt à faire massacrer son peuple à cause d'une femme. Le Ciel vint à son aide en lui fournissant un prétexte honorable pour entrer aux Pays-Bas : l'ouverture de la succession des duchés de Clèves et de Juliers...

Sachant que l'Autriche, qui aspirait à la monarchie de l'Europe, voulait mettre la main sur ces territoires, il prit bruyamment le parti des héritiers. Et une armée de 110 000 hommes, 12 000 chevaux et 100 canons arriva en Champagne.

Le 28 avril 1610, l'avant-garde se trouvait à Mézières. Le 29, Henri IV fit savoir à l'archiduc que les troupes françaises allaient pénétrer sur son territoire et se présenter devant Bruxelles pour réclamer la princesse de Condé. Une guerre sans précédent, si l'on considère les moyens mis en action, menaçait d'éclater entre la France et l'Espagne à cause d'une nouvelle Hélène (1)...

(1) Les auteurs de manuels omettent généralement de donner les véritables causes de cette mobilisation. Ces messieurs, qui mettent par pudeur des raisons d'État là où seul le cœur a les siennes, s'en tiennent à l'affaire de Clèves et de Juliers. Or Villeroi dit un jour à Pecquius : « Que la princesse revienne en France, il suffira ensuite de trois ou quatre mille hommes pour arranger l'affaire de Juliers. » Ce qui prouve bien que Charlotte était la seule préoccupation de Henri IV. Saint-Simon déclare également que, sous le prétexte de l'affaire de Clèves, le roi « voulait tourner ses premiers efforts contre l'archiduchesse et lui enlever la beauté qui le transportait d'amour et de rage ». Enfin, en réponse à ceux qui prennent au sérieux le fameux « grand dessein » d'abattre l'Autriche, exposé par Sully, il suffit de citer cette phrase de Richelieu : « Il y a grande apparence qu'après avoir terminé le différend de

Juliers et retiré des mains des étrangers Mme la princesse elle lui eût servi de bride pour l'arrêter et le divertir du reste... »

Quant à Villegomblain, il est plus catégorique encore : « On tient, dit-il, que tout l'apparat de cette guerre qui s'annonçoit n'estoit premièrement causé, délibéré, ni entrepris que pour enlever de force cette créature du lieu où elle estoit gardée par la recommandation de son mari, et que, sans cette piqûre d'amour, le roy n'eust jamais passé, en l'âge en lequel il estoit, les limites de son royaume, pour entreprendre une conqueste sur ses voisins et qu'il estoit résolu de commencer par là ; et néanmoins, à cette fin qu'il ne fust blasmé d'une si honteuse entreprise, il la couvrit par de plus honorables desseins.. »

XVIII

Mme DE VERNEUIL ÉTAIT-ELLE COMPLICE DE RAVAILLAC?

En amour, il ne faut se permettre d'excès qu'avec les gens qu'on veut quitter bientôt.

LACLOS.

Henri IV eût voulu se mettre immédiatement en campagne; mais la reine, qui voyait d'un très mauvais œil cette guerre faite pour aller chercher une favorite, prit peur tout à coup. S'imaginant que le roi pouvait être assez fou pour la répudier, la renvoyer à Florence et épouser la princesse de Condé (1), elle exigea d'être couronnée avant le début des hostilités.

Le roi vit là une occasion de faire revenir Charlotte à Paris et il pria la reine d'intervenir auprès des archiducs pour que la jeune femme fût autorisée à sortir de Belgique pendant quelques jours.

— Elle embellirait le couronnement! s'écria-t-il avec un enthousiasme qui déplut à Marie de Médicis.

— Mé prénez-vous pour oune roufiane? répondit-elle.

Il n'insista pas et la cérémonie eut lieu le 13 mai à Saint-Denis. Quand la reine sortit de la basilique, le roi, qui était toujours d'humeur gamine, se mit à une fenêtre et l'arrosa d'un verre d'eau (2). Ce devait être sa dernière espièglerie...

Le lendemain, 14 mai, alors que Paris était orné pour

(1) Celle-ci, qui rêvait d'être reine de France, avait déjà signé une requête pour être démariée...

(2) PIERRE DE L'ESTOILE, *op. cit.*

l'entrée prochaine de la souveraine, le roi monta dans son carrosse et se rendit chez la petite Paulet. « C'était, nous dit Tallemant des Réaux, pour y mener M. de Vendôme. Il voulait rendre ce prince galant; peut-être s'était-il déjà aperçu que ce jeune monsieur n'aimait pas les femmes... »

Quelques instants plus tard, le carrosse royal s'engagea dans la petite rue de la Ferronnerie, où un embarras de voitures l'obligea bientôt à s'arrêter. Dès lors, tout se passa très vite. Un énergumène grimpa brusquement sur l'essieu de la roue arrière et enfonça par trois fois un couteau dans la poitrine de Henri IV.

Le souverain s'écria :

— Ah! je suis blessé!

M. de Montbazon, qui se trouvait à côté de lui, et *ne s'était aperçu de rien*, demanda :

— Qu'est-ce, Sire?

Le roi eut la force de répondre :

— Ce n'est rien. Ce n'est rien!

Puis un flot de sang sortit de sa bouche, et il tomba mort.

Tandis qu'on ramenait précipitamment au Louvre le corps du roi, les gardes traînèrent l'assassin à l'hôtel de Gondi pour lui faire subir un premier interrogatoire. Mais ils ne purent le faire parler et durent se contenter d'écrire un nom : François Ravaillac...

En apprenant la mort du roi, le menu peuple, qui avait fini par aimer ce vieux coureur de jupons, fut atterré. Les commerçants fermèrent leurs boutiques et l'on vit de bonnes gens pleurer sur les places publiques.

Le jour des obsèques, tout Paris était dans la rue. « La foule était si grande, nous dit un chroniqueur, que l'on s'entretuait pour voir le cortège... »

Ce qui ajoutait encore au deuil...

***

Le 26 mai, Ravaillac fut exécuté devant un peuple hurlant. Malgré le supplice de la « question », il n'avait révélé aucun nom et l'on pouvait penser qu'il n'avait pas eu de complices. Mais, quelques jours après sa mort, une femme nommée

Jacqueline Le Voyer d'Escoman vint déposer au palais un étrange manifeste. Elle y accusait notamment la marquise de Verneuil d'avoir participé à l'assassinat du roi.

« Je suis entrée au service de la marquise après sa mise en liberté, écrivait-elle, et là, en dehors des visites fréquentes du roi, je remarquai qu'elle recevait d'autres personnages, français d'apparence, mais non de cœur... A la Noël 1608, la marquise se mit à suivre les sermons du P. Gontier, et un jour, entrant avec sa suivante à l'église Saint-Jean-en-Grève, elle alla droit à un banc où était assis le duc d'Épernon, se mit auprès de lui, et ils s'entretinrent pendant toute la cérémonie à voix basse et à mots couverts. »

Agenouillée derrière eux, Mlle d'Escoman crut comprendre qu'il s'agissait d'un complot contre la vie du roi.

« Après quelques jours d'intervalle, continuait la narratrice, la marquise de Verneuil m'envoya Ravaillac, venant de Marcoussis, avec ce billet : *Madame d'Escoman, je vous envoie cet homme par Étienne, valet de chambre de mon père ; je vous le recommande ; ayez-en soin.* Je reçus Ravaillac sans chercher à savoir qui il était, le fis dîner et l'envoyai coucher en ville, chez un nommé Larivière, confident de ma maîtresse. Un jour qu'il déjeunait, je lui demandai la raison de l'intérêt que lui portait la marquise : il répondit que c'était à cause du soin qu'il prenait des affaires du duc d'Épernon ; sur cette assurance, je lui apportai un procès à élucider ; à mon retour, cependant, il avait disparu. Surprise de toutes ces étrangetés, je tâchai de m'immiscer dans la confiance des complices pour en savoir davantage. »

A ce moment, Mlle d'Escoman avait voulu dévoiler ce qu'elle savait ; mais les gens à qui elle s'était adressée avaient refusé de la croire.

Après la mort du roi, elle était allée trouver la reine Margot :

— Je connais ceux qui ont fait tuer le roi, lui avait-elle dit ; c'est surtout le duc d'Épernon et la marquise de Verneuil. Je puis l'affirmer en justice (1).

Elle finit par comparaître devant le Parlement. Le duc et la

(1) Bibl. Nat., Fonds ital., 1763, filza 42, p. 244.

marquise furent convoqués. L'interrogatoire de celle-ci dura cinq heures. « Le lendemain, rapporte L'Estoile, la reine régente envoya au président un gentilhomme pour le prier de lui dire ce qui lui semblait du procès. « Vous direz à la reine, répondit ce bonhomme, que Dieu m'a réservé à vivre en ce siècle pour y voir et entendre des choses merveilleuses, si grandes et étranges que je n'eusse jamais cru les pouvoir voir ni ouïr de mon vivant. » Et à un de ses amis et des miens, qui lui disait, parlant de cette demoiselle (Mlle d'Escoman), qu'accusant tout le monde comme elle faisait, même les plus grands du royaume, elle en parlait à la volée et sans preuves, levant les yeux au ciel et ses deux bras en haut : « Il n'y en a que trop, des preuves, fit-il, il n'y en a que trop... Plût à Dieu que nous n'en vissions pas tant! » (1).

Le *Mercure François* mentionne d'ailleurs que les interrogatoires de la d'Escoman, ainsi que ceux du duc d'Épernon et de la marquise de Verneuil, furent secrets...

Il semble donc qu'on ait voulu étouffer l'affaire. Finalement, le président, accablé, se démit de sa charge et fut remplacé par un ami de la reine. Le Parlement rendit alors son jugement : Épernon et la marquise étaient blanchis de l'accusation portée contre eux et Mlle d'Escoman était condamnée au cachot à perpétuité.

Dans ces mêmes temps, le prévôt de Pithiviers, bon serviteur de la marquise de Verneuil, fut arrêté pour avoir bizarrement parlé de l'assassinat du roi. Mais on ne put l'interroger, car on le trouva étranglé dans sa cellule...

Tous ces faits sont si étranges qu'il est bien difficile de ne pas en conclure que Ravaillac n'a été qu'un instrument entre les mains de la belle Henriette, du duc d'Épernon et peut-être de Marie de Médicis elle-même; car c'est elle qui fit cesser toutes les poursuites.

Les deux femmes se seraient-elles donc réconciliées pour frapper l'homme qui les avait trompées? C'est fort possible. Saint-Simon nous dit : « On a prétendu que Marie de Médicis, furieusement jalouse et poussée par cette lie domestique qui soupirait après la régence, se laissa aller à une union avec

(1) Pierre de L'Estoile, *op. cit.*

cette cruelle maîtresse, l'une et l'autre tout Espagnoles et gouvernées par ce qui était attaché à l'Espagne, *et que Henri IV en fut la victime* » (1).

La marquise de Verneuil savait que Charlotte devait la supplanter et peut-être se faire épouser par le roi. N'était-ce pas suffisant pour qu'elle eût des idées de meurtre? Car elle n'avait oublié aucun de ses espoirs déçus, aucun des mensonges du Béarnais, aucun des mots de la promesse signée à Malesherbes, et haïssait ce roi dont elle partageait encore la couche.

Quant à Marie de Médicis, elle ne pouvait supporter d'être la risée de l'Europe, et rêvait de prendre sa revanche en devenant régente (2).

Les deux femmes ont donc très bien pu associer leur rancune. Un fait, à ce propos, est fort éloquent : après la mort du roi, la marquise fit demander à Marie de Médicis si elle pouvait reparaître au Louvre. La reine, qui pourtant était jalouse, lui fit répondre :

— J'aurai toujours des égards pour tous ceux qui ont aimé le roi mon mari; elle peut reparaître à la cour, elle y sera la bienvenue...

Ce qui causa une vive surprise.

Mais Henriette ne put vivre longtemps auprès de la reine. Elle disparut un beau jour pour mener une existence obscure dans sa maison de Verneuil, où elle mourut, oubliée de tous, en 1633, à l'âge de cinquante-neuf ans.

Quant à Charlotte de Condé, elle revint en France, avec son mari, un mois après la mort du roi. Les époux vécurent dès lors heureux et eurent deux enfants : en 1619, une petite fille qui allait devenir la fameuse Mme de Longueville et, en 1621, un fils que l'Histoire devait baptiser « le Grand Condé »...

(1) Cette thèse semble extrêmement plausible et je pense qu'il ne faut attacher aucune importance au bruit qui courut un moment, selon lequel Ravaillac aurait agi pour venger sa sœur, séduite par Henri IV...

(2) On remarquera d'ailleurs que le roi fut assassiné le lendemain du jour où Marie de Médicis avait été sacrée vraie reine de France...

D'autre part, son calme en apprenant la mort de Henri IV est assez troublant. Après lui avoir rendu visite, le président du Parlement eut ce mot terrible : « Je l'ai trouvée ni assez surprise, ni assez affligée... »

XIX

L'ÉTRANGE ENFANCE DE LOUIS XIII

Il jouait généralement avec ce qu'il avait sous la main.

CLAUDE ROUSSET.

Le 17 octobre 1610 au matin, une foule considérable se pressait devant la cathédrale de Reims.

Soudain, les grandes portes s'ouvrirent, libérant des flots de musique religieuse, un nuage d'encens et un enfant vêtu de violet. C'était le nouveau roi. Les bonnes gens, attendris à la vue de ce souverain de huit ans qui venait d'être sacré, se mirent à genoux dans la boue et hurlèrent leur joie.

Louis XIII, suivi des princes, des pairs et du clergé, descendit les marches et passa rapidement au milieu de la foule sans paraître se soucier des acclamations dont il était l'objet. Il avait l'œil triste, le front baissé, l'air grognon, et remuait sans cesse les lèvres, ce qui parut inconvenant aux Rémois. « Ils s'imaginèrent, nous dit un historien du temps, que le petit roi suçoit une friandise en sortant de la cérémonie du sacre. »

La vérité était autre. Ce n'était pas un bonbon qui gonflait la bouche de Louis XIII, c'était sa langue... Le pauvre avait, en effet, une langue si longue qu'il était obligé, nous dit-on, « de la repousser dans sa bouche avec son doigt, lorsqu'il avait fini de parler » (1).

(1) Cf. *Revue critique* n° 13, 28 mars 1898, et *Chronique médicale,* Ier janvier 1899.

Ce qui devait constituer un surprenant spectacle...

Quelques jours plus tard, il rentra à Paris et, laissant à sa mère — qu'il avait nommée régente — le soin des affaires de l'État, il reprit ses occupations habituelles. Elles étaient simples : quand il ne s'amusait pas avec ses jouets, il se livrait à des plaisanteries d'une étonnante obscénité. Son éducation, il est vrai, avait été assez fâcheuse. On en aura une idée en parcourant le *Journal* d'Héroard, médecin qui le suivit depuis sa naissance, le 22 septembre 1601, jusqu'en 1627.

Voici, par exemple, quelques-uns de ses plus jolis mots d'enfant :

23 mai 1604. A huit heures levé. Bon visage, gai, vêtu. Il avale (rabat) ses bas de chausses, disant :

— Voyez la belle jambe.

Mlle de Ventelet lui hausse le bas et l'attachait d'un ruban bleu à son cotillon: il voit que le ruban tournait un peu sur le derrière; il se prend à dire en souriant :

— Ho! ho! je pense vous voulez fai mon cu chevalier.

8 juin. Labarge lui dit qu'il est M. le dauphin, il lui répond.

— Vous êtes dauphin de mede...

21 juin. A six heures soupé; sa nourrice lui demande s'il veut téter et lui présente le téton; il lui tourne le dos, lui disant froidement :

— Faites téter mon cu...

Ce qui prouve qu'il avait adopté très tôt le langage assez vif des gens de la cour!

On pourrait même croire, en lisant certaines pages de Héroard, que le dauphin, malgré son jeune âge, était déjà tourmenté par ce qui préoccupait tant son père.

Voici quelques-unes des notations ébouriffantes du médecin royal :

15 septembre 1602. A huit heures, le page de M. de Longueville arrive pour savoir de ses nouvelles. Ayant parlé de Mme de Montglat et s'en retournant, le dauphin l'appelle d'un « Hé! » et se retrousse, lui montrant sa guillery (1).

(1) On devine le sens du mot, souvent employé dans les chansons du temps.

16 septembre. Il montre sa guillery à M. d'Elbenne.

23 septembre. Fort gai, émerilloné, il fait baiser à chacun sa guillery.

27 septembre. Il se joue à sa guillery, repousse son ventre en dedans, qui l'empêchait de la voir.

30 septembre. A douze heures un quart, le sieur de Bonières et sa fille, jeune. Il lui a fort ri, se retrousse, lui montre sa guillery, mais surtout à sa fille; car alors la tenant et riant son petit rire, il s'ébranlait tout le corps. On eût dit qu'il y entendait finesse. A douze heures et demie, le baron de Prunay; il y avait en sa compagnie une petite demoiselle; il a retroussé sa cotte, lui a montré sa guillery avec tant d'ardeur qu'il en était hors de soi. Il se couchait à la renverse pour la lui montrer.

8 juin 1604. Levé, il ne veut point prendre sa chemise et dit :

— Point ma chemise; je veux donner premièrement du lait de ma guillery.

L'on tend la main, il fait comme s'il en tirait; et de sa bouche fait « fsss, fsss », en donne à tous, puis se laisse donner sa chemise.

16 août. Éveillé à huit heures, il appelle Mlle Bethouzay et lui dit :

— Zezai, ma guillery fait le pont-levis, le vela levé, le vela baissé.

C'est qu'il la levait et la baissait...

Petit jeu innocent qui devait bientôt tourner à la manie, ainsi qu'on va le voir :

25 octobre. Il va chez Madame, où il s'amuse à un petit lit de velours que, le jour précédent, on avait donné à Madame, où il y avait un Holopherne sans tête et la tête à part, et une Judith. Il demande :

— Où est la femme?

On lui dit :

— La voilà.

Il répond :

— Eh! ne faut-il pas que la femme soit sous l'homme.

... Il avait trois ans!

A ce moment, on envisageait déjà de le marier à l'infante

d'Espagne, seul moyen à la disposition des diplomates pour faire la paix entre les deux pays.

Voici à quelles plaisanteries ce projet donnait lieu :

4 avril 1605. M. Ventelet lui demande :

— Monsieur, n'aimez-vous pas les Espagnols?

Il répond :

— Non.

— Pourquoi, Monsieur?

— Pour ce qu'ils sont ennemis de papa.

— Monsieur, aimez-vous bien l'infante?

— Non.

— Monsieur, pourquoi?

— Pour l'amour qu'elle est d'Espagne, je n'en veux point.

Je lui dis :

— Monsieur, elle vous fera roi d'Espagne, et vous la ferez reine de France.

Il répond en souriant, comme de chose où il eût pris plaisir :

— Elle couchera donc avec moi et je lui ferai un petit enfant.

— Monsieur, comment le ferez-vous?

— Avec ma guillery, dit-il bas et avec honte.

— Monsieur, la baiserez-vous bien?

— Oui, comme cela, dit-il en se jetant à corps perdu la face contre le traversin.

Un autre jour, comme on lui demandait de boire à la santé de l'infante, il répondit :

— Je m'en vas boire à ma maîtresse!...

Deux mois plus tard, le roi s'en mêla :

11 juin. Dîné avec la reine. Dépouillé et Madame aussi, ils sont mis nus dans le lit avec le roi, où ils se baisent, gazouillent et donnent beaucoup de plaisir au roi. Le roi lui demande :

— Mon fils, où est le paquet de l'infante?

Il le montre, disant :

— Il n'y a point d'os, papa.

Puis, comme il fut un peu tendu :

— Il y en a astheure (1); *il y en a quelquefois.*

Bientôt ses connaissances s'accrurent, ainsi que cette étonnante conversation en fournit la preuve :

14 août 1605. Éveillé à deux heures et demie après minuit, en sursaut, il se lève hors du lit, debout, disant :

— Où me faut-il aller?

Sa nourrice le prend, le recouche et il se rendort jusqu'à six heures et demie. Il se fait mettre au lit de sa nourrice et se jouant à elle :

— Bonjour, ma garce, baise-moi, ma garce. Hé! ma folle, baise-moi.

— Monsieur, lui demanda sa nourrice, pourquoi m'appelez-vous ainsi?

— Parce que vous êtes couchée avec moi!

Alors Mme *Lecœur, sa femme de chambre, lui demanda :*

— Monsieur, savez-vous donc bien ce que c'est que des garces?

— Oui.

— Et qui, Monsieur?

— Celles qui couchent avec des hommes!

On voulait d'ailleurs qu'il n'ignorât rien de la vie. A quelque temps de là, on l'emmena à la saillie d'une jument : Héroard nous dit « qu'il en fut fort diverti »...

Ce souci de le déniaiser rapidement se retrouve dans le choix des berceuses qui lui étaient chantées.

Le médecin nous en rapporte une :

19 novembre. Il se prend à chanter la chanson dont il se faisait endormir :

Bourbon l'a tant aimée
Qu'à la fin l'engrossa.
Vive la fleur de lys.

(1) A présent.

La pudeur étant à peu près inconnue à cette époque, les jeunes femmes de sa suite lui donnaient, en outre, et assez souvent, l'occasion de parfaire ses connaissances en anatomie :

7 mai 1606. Mlle Mercier, l'une de ses femmes de chambre, qui l'avait veillé, était encore au lit, contre le sien; il se joue à elle, lui fait mettre les jambes en haut, en cornemuse, et des pailles entre les orteils des pieds, puis les y fait remuer, comme si elle eût dû jouer de l'épinette. Après, il dit à sa nourrice qu'elle aille quérir des verges pour la fesser, le fait exécuter. Puis sa nourrice lui demande :

— Monsieur, qu'avez-vous vu à Mercier?

Il répond :

— J'ai vu son c..., froidement.

— Est-il bien maigre?

— Oui!

Puis, soudain, il se reprend :

— Non, il est bien gras.

— Qu'avez-vous vu encore?

Il répond froidement et sans rire qu'il a vu son conin.

15 mai. Il se joue en sa chambre. Arrive une femme revendeuse à Paris, nommée, à ce qu'on me dit, Opportune Julienne. Elle se prend à danser devant, à découvrir ses cuisses bien haut, tantôt l'une, tantôt l'autre. Il regardait tout cela avec un extrême plaisir, auquel il se laisse transporter, et court après cette femme pour lui soulever la cotte.

21 juillet. Il me dit d'écrire que le conin de sa mie Georges est grand comme cette boîte (c'était celle où étaient ses jouets d'argent) et que le conin de Dubois (demoiselle de Mme de Vitry) est grand comme son ventre, que c'est un conin de bois. Je lui demande :

— Monsieur, n'en avez-vous point?

Il répond que non, qu'il a une cheville qui est au milieu de son ventre, mais que c'est Doundoun qui a un gros conin entre les jambes. Enfin il prie Dieu et s'endort à neuf heures trois quarts.

On comprend, en lisant cet étonnant *Journal* d'Héroard, dont certaines notations trop rabelaisiennes sont impubliables, que la jeune et déjà précieuse marquise de Rambouillet ait conservé un pénible souvenir de son passage à la cour de Henri IV.

***

Tandis que le petit roi continuait à se livrer aux joies de l'exhibitionnisme, la régente s'installait. Elle commença par chasser Sully et donna sa confiance — et autre chose aussi — au duc d'Épernon, qui était, murmurait-on, son amant.

« Le duc, écrit Pierre de l'Estoile, possède la reine, la tourne et manie à son plaisir, et lui fait faire ce qu'il veut. »

Mais l'ancien complice de la marquise de Verneuil n'allait pas tarder à être supplanté.

Concino Concini, qui avait épousé Léonora Galigaï, sœur de lait et favorite de Marie de Médicis, était devenu un personnage extrêmement puissant à la cour.

Ambitieux, hâbleur, sans scrupules, humble avec les grands, cassant avec les petits, il avait réussi à se faire attribuer des charges considérables. Sa fortune, à la mort du roi, était une des plus importantes de Paris. Il possédait, rue de Tournon, un magnifique hôtel dont le mobilier était estimé à plus de 200 000 écus. Il y donnait des fêtes princières.

Protégé par la reine, qui le couvrait de faveurs et lui donnait à peu près tout l'argent dont elle disposait (1), il se rendit bientôt insupportable. A plusieurs reprises, des gentilshommes avec lesquels il s'était montré arrogant le firent rouer de coups. Cela ne lui servit pas de leçon, et il continua de régenter tout le palais avec une audace qui fit jaser. Son attitude devint si singulière que le menu peuple ne tarda pas à murmurer qu'il était l'amant de Marie de Médicis et que Léonora fermait les yeux pour n'être point privée des largesses de sa sœur de lait.

Des pamphlets, des chansons ordurières, où la reine était traitée de putain et le favori gratifié d'un nom de poisson, coururent la capitale. Plus mesuré dans ses propos, le grand-duc de Toscane se contenta d'écrire : *L'excès de tendresse de*

(1) Elle lui donna même certains joyaux de la couronne.

Marie pour Concino et sa femme est odieux, pour ne pas dire scandaleux.

Mais cela revenait au même...

Après la mort de Henri IV, Concini, qui avait réussi à se faire donner par la reine la somme fabuleuse de huit millions d'écus (1) sur les sommes patiemment économisées par Sully, s'acheta le marquisat d'Ancre, en Picardie. Puis il devint premier gentilhomme de la chambre du roi, surintendant de la maison de la reine, gouverneur de Péronne, Roye et Montdidier, et enfin maréchal de France, sans avoir jamais tenu une épée.

A partir de ce moment, le favori fit la loi aux ministres et à la reine. Mais, rendu prudent par les attaques dont il avait été l'objet, il ne sortait jamais qu'accompagné d'un groupe de gentilshommes pauvres qu'il avait attachés à sa personne moyennant mille livres d'appointements par an, et qu'il appelait avec mépris ses *coïons di mille lires*...

Ce qui était, à l'adresse de ses gardes du corps, une plaisanterie de corps de garde...

***

Le gouvernement de Concini fut lamentable. Il en résulta un désordre et une anarchie qui donnèrent aux grands seigneurs du royaume l'idée de reprendre un peu de l'indépendance qu'ils avaient perdue sous le règne de Henri IV. Condé, qui, je l'ai dit, était rentré en France, se mit à leur tête.

En 1614, ils prirent les armes et réclamèrent la convocation des États Généraux. Désemparé, Concini, malgré son beau titre de maréchal de France, eut peur de marcher sur les rebelles et tenta de les acheter. Condé et ses amis étaient finauds; ils acceptèrent l'argent, mais maintinrent leurs exigences...

Les États Généraux furent réunis en octobre 1614. Ils n'aboutirent à rien par suite des querelles qui opposèrent les députés du Tiers à ceux de la Noblesse, et la régente donna l'ordre d'arrêter les débats. Alors, un jeune évêque, venu de

(1) Plusieurs dizaines de millions de nos francs.

Luçon, se leva pour prononcer le discours de clôture; après avoir exposé les revendications du Clergé, il changea brusquement de ton, et se mit à vanter en termes excessivement flatteurs les mérites de Marie de Médicis.

— Dans l'intérêt de l'État, dit-il, je vous supplie de conserver la régente!

C'était Armand Jean du Plessis de Richelieu qui aspirait, lui aussi, au pouvoir et convoitait la place de Concini.

Après les États Généraux, et sachant que son discours avait produit un excellent effet sur la vaniteuse Florentine, le jeune évêque chercha à s'introduire à la cour. Rusé, il se fit présenter à Léonora Galigaï, qu'il savait toute-puissante au Louvre, la courtisa et même, selon certains, devint son amant (1).

Flattée par ces hommages inattendus, la maréchale d'Ancre prit Richelieu sous sa protection et lui fit obtenir l'office de grand aumônier de la reine.

Peu de temps après, il était secrétaire d'État...

Une femme venait de donner à la France l'un des plus grands hommes politiques de son histoire...

(1) « Le premier moyen qu'il employa pour parvenir fut de pratiquer les bonnes grâces de la maréchale d'Ancre en se soumettant à toutes ses volontez, *ayant eu l'entrée de sa chambre* et acquis quelque créance par le prétexte de pitié, par feinte humilité, ung discours préparé, des petits advis et *quelques autres choses que nous ne dirons pas.* » MATHIEU DE MORGUES *Vrais et bons advis de François fidèle,* 1631.

XX

LOUIS XIII FAIT ASSASSINER L'AMANT DE SA MÈRE

Tout s'arrange, mais quelquefois mal.
JACQUES BAINVILLE.

Tandis que la régente accordait tout son temps et tous ses soins à Concino Concini, le petit roi vivait seul dans ses appartements.

Marie de Médicis ne venait le voir que pour le fouetter ou lui faire administrer de magistrales fessées par les dames qui le gardaient, et Tallemant des Réaux nous dit que « durant la Régence, elle ne l'embrassa pas une fois » (1). La seule personne qui témoignât de la tendresse à cet enfant délaissé était la bonne reine Margot. Elle venait dans sa chambre, le comblait de cadeaux, lui contait des histoires et le faisait jouer avec « une petite galère qui marchait par ressorts et dont les hommes ramaient par les mêmes moyens ».

Lorsqu'elle s'en allait, il était triste et la suppliait de revenir bien vite. Margot sentait alors son cœur se gonfler et, toute troublée, donnait de gros baisers au petit roi.

(1) Le 10 mai 1611, il fut fouetté sur l'ordre de la reine sous prétexte qu'il avait injurié un gentilhomme nommé Vevesta. En réalité, Marie de Médicis était furieuse parce qu'il avait dit à Concini : « Monsieur, vous n'avez pas couché dans votre chambre, mais avec la reine! » Lorsqu'on le battit en lui expliquant qu'il n'aurait pas dû être impertinent à l'égard de Vevesta, le roi répondit que « ce n'étoit pas pour cela qu'on lui donnoit sur la fesse, mais pour ce qu'il avoit dit, et qu'il s'en souviendroit ». (Cf. P. DE L'ESTOILE *Journal.*)

Louis XIII n'était pourtant pas le seul à bénéficier des sentiments maternels inemployés de la vieille amoureuse. Un jeune chanteur nommé Villars les partageait avec lui. Il est vrai qu'elle les exprimait à ce dernier de façon un peu différente, puisqu'il était son amant. En effet Margot, malgré ses cinquante-huit ans et sa taille imposante, n'avait pas « débridé ». Elle lorgnait toujours les jeunes gens d'un œil canaille et se promenait dans des robes largement échancrées qui laissaient voir des « tétins encore appétissants » dont elle était très fière. Un jour, un carme, dans son prêche, les compara « aux mamelles de la Vierge ». Ravie, elle lui envoya 50 pistoles pour le remercier...

Naturellement, elle était fort jalouse de son chanteur et, pour l'empêcher de séduire les jeunes filles de son âge, elle avait imaginé de le rendre ridicule. Le pauvre, que le peuple de Paris avait surnommé « le roi Margot », portait des chausses trouées et une affreuse petite casquette à plumes d'un modèle qui datait du règne de Henri III.

La reine ne le quittait guère et il passait des jours désagréables. Ses nuits n'étaient d'ailleurs pas plus réjouissantes, car Margot, qui brûlait encore d'une belle flamme, était exigeante. Elle demandait à son amant de réaliser des exploits qui le laissaient essoufflé jusqu'au matin et lui donnaient envie de chercher une autre occupation. Chaque soir, il avait beau, nous dit-on, « crier grâce et prétendre que l'inspiration lui faisait défaut, le malheureux devait s'exécuter, et la reine se faisait donner l'aubade comme au temps de sa folle jeunesse ».

Mais les meilleures choses ont une fin. Au printemps 1615, Margot dut se coucher seule, ce qui n'était pas bon signe. Elle avait attrapé froid dans la salle glaciale du Petit Bourbon et tremblait de fièvre. Le 27 mars, son confesseur l'avertit qu'elle était perdue. Elle fit alors appeler Villars, le baisa longuement sur les lèvres, sembla savourer ce dernier contact et mourut quelques heures plus tard.

Aussitôt le jeune musicien alla se coucher, impatient de rattraper toutes les heures de sommeil que la reine lui avait fait perdre.

Louis XIII, lui, eut un immense chagrin. Il voyait disparaître le seul être au monde qui lui eût jamais témoigné une affection réelle.

***

Pendant quelques jours, il cessa de jouer. Le voyant si triste, les dames de sa suite pensèrent le réconforter en lui rappelant qu'il devait se marier bientôt avec l'infante d'Espagne; mais cette perspective l'attrista davantage.

— Je ne la connais pas, disait-il en soupirant. Et, pourtant, elle est déjà mon épouse. Qu'elle soit laide ou jolie, je devrai pareillement la mettre dans mon lit, l'accoler et l'aimer d'amour jusqu'à la fin de ma vie...

C'était vrai. Trois ans auparavant, en août 1612, Marie de Médicis avait signé avec Philippe III d'Espagne un contrat de mariage qui unissait Louis XIII et la petite Anne d'Autriche, âgée de onze ans.

Le jeune roi pensait à cette fillette sans aucun plaisir; et pour se consoler de la mort de sa chère « maman-fille » il se lia avec un gentilhomme habile à attraper les hirondelles, le sieur de Luynes. Se consacrant, dès lors, à l'élevage des oiseaux, il se désintéressa complètement des préparatifs de son mariage.

Le 17 août pourtant, il dut monter dans le carrosse qui le menait vers sa « femme ». Il le fit sans enthousiasme. Le 30 août en arrivant à Poitiers, il retrouva un instant son sourire lorsqu'on lui annonça que sa mère venait d'attraper la petite vérole et que le mariage allait être, de ce fait, retardé d'un mois. Mais il comprit vite que c'était, si j'ose dire, reculer pour mieux sauter...

Enfin, il arriva à Bordeaux le 7 octobre et apprit que Anne d'Autriche venait de passer la frontière (1). Aussitôt, il sembla se réveiller. Son regard devint plus pétillant et il demanda des détails sur le physique de son épouse. Comme personne ne put

(1) Le 9, une très curieuse cérémonie, rappelant certains rites tribaux, se déroula sur la Bidassoa : la France et l'Espagne échangèrent leurs princesses. Il avait été convenu, en effet, sur la demande de Philippe III, que l'infante Anne ne pourrait se marier avec Louis XIII que si la princesse Élisabeth, sœur de celui-ci, épousait le prince des Asturies, futur Philippe IV.

lui en donner, il se fit conduire un matin à Castres, à cinq lieues de Bordeaux, où la petite reine de France s'était arrêtée pour la nuit. Sans se faire remarquer par les Espagnols, il entra dans une maison, se posta à la fenêtre et regarda passer Anne d'Autriche.

Quand la rue fut redevenue déserte, il réintégra son carrosse et donna l'ordre au cocher de rattraper le cortège. Un moment, sa voiture roula contre celle de la petite reine. Fort intriguée, celle-ci passa la tête par la portière et Louis XIII découvrit qu'il avait pour épouse une adolescente délicieusement jolie. Enchanté, il lui fit de petits saluts en souriant; puis, brusquement, il se montra du doigt et cria :

— *Io son incognito! Io son incognito!* Touche, cocher, touche!

Et il partit au grand galop en direction de Bordeaux.

Cet enthousiasme devait être de courte durée. Le soir, au cours de la fête donnée par Marie de Médicis, le jeune garçon sembla un peu intimidé par sa gracieuse épouse et n'osa lui dire un mot. Le lendemain, loin de s'enhardir, il se montra si morose que quelques familiers pensèrent qu'il envisageait peut-être avec appréhension sa nuit de noces, et « de menus propos très plaisants pour ce qu'ils concernaient le berlingot du roi » circulèrent dans la ville.

Enfin, le 25 octobre, la bénédiction nuptiale fut donnée aux époux. Le soir, ces deux enfants qui avaient l'un et l'autre quatorze ans se préparèrent à devenir mari et femme. Le jeune roi était blême. Il paraissait si peu sûr de lui que, nous dit Héroard, « M. de Gramont et quelques jeunes seigneurs lui firent des contes gras pour l'assurer. »

Ce qui était une délicate attention...

Le roi « avait de la honte et une haute crainte ». Il demanda ses pantoufles, prit sa robe et se dirigea, la mine défaite, vers la chambre de la reine. Deux heures plus tard, il réapparut et dit à Héroard, qui nous le rapporte, « qu'il avait dormi une heure et fait deux fois la chosette à son épouse ». Le médecin eut un doute et fit déshabiller le roi pour procéder à un petit examen. Il lui apparut que Louis XIII avait, en tout cas, essayé de déflorer la petite reine, car, écrit-il tout crûment, « il avait le gl... rouge »...

***

Le lendemain, le plus extravagant des communiqués fut rédigé. Le voici :

« Incontinent après que le roi eut soupé, il se coucha en sa chambre et en son lit ordinaire, selon sa coutume, où la reine sa mère, qui jusqu'alors était demeurée en la chambre de la petite reine et l'avait fait aussi coucher dans le lit de sa première chambre, le vint trouver, environ sur les huit heures du soir, passant au travers de la salle d'où elle avait fait sortir tous les gardes et tout le monde; et, trouvant le roi dans son lit, lui dit ces mêmes paroles :

» — Mon fils, ce n'est pas tout d'être marié, il faut que vous veniez voir la reine votre femme qui vous attend.

» Le roi répondit :

» — Madame, je n'attendais que votre commandement. Je m'en vais, s'il vous plaît, la trouver avec vous.

» Au même temps, on lui bailla sa robe de chambre et ses bottines fourrées, et ainsi s'en alla avec la reine sa mère par ladite salle, en la chambre de la petite reine, dans laquelle entrèrent avec Leurs Majestés, les deux nourrices, MM. de Souvré, gouverneur, Héroard, premier médecin, marquis de Rambouillet; MM. de la garde-robe portant l'épée du roi et Béringhien, premier valet de chambre, portant le bougeoir.

» Comme la reine approcha du lit, elle dit à la petite reine :

» — Ma fille, voici le roi votre mari que je vous amène; recevez-le auprès de vous et l'aimez bien, je vous en prie.

» A quoi elle répondit en espagnol qu'elle avait aucune intention que de leur obéir et complaire à l'un et à l'autre; et, ce disant, le roi se mit dans le lit par le côté de la porte de la chambre, la petite reine étant du côté de la ruelle, où avait passé la reine mère, laquelle, les voyant couchés, leur dit à tous deux ensemble quelque chose de si bas que personne du monde ne le pût entendre qu'eux; puis, sortant de ladite ruelle, dit :

» — Allons, sortons tous d'ici.

» Et commanda aux deux nourrices de demeurer seules en ladite chambre et les laisser ensemble une heure et demie ou deux heures au plus. Et ainsi se retira ladite dame reine et tous ceux qui étaient entrés avec elle en ladite chambre, pour laisser consommer ledit mariage. Ce que le roi fit par deux fois, ainsi que lui-même l'a avoué, et lesdites nourrices l'ont véritablement rapporté.

» Et après s'être un peu endormi et demeuré un peu davantage, à cause dudit sommeil, il se réveilla de lui-même et appela sa nourrice, qui lui rebailla ses bottines et sa robe, et puis le reconduisit à la porte de la chambre au-dessous de laquelle, dans la salle, attendaient lesdits sieurs de Souvré, Héroard, Béringhien et autres, pour le reconduire en sa chambre, où, après avoir demandé à boire et avoir bu, témoignant un grand contentement de la perfection de son mariage, il se mit en son lit ordinaire et reposa fort bien tout le reste de la nuit, étant pour lors onze heures et demie. La petite reine, de son côté, se releva au même temps que le roi partit d'auprès d'elle et rentra dans sa petite chambre et se remit en son petit lit ordinaire qu'elle avait apporté d'Espagne » (1).

Ce document fut distribué aux membres du corps diplomatique par les soins de Marie de Médicis qui désirait, dans un but politique, affirmer que le mariage avait été consommé. Mais il fit sourire et le bruit se répandit à travers l'Europe que le jeune roi, pourtant si déluré à trois ans, n'avait pas pu...

Quoi qu'il en soit, on remarqua que le lendemain les deux enfants se regardaient d'un air gêné et paraissaient tristes.

Le soir, Louis XIII ne demanda pas à être reconduit dans le lit de la reine, et certains s'en étonnèrent. Ceux-là eussent été bien plus surpris encore s'ils avaient su que le roi ne devait pas manifester ce désir avant quatre ans...

***

Si la petite reine de France dormait chastement dans son lit « apporté d'Espagne », Marie de Médicis, elle, avait, disait-

(1) *Détail singulier de ce qui se passa le soir de la consommation du mariage de Louis XIII.* (B. N. Mss.)

on, des nuits plus agitées. Aussi, chaque matin, les Parisiens s'interpellaient-ils joyeusement en ouvrant leurs volets :

— Bien dormi, compère?

— Oui, commère, mieux que la reine mère avec son Concini.

Car tout le monde était au courant de cette liaison que certains historiens nient aujourd'hui avec une obstination amusante. D'après eux, la Florentine n'était qu'une grosse chipie fort prude qui ne pensait qu'à la religion. Ce portrait est infidèle, car la plupart des chroniqueurs du temps nous disent que la reine mère était d'une rare impudicité. L'un d'eux nous apprend qu'elle avait une paillasse sur laquelle elle s'étendait les après-midi d'été presque entièrement nue. Cette désinvolture devait d'ailleurs être à l'origine d'un savoureux incident : le poète Gombaud, qui avait libre accès auprès de la Florentine (1), entra un jour dans sa chambre et la trouva étendue, « les jupes relevées »... Il en fut si ému qu'il fit un sonnet dont voici quelques vers :

Que vîtes-vous, mes yeux, d'un regard téméraire,
Et de quoi, ma pensée, oses-tu discourir?
Quels sentiments divers me font vivre et mourir,
Me forcent de parler autant que de me taire?

. . . .

Souvent je doute encore, et de sens dépourvu.
Dans la difficulté de me croire moi-même,
Je pense avoir rêvé ce que mes yeux ont vu.

En lisant ce poème, une prude eût été fâchée. Marie de Médicis, elle, fit donner à Gombaud une pension de douze cents écus.

Une autre anecdote nous prouve qu'elle ne détestait pas la gauloiserie. Un jour qu'elle disait :

— Je voudrais toujours avoir un pied à Saint-Germain et l'autre à Paris. Bassompierre, qui se trouvait là, répliqua en clignant de l'œil :

— Moi, je voudrais être à Nanterre (2).

(1) Il croyait en être aimé parce qu'une fois elle l'avait regardé...
(2) Nanterre est à mi-chemin de Paris et de Saint-Germain-en-Laye.

Cette grosse plaisanterie la fit rire aux larmes.

Marie de Médicis, on le voit, était très différente du mannequin ennuyeux que nous montrent généralement ses pudiques biographes. Aussi accordons-nous quelque créance aux historiens qui nous disent qu'elle commit des « imprudences » avec Épernon, Bellegarde et Bassompierre. En ce qui concerne Concini, les faits semblent plus certains encore si l'on en croit, d'une part, tous les contemporains de la Florentine, et d'autre part Michelet qui attribue au maréchal d'Ancre la paternité de Nicolas, duc d'Orléans, né en 1607...

D'ailleurs l'infidélité de Marie de Médicis était déjà connue, semble-t-il, du vivant de Henri IV, puisque l'auteur de *Henriciana* nous conte l'histoire suivante :

Un jour, le roi qui se promenait sur la colline de Chaillot s'arrêta, se mit la tête entre les jambes et dit en regardant la ville :

— Ah ! que de nids de cocus.

Un seigneur qui était près de lui l'imita et se mit à crier :

— Sire, je vois le Louvre...

***

En 1617, les Parisiens s'exprimaient avec plus de liberté encore et, lorsque le maréchal d'Ancre, qui possédait une maison située à côté du Louvre, fit jeter un pont de bois sur le fossé pour se rendre plus facilement au palais, le peuple désigna ouvertement cette passerelle sous le nom de « pont d'amour ». Il est vrai que « le favori le passoit chaque matin pour apporter ses hommages à la reine, nous dit Sauval, et prenoit le même chemin vers le soir pour y rester jusqu'au lendemain » (1).

L'intrigue amusait toute la Cour et l'on chantait :

Si la reine allait avoir
Un enfant dans le ventre

(1) Au cours de ses interrogatoires, Léonora Galigaï déclara formellement que son mari : « ne dînait, ne soupait et ne couchait plus avec elle depuis quatre ans »..

Il serait bien noir
Car il serait d'Ancre.
O guéridon, guéridon
Dondaine,
O guéridon, guéridon
Dondon.

On se permettait même certaines plaisanteries assez audacieuses devant Marie de Médicis. Un jour qu'elle demandait son voile à une dame de sa suite, le comte de Lude s'écria :

— Un navire qui est à l'ancre n'a pas autrement besoin de voile (1).

Concini, il est vrai, ne faisait rien pour cacher ses relations avec la reine mère, au contraire : « Lorsqu'il sortoit de la chambre de Sa Majesté, aux heures qu'elle étoit couchée ou toute seule, nous dit Amelot de la Houssaye, il *affectoit de renouer son aiguillette pour faire croire qu'il venoit de coucher avec elle...* »

Ce qui dénotait, il faut bien le dire, une assez mauvaise éducation.

Finalement, au printemps de 1617, le jeune Louis XIII, excédé par ces manières et par les sarcasmes dont sa mère était l'objet, ordonna à son capitaine des gardes, Vitry, d'assassiner Concini. Le meurtre fut prévu pour le 17 avril.

Ce matin-là, vers 10 heures, le favori de la reine arriva au palais accompagné des cinquante ou soixante personnes qui constituaient sa suite ordinaire.

Lorsqu'il fut sur le pont dormant, Vitry vint à sa rencontre et lui saisit le bras droit :

— De par le roi, je vous arrête!

Concini roula ses yeux noirs et cria :

— *A me?...*

(1) TALLEMANT DES RÉAUX, *Historiettes.* — Bassompierre alla plus loin encore.

— Croyez-moi, Madame, lui dit-il un soir, toutes les femmes sont des putains.

— Même moi? demande Marie de Médicis avec hauteur.

— Oh! Vous, Madame, répondit le beau François en s'inclinant, vous êtes la reine!

— Oui, à vous!

Stupéfait, il recula d'un pas, voulut saisir son épée, mais n'acheva pas son geste. Trois balles de pistolet venaient de l'atteindre en même temps : une au front, l'autre à la joue, la troisième à la gorge. Il s'écroula dans la boue et fut aussitôt piétiné par les hommes de Vitry qui n'avaient pas appris les bons usages.

Ses amis ne cherchèrent pas à intervenir. Ils prirent la fuite, pensant qu'il était bien triste de mourir ainsi par un beau matin d'avril...

XXI

L'AMBASSADEUR D'ANGLETERRE VEUT VIOLER LA REINE DE FRANCE

Les Anglais sont occupés, ils n'ont pas le temps d'être polis.

MONTESQUIEU.

Tandis que les gardes s'amusaient à donner de grands coups de pied dans le corps de Concini, M. d'Ornano se rendit chez le roi, s'inclina et dit d'une voix suave :

— Sire, c'est fait!

Louis XIII fit alors ouvrir la fenêtre, sortit sur le balcon et, tout joyeux, cria aux assassins qui se trouvaient toujours devant le Louvre :

— Grand merci! Grand merci à tous! A cette heure, je suis roi!

Une clameur lui répondit :

— Vive le roi!

Au même instant, Marie de Médicis était informée de la fin tragique de son favori. Elle devint blême :

— Qui a fait lé coup?

— Vitry, sur l'ordre de Sa Majesté.

Comprenant que désormais son fils allait prendre en main les rênes du gouvernement, elle s'effondra dans un fauteuil. Pour elle, tout était fini.

— J'ai régné sept ans, dit-elle. Jé n'attends plou qu'ouné couronne au ciel.

Elle n'eut pas une larme pour Concini. La crainte de n'être

plus en sécurité l'emportait sur tous autres sentiments. On la vit bien lorsque La Place lui demanda comment il fallait apprendre la nouvelle à Léonora. Elle eut un geste agacé.

— J'ai bien assez à m'occouper dé moi. Si on né veut pas la loui dire, qu'on la loui chante.

Et comme l'autre se permettait d'insister, disant que la maréchale d'Ancre allait certainement éprouver un grand chagrin, la reine mère répondit avec humeur :

— J'ai bien d'autres choses à penser. Qu'on né mé parlé plou dé ces gens-là. Jé leur avais bien dit qu'ils devaient rétourner en Italie.

Après avoir ainsi renié son favori, elle demanda une audience au roi; Louis XIII lui fit répondre qu'il n'avait pas le temps de la recevoir. Elle insista, supplia. En vain. Finalement, elle poussa la bassesse jusqu'à lui faire dire que « si elle avait connu son projet elle aurait remis Concini entre ses mains, pieds et mains liés ».

Cette fois elle ne reçut aucune réponse, mais Vitry vint lui interdire de sortir de son appartement.

Derrière lui se trouvaient des maçons; ils murèrent les portes, sauf une, et Marie comprit qu'elle était prisonnière au milieu du Louvre.

Accablée, elle se jeta sur son lit et se mit à pousser des cris lugubres qui indisposèrent son entourage.

L'après-midi, tandis que des gardes ficelaient Concini dans une vieille nappe et allaient l'enterrer discrètement à Saint-Germain-l'Auxerrois où une fosse avait été creusée, des ouvriers vinrent, sur l'ordre du roi, démolir le « pont d'amour ». Le bruit des haches attira Marie de Médicis à sa fenêtre. En voyant disparaître cette passerelle qui lui rappelait tant de nuits chaudes, elle eut soudain atrocement mal. « Chaque coup qu'elle entendait, nous dit-on, retentissait dans son cœur. » Et, pour la première fois depuis la mort de son favori, elle pleura.

***

En apprenant que le maréchal d'Ancre avait été assassiné, les Parisiens furent ravis.

— Où est-il, ce salaud, qu'on aille lui cracher à la figure? demandaient-ils avec un air gourmand.

Lorsqu'ils surent qu'il était déjà enterré, ils éprouvèrent une grande déception et eurent l'impression de n'avoir pas suffisamment profité de l'événement.

Ceux qui étaient venus jusqu'au Louvre dans l'espoir de voir le cadavre de Concini se rendirent dans une taverne et cherchèrent à se consoler en chantant des refrains orduriers sur la reine mère et son favori. A l'aube, un excité monta sur une table :

— Il faudrait au moins aller danser sur sa tombe, à ce fumier, cria-t-il.

Aussitôt toute l'assistance se leva :

— Allons-y!

A sept heures du matin, deux cents personnes, l'œil mauvais, entraient dans Saint-Germain-l'Auxerrois. « Le premier désordre fut de ceux qui alloient cracher sur la tombe et trépigner des pieds là-dessus, nous dit le sieur Cadenet, frère du connétable de Luynes. Après lesquels, d'autres commencèrent à gratter à l'entour avec les ongles, et firent tant qu'ils découvrirent les jointures des pierres » (1).

Bientôt la pierre tombale fut soulevée et un homme se pencha sur la fosse. Il attacha une corde aux pieds du cadavre, s'arc-bouta, tira. Quelques prêtres, surgis de la sacristie, essayèrent de s'interposer. Ils furent rudoyés et durent prendre la fuite. Lorsqu'ils eurent disparu, l'homme reprit sa corde, fit un dernier effort et le corps du maréchal glissa sur les dalles. Il y eut de grands cris de joie et aussitôt une volée de coups de bâton s'abattit sur le cadavre déjà fort abîmé par Vitry. Des femmes hurlantes vinrent le griffer, le gifler et lui cracher au visage. Puis on le traîna jusqu'au Pont-Neuf où on l'attacha la tête en bas à une potence. Le peuple, pris de vertige devant sa propre audace, exécuta autour de ce pendu de cauchemar une danse frénétique en improvisant des chansons ignobles. Cette ronde dura une demi-heure. Soudain, un jeune homme s'approcha du cadavre avec un petit poignard, lui coupa le nez et le mit dans sa poche en guise de souvenir. Aussitôt, ce fut la

(1) *Narré de la mort du maréchal d'Ancre*, publié en 1659.

ruée. Tous les manifestants voulurent rapporter un bibelot chez eux. Les doigts, les oreilles et même les « parties honteuses » disparurent en un clin d'œil. Les moins favorisés durent se contenter d'un simple « lopin de chair » découpé dans le gras de la fesse...

Quand tout le monde eut pris son morceau, la foule, de plus en plus excitée, dépendit le cadavre et le traîna à travers Paris en poussant des hurlements terribles. La rage de ces gens était telle qu'on assista à des scènes dignes du Grand-Guignol. « Il y eut, nous dit Cadenet, un homme vêtu d'écarlate si enragé qu'ayant mis sa main dans le corps, il l'en retira toute sanglante et la porta dans sa bouche pour sucer le sang et avaler quelque petit morceau. Ce qu'il fit à la vue de plusieurs honnêtes gens qui étoient aux fenêtres. Un autre eut moyen de lui arracher le cœur, et l'aller cuire sur des charbons ardents, et manger publiquement avec du vinaigre! »

Enfin la dépouille du favori fut ramenée au Pont-Neuf couverte de poussière, de crachats, d'immondices, et brûlée devant le peuple hilare (1)...

***

Huit jours plus tard, une suite de carrosses quittaient Paris. Dans le premier, une grosse femme pleurait en secouant ses seins flasques. C'était Marie de Médicis qui se retirait à Blois. Dans la seconde voiture, se trouvait un jeune prélat au visage anguleux et à l'œil vif. Il tenait ses mains noueuses serrées sur ses genoux. C'était Richelieu qui suivait la reine mère dans son exil.

Louis XIII pouvait enfin gouverner seul. L'un de ses premiers actes politiques le dépeint tout entier. Il publia une « ordonnance pour le règlement et réformation de la dissolu-

(1) Deux mois plus tard, le 8 juillet, la femme de Concini, Léonora Galigaï, accusée faussement de sorcellerie, fut brûlée en place de Grève après avoir été décapitée. La mort de Concini mit à la mode un mot qui a fait son chemin depuis : le mot *coyon* (de l'italien *coglione*), une série de caricatures circula dans les rues de Paris au lendemain de l'assassinat sous le titre : *Mythologie des emblèmes de Coyon*. Ce surnom avait été donné au maréchal par les dessinateurs pour rappeler sa lâcheté.

tion et superfluité qui est ès habillements et ornements d'iceux ». Ce jeune homme de dix-huit ans n'avait, en effet, rien conservé du petit garçon rieur qui faisait la joie de Henri IV. Il était sévère, pudibond, pieux. Les femmes lui faisaient peur et il interdisait les décolletés osés ainsi que les robes trop ajustées qui lui semblaient autant d'appels à la luxure (1).

L'idée de coucher avec une femme lui faisait horreur. Il trouvait cela dégoûtant et imposait à Anne d'Autriche une chasteté déprimante. La pauvre petite reine, qui avait le sang chaud des Espagnoles, se promenait dans le Louvre en poussant de gros soupirs et son regard s'attardait parfois plus qu'il n'était convenable sur quelque garde bien bâti...

Cette détresse fut bientôt si évidente que Luynes se permit de dire au roi qu'il devrait penser un peu à son épouse. Louis XIII se cabra. Et son médecin nota à la date du 4 juin : « Comme on lui reprochait de ne pas aller voir la reine, il répondit que cela l'échauffait. »

L'attitude du roi ne tarda pas à être connue en Espagne où elle fut considérée comme un affront. Philippe III, voyant sa fille dédaignée par le roi de France, montra une mauvaise humeur qui risquait d'être fâcheuse pour les relations futures entre les deux souverains. Il fallait donc que Louis XIII se décidât. Des ecclésiastiques zélés s'en mêlèrent, allant même un peu loin dans leurs suggestions, ainsi qu'on en peut juger par cette dépêche de Guido Bentivoglio, nonce du pape : *On croyait très fort que cette fois, à Saint-Germain, le roi se déciderait à coucher avec la reine et à jouer jusqu'au bout son rôle d'époux; mais il n'a soufflé mot à ce sujet, soit que la honte le retienne, ou que son énergie ne soit pas encore suffisante. Il en est qui lui conseillèrent de s'essayer préalablement avec une femme mariée ou ayant déjà quelque expérience, et de ne point faire ses premières preuves avec une vierge* (2), *mais son*

(1) « Par réaction, la chasteté ridicule de Louis XIII, dit très justement Alfred Franklin, eut peut-être sa source dans les grossièretés dont son jeune cœur avait été nourri, dans la dépravation dont son enfance avait eu le triste spectacle. »

(2) Ce qui prouve que le nonce ne croyait pas à la consommation du mariage.

confesseur le détourne de commettre un tel péché, et jusqu'ici ce bon avis l'emporte et l'emportera, on l'espère, jusqu'au moment attendu, lequel finalement ne pourra longtemps se faire attendre. Ces Espagnols, si ardents, se désespèrent, et disent que le roi n'est bon à rien. Son père aussi commença tard.

Pendant ce temps, la reine continuait de se retourner dans son lit avec une certaine nervosité. Le nonce, qui avait l'œil à tout, remarqua ses soupirs et écrivit au pape : *Elle est toujours dans l'attente de cette bienheureuse nuit que le roi devra passer avec elle et qui ne finit point d'arriver.*

Au début de 1619, le roi était toujours dans les mêmes dispositions lorsque le duc d'Elbeuf épousa Mlle de Vendôme, fille de Henri IV. Cet événement n'aurait sans doute pas influé sur la vie intime de Louis XIII si celui-ci n'avait eut l'idée curieuse de se faire introduire, le soir des noces, dans la chambre nuptiale. Bien mieux, nous dit l'ambassadeur de Venise, *il voulut être présent sur le propre lit des deux époux, afin de voir se consommer le mariage, acte qui fut réitéré plusieurs fois, au grand applaudissement et au goût particulier de Sa Majesté.*

Le voyant si enthousiaste, Mlle de Vendôme lui dit :

— Sire, faites, vous aussi, la même chose avec la reine, et bien vous ferez...

Ce spectacle sembla émoustiller le roi. Confia-t-il son émoi au connétable de Luynes? On l'ignore. Mais cinq jours plus tard celui-ci vint trouver Louis XIII, le sortit dc son lit et le poussa dans l'appartement de la reine. Le souverain, rouge de honte, résistait, s'accrochait aux meubles, demandait à réfléchir. L'autre poussait toujours. Finalement, le roi se trouva dans la chambre de son épouse et y resta.

Le lendemain, Anne d'Autriche avait un sourire apaisé et les yeux fatigués. On comprit que tout s'était passé de façon satisfaisante. D'ailleurs le maître des cérémonies vint annoncer la bonne nouvelle à tous les ambassadeurs et bientôt des dépêches, envoyées par courriers spéciaux, allaient apprendre à l'Europe entière que le roi de France avait enfin couché avec sa femme...

***

La nouvelle provoqua de grandes explosions de joie et l'on vit les personnages les moins susceptibles, semblait-il, de pouvoir apprécier les délices d'une nuit de noces se réjouir pour les jeunes époux.

C'est ainsi que le cardinal Borghèse, en réponse à la dépêche du nonce, écrivit suavement que « le fait du *congiungimento* du roi et de la reine avait été très goûté à Rome et que le Saint-Père en avait ressenti le plus grand plaisir ».

La satisfaction intime d'Anne d'Autriche — est-il besoin de le dire? — était toutefois plus profonde, et la petite reine, émerveillée par ce qu'elle venait de découvrir, demanda au roi de revenir souvent. Pendant quelques semaines, on vit donc Louis XIII se diriger chaque soir vers l'appartement de son épouse, et l'on put croire qu'il prenait plaisir au jeu qui lui répugnait tant naguère.

Cette assiduité ne tarda pas à inquiéter les médecins de la Cour. Craignant que le souverain, poussé par l'enthousiasme des néophytes, ne perdît le souffle en voulant se montrer trop bon jouteur, ils lui défendirent de s'adonner à la bagatelle avec excès.

Ce conseil était superflu, car Louis, ressaisi par la pudeur, se lassa bientôt de cet exercice qui avait tant passionné son père et redevint chaste. Alors la malheureuse reine promena de nouveau dans les couloirs du Louvre un regard un peu trop brillant et une poitrine haletante qui troublaient tous les hommes.

— Sa Majesté a besoin de se faire caresser le gardon, disait-on avec cette saine verdeur de langage qui caractérisait l'époque.

Et c'était vrai!

***

Mais la cour allait avoir bientôt un autre sujet de conversation. A la fin de février, Marie de Médicis, qui vivait à Blois en résidence surveillée, parvint à s'enfuir du château par une fenêtre, grâce à la complicité de son bon ami le duc d'Épernon et l'on oublia les soupirs d'Anne d'Autriche pour s'entretenir des pantalonnades et des menées sournoises de la reine mère. Pendant plus d'un an, Marie de Médicis, d'abord à Angoulême, puis à Angers, dirigea un groupe important de factieux qui voulaient obliger le roi à chasser Luynes. Aidée par quelques grands seigneurs, elle leva des troupes contre son fils. Mais, le 7 août 1620, ces rebelles furent battus par l'armée royale aux Ponts-de-Cé, et le roi se réconcilia avec sa mère. Il l'autorisa même à revenir à Paris, où elle s'installa dans son palais du Luxembourg.

En 1621, après la mort de Luynes, elle retrouva sa place au Conseil et, le 5 septembre 1622, elle obtint pour son confident, l'évêque de Luçon, qui ne l'avait pas abandonnée, le chapeau de cardinal.

Ainsi Richelieu continuait de faire sa carrière par les femmes.

En 1624, toujours grâce à la reine mère avec laquelle il se montrait galant et empressé (il avait appris à gratter de la guitare pour lui plaire), il devint ministre d'État, puis chef du Conseil et premier ministre.

N'ayant plus, dès lors, besoin de la grosse Florentine, il tourna son regard perçant vers Anne d'Autriche, dont il connaissait le drame, et résolut de jouer dans sa vie le rôle que Louis XIII avait si fâcheusement abandonné.

Mais cet homme étrange ne perdait jamais de vue le bien du royaume, ainsi qu'on va le voir.

« Le cardinal, nous dit Tallemant des Réaux, haïssait Monsieur (1) et craignait, vu le peu de santé que le roi avait, qu'il ne parvînt à la couronne : il *fit dessein de gagner la reine et de lui aider à faire un dauphin*. Pour venir à son but, il la mit, sans qu'elle sût d'où cela venait, fort mal avec le roi et avec la reine mère. Après, il lui fit dire par Mme du Fargis, dame d'atours, que, si elle voulait, il la tirerait bientôt de la misère dans laquelle elle vivait. La reine, qui ne croyait point que ce fût lui qui la fît maltraiter, pensa d'abord que c'était par compassion qu'il lui offrait son assistance, souffrit qu'il lui écrivît, et lui fit même réponse, car elle ne s'imaginait pas que ce commerce produisît autre chose qu'une simple galanterie. »

(1) Gaston d'Anjou, futur duc d'Orléans, frère de Louis XIII. Sa fille sera célèbre sous le nom de La Grande Mademoiselle.

La jeune reine commença par trouver fort agréable les hommages de Richelieu et elle l'invita à venir bavarder dans sa chambre. Le cardinal rencontrait là Mme de Chevreuse, une ravissante blonde dont le tempérament causait quelque scandale, et l'on potinait pendant des heures. Quelquefois l'on dansait et Richelieu, qui était prêt à tout pour conquérir le cœur d'Anne d'Autriche, accepta même, un jour, de se laisser habiller en turlupin espagnol et d'esquisser une sarabande à la demande de la reine.

Voici comment le comte de Brienne nous conte cette scène extraordinaire :

« La princesse et sa confidente, écrit-il, avoient en ce temps l'esprit tourné à la joie pour le moins autant qu'à l'intrigue. Un jour qu'elles causoient ensemble et qu'elles ne pensoient qu'à rire aux dépens de l'amoureux cardinal : " Il est passionnément épris, Madame, dit la confidente, je ne sache rien qu'il ne fît pour plaire à Votre Majesté. Voulez-vous que je vous l'envoie un soir, dans votre chambre, vêtu en baladin ; que je l'oblige à danser ainsi une sarabande ; le voulez-vous ? Il y viendra. — Quelle folie ! " dit la princesse. Elle étoit jeune, elle étoit femme, elle étoit vive et gaie ; l'idée d'un pareil spectacle lui parut divertissante. Elle prit au mot sa confidente, qui fut, du même pas, trouver le cardinal. Ce grand ministre, quoiqu'il eût dans la tête toutes les affaires de l'Europe, ne laissoit pas en même temps de livrer son cœur à l'amour. Il accepta ce singulier rendez-vous : il se croyoit déjà maître de sa conquête ; mais il en arriva autrement. Boccau, qui étoit le Baptiste d'alors et jouoit admirablement du violon, fut appelé. On lui recommanda le secret : de tels secrets se gardent-ils ? C'est donc de lui qu'on a tout su. Richelieu étoit vêtu d'un pantalon de velours vert ; il avoit à ses jarretières des sonnettes d'argent ; il tenoit en main des castagnettes et dansa la sarabande que joua Boccau. Les spectatrices et le violon étoient cachés, avec Vautier et Béringhien, derrière un paravent, d'où l'on voyoit les gestes du danseur. On rioit à gorge déployée ; et qui pourroit s'en empêcher, puisque, après cinquante ans, j'en ris encore moi-même ? » (1).

(1) BRIENNE, *Mémoires.*

Bientôt Richelieu crut pouvoir passer à l'attaque :

« Le cardinal, dit Tallemant, qui voyait quelque cheminement à son affaire, lui fit proposer par la même Mme du Fargis *de consentir qu'il tînt auprès d'elle la place du roi;* que, si elle n'avait pas d'enfants, elle serait toujours méprisée et que le roi, malsain comme il était, ne pouvant pas vivre longtemps, on la renverrait en Espagne; au lieu que si elle avait un fils du cardinal, et le roi venant à mourir bientôt, comme cela était infaillible, elle gouvernerait avec lui; car il ne pourrait avoir que les mêmes intérêts, étant père de son enfant; que pour la reine mère, il l'éloignerait, dès qu'il aurait reçu la faveur qu'il demandait. »

Anne d'Autriche ne s'attendait pas du tout à une telle proposition. Stupéfaite et un peu affolée, elle comprit qu'elle avait commis une grave imprudence en laissant le cardinal lui faire la cour.

Le soir, Mme du Fargis alla voir Richelieu et lui apprit, avec mille ménagements, car elle le savait fort susceptible, que la reine avait rejeté sa requête.

Le prélat fut déçu, à la fois en tant qu'homme, car il désirait vivement commettre un voluptueux crime de lèse-majesté, et en tant que premier ministre, car il croyait agir pour le bien du royaume en donnant un dauphin à la France.

Sans rien laisser paraître, il s'inclina.

— Allez dire à la reine que je regrette, dit-il simplement.

Pendant quelques semaines, il continua pourtant d'espérer : Anne d'Autriche lui plaisait tellement, nous dit-on, « qu'il fit tout ce qu'il put pour la voir une fois dans le lit; mais il n'en put venir à bout » (1).

Jamais la reine ne lui permit la moindre privauté. Au contraire, elle devenait en sa présence d'une impressionnante dignité et le considérait d'un œil glacé. Finalement, Richelieu comprit qu'il était évincé et en conçut une rage froide.

Un jour, pourtant, se trouvant seul avec Anne d'Autriche dans un cabinet, il ne put s'empêcher de lui « faire un discours passionné ». La reine, excédée, allait lui répondre « avec colère et mépris », quand le roi entra brusquement.

(1) TALLEMANT DES RÉAUX, *op. cit.*

— De quoi vous entreteniez-vous? demanda-t-il à la reine.

— De fadaises!

Et elle sortit de la pièce sans jeter un regard au cardinal. Par la suite, nous dit Mme de Motteville, elle ne lui parla jamais de cette scène, « craignant de lui faire trop de grâce en lui témoignant qu'elle s'en souvenait » (1).

Richelieu rentra chez lui bien décidé à se venger. Il devinait le tourment que la chasteté imposée par le roi causait à la jeune femme et savait qu'un jour immanquablement elle tomberait amoureuse d'un garçon vigoureux.

La vengeance était toute trouvée : puisque Anne d'Autriche ne voulait pas de lui, il l'empêcherait d'être à un autre. Dès ce moment, tout en dirigeant les affaires de l'État, il eut l'œil fixé sur la vertu de la reine...

***

Un Anglais allait lui causer bien des ennuis. En 1625, le duc de Buckingham, jeune seigneur fort élégant de la cour d'Angleterre, vint en France pour y négocier le mariage du roi Charles Ier avec Henriette-Marie, sœur de Louis XIII.

Cette mission n'était d'ailleurs qu'un alibi, car le roi anglais l'avait chargé de former un parti destiné à protéger les huguenots. Fin diplomate, il utilisa naturellement les femmes pour servir ses desseins. En effet, Sauval nous dit que « pour réussir dans ce qu'il avoit prémédité, il jugea nécessaire de s'acquérir quelque familiarité chez les dames qui avoient quelque crédit à la cour, étant bien persuadé qu'il est difficile aux personnes de leur sexe de cacher ce qu'elles ont de plus secret à ceux qui ont été assez heureux pour leur toucher le cœur » (2).

Il entra en relation avec Mme de Chevreuse qui était depuis un an la maîtresse d'un sujet britannique, le comte de Holland, et devint rapidement un de ses familiers. Par elle, il apprit que la jeune reine s'ennuyait et attendait secrètement

(1) Cette anecdote est rapportée par Mme de Motteville, qui la tenait de la reine elle-même.

(2) Sauval, *op. cit.*

un Prince Charmant. Le lendemain, il rencontra Anne d'Autriche et « eut grande envie de la tenir dans ses bras. »

La souveraine, de son côté, ne fut pas insensible au charme de ce gentilhomme athlétique qui semblait avoir toutes les qualités dont Louis XIII était dépourvu. Elle ne chercha d'ailleurs pas à cacher son émotion et Buckingham s'en aperçut.

On le vit alors faire mille folies pour l'éblouir. Un soir, au cours d'une fête donnée par le cardinal, il parut avec un vêtement de bal orné de perles qu'il avait fait mal coudre exprès. Comme il s'inclinait devant Anne d'Autriche, ces joyaux se détachèrent un à un et roulèrent sur le parquet. Les courtisans se précipitèrent pour les ramasser et les lui tendirent.

— Merci, dit-il, avec un beau sourire un peu méprisant, gardez-les!

Ce geste amusa la reine qui souffrait tant de l'avarice de Louis XIII. Elle le lui dit et ils dansèrent ensemble avec un trouble évident. Lorsque la musique s'arrêta, leurs doigts étaient entrelacés. Ils les détachèrent lentement « en se regardant de façon brûlante, nous dit-on, et un peu déshonnête ».

Dans un coin du salon, Richelieu, livide, les épiait de son œil de vautour.

A trois heures du matin, Anne d'Autriche et Mme de Chevreuse rentrèrent au Louvre. La reine encore émue d'avoir dansé avec Buckingham était dans un état de grande excitation. Lorsqu'elle fut dans son appartement, nous dit un chroniqueur, « cédant à un désir d'épanchement irrésistible, se laissant aller au besoin impérieux de caresser un être aimé, elle se mit à embrasser sa favorite en la serrant avec force sur son sein. Elle couvrit de baisers ses bras, ses épaules, sa gorge, qu'elle inondait de pleurs brûlants ».

Les sentiments qui l'agitaient étaient si violents qu'elle se déshabilla entièrement, se coucha, et demanda à Mme de Chevreuse de la rejoindre dans son lit.

Quand elles s'endormirent, le soleil était levé.

***

Les jours suivants furent très décevants pour Anne et Buckingham. Tous deux croyaient bien pouvoir s'aimer en toute tranquillité dans quelque chambre écartée et connaître la joie d'un bonheur illicite. Ils comptaient naïvement sans la haine de Richelieu. Le cardinal, qui ne dormait pas depuis « que l'ambassadeur anglais flairait les appas de la reine », avait en effet chargé quelques-uns de ses hommes d'être constamment aux côtés d'Anne d'Autriche. Aussi les deux amoureux ne purent-ils rien entreprendre de sérieux pendant les quinze jours que durèrent les négociations. Richelieu s'en réjouit, croyant que tout danger était écarté : il devait bientôt déchanter...

Le 2 juin 1625, la princesse Henriette, qui devait aller retrouver son mari, quitta le Louvre accompagnée de Buckingham, Marie de Médicis, Anne d'Autriche et de toute une suite où se trouvait Mme de Chevreuse.

A Amiens, la future reine d'Angleterre devait dire adieu à sa famille. Il y eut quelques fêtes et, un soir, Mme de Chevreuse, qui souffrait de voir la reine privée d'amour — et se fût avec joie muée en entremetteuse pour le bonheur de son amie — organisa une petite promenade dans un parc (1). La nuit de juin était douce et, grâce à la complicité de la duchesse, Anne d'Autriche se trouva bientôt seule avec Buckingham.

Le bel Anglais fut tellement troublé qu'il perdit la tête et « s'émancipa ». Prenant la reine dans ses bras, il la poussa sur l'herbe, retroussa ses jupes d'un geste vif et « tenta de la déshonorer ». Anne d'Autriche, effrayée par tant de brutalité, se débattit et appela au secours.

Toute la suite accourut.

La reine se jeta alors dans les bras de Mme de Chevreuse et, devant Buckingham un peu gêné, éclata en sanglots.

On devait apprendre par la suite que le galant, dans son

(1) Cf. Auguste Bailly, qui dit : « Mme de Chevreuse s'était faite, en cette affaire, la protectrice de Buckingham, et voulait absolument qu'Anne d'Autriche connût par lui les voluptés que le roi ne lui avait pas révélées. » *Richelieu.*

emportement, « lui avait écorché les cuisses avec ses chausses en broderies... » (1).

Comme dit Mme de Motteville, jamais à court d'euphémisme, « le duc de Buckingham fut le seul qui eut l'audace d'attaquer son cœur... » (2).

***

Pendant que la reine pleurait, l'Anglais, ne se jugeant plus indispensable, s'esquiva sans bruit.

Alors le groupe se resserra autour d'Anne, et des visages apparurent éclairés par la lune. Des visages étonnés, voire narquois, mais nullement bouleversés, l'incident n'ayant choqué personne. « Tous ces gens, nous dit un historien du temps, étoient accoutumés à en voir de toutes les couleurs à la cour, aussi la plupart se contentèrent-ils de penser que le duc avoit une façon un peu vive de manifester ses sentiments » (3).

Quand la reine retrouva quelques forces, elle appela Putanges, son écuyer, et le blâma :

— Vous êtes responsable de ce qui s'est passé, dit-elle, vous ne devez, en effet, sous aucun prétexte, vous éloigner de moi

Et comme l'autre, piteux, baissait la tête, elle ajouta :

— Allez cependant dormir en paix; cette affaire n'aura point de suites fâcheuses pour vous, car j'entends que le roi n'en sache rien (4).

Après quoi, elle prit la main de Mme de Chevreuse et se dirigea vers son logis. Le petit groupe les suivit silencieusement.

(1) TALLEMANT DES RÉAUX, *op. cit.*

(2) Le cardinal de Retz, qui situe par erreur cette scène dans les jardins du Louvre va plus loin : « Mme de Chevreuse, qui étoit seule avec elle (Anne d'Autriche), entendit du bruit comme de deux personnes qui se luttoient; s'était approchée de la reine, elle la trouva fort émue, et M. de Buckingham à genoux devant elle La reine, qui s'étoit contentée, ce soir, de lui dire, en remontant dans son appartement, que tous les hommes étoient brutaux et insolents lui avoit commandé, le lendemain au matin, *de demander à M de Buckingham s'il étoit bien assuré qu'elle ne fût pas en danger d'être grosse...* » CARDINAL DE RETZ, *Mémoires*.

(3) F. THOMAS, *Les intrigues de la Cour de Louis XIII*, 1680.

(4) SAUVAL, *op. cit.*

Pour tout le monde, la soirée avait été gâchée.

Pour tout le monde, mais surtout pour le duc, on en conviendra. Toute la nuit, honteux et désespéré, le malheureux chercha en vain le sommeil. A l'aube, enfin, il s'endormit, les yeux gonflés d'avoir trop pleuré.

Au même instant, le soleil commençait à éclairer les orties écrasées et les herbes flétries à l'endroit où la reine de France avait été culbutée comme une servante...

***

Dans la matinée, Anne fit appeler Mme de Chevreuse pour lui dire son inquiétude. Elle craignait que, malgré ses ordres, le roi ne fût informé de l'incident, et redoutait sa jalousie.

A plusieurs reprises, elle s'emporta contre le duc — mais de telle façon que la confidente comprit qu'Anne reprochait surtout à Buckingham d'avoir été maladroit. Au lieu d'organiser une entrevue discrète au cours de laquelle elle se serait, avec ravissement, laissé manquer de respect, il l'avait obligée à se débattre et à crier; il lui avait même fait courir le risque d'être surprise dans une posture gênante et elle lui en gardait rancune.

Et puis, ce geste inconsidéré n'avait-il pas irrémédiablement compromis leurs amours?

— Jamais je ne pourrai plus demeurer en tête à tête avec lui, dit-elle. Il faut même qu'il parte sans essayer de me revoir.

A cette idée, elle ne put s'empêcher de pleurer...

***

Quelques jours plus tard, Henriette-Marie quitta Amiens pour se rendre à Boulogne, où elle devait embarquer. Anne d'Autriche l'accompagna en carrosse et, à deux lieues de la ville, s'arrêta pour lui faire ses adieux. Lorsqu'elles se furent longuement embrassées, Buckingham s'approcha et vint prendre congé de la reine de France. Un instant, ils se regardèrent en silence. Tous deux étaient très pâles. Puis le duc se pencha par la portière, à l'intérieur du carrosse, et prononça quelques mots Tout en parlant, il chiffonnait les rideaux de la voiture : on s'aperçut alors qu'il cherchait à dissimuler ses larmes.

Enfin, il s'inclina et regagna le cortège qui partait pour l'Angleterre.

Anne reprit le chemin d'Amiens. Son émotion était si grande que la princesse de Conti, qui se trouvait assise à ses côtés, dit en arrivant : « Que, de la ceinture au bas, elle pouvait répondre au roi de la vertu de la reine, mais qu'elle n'en disait pas autant de la ceinture en haut, parce que les larmes de cet amant (1) avaient dû atteindre son cœur et que, le rideau l'ayant cachée un moment à elle, elle soupçonnait ses yeux de l'avoir du moins regardé avec pitié » (2).

Cette pitié fut-elle si grande qu'Anne consentit à donner un baiser au duc, comme le prétendent certains historiens? Ce n'est pas impossible, et cela expliquerait l'acte insensé, extravagant, commis quelques jours après par Buckingham, décidément aveuglé par l'amour.

Laissons Mme de Motteville nous exposer les choses : « La passion du duc de Buckingham lui fit faire encore une action bien hardie, que la reine m'a apprise, et que la reine d'Angleterre m'a, depuis, confirmée, qui la savait de lui-même. Ce célèbre étranger étant parti d'Amiens, occupé de sa passion et forcé par la douleur de l'absence, voulut revoir la reine, quand même ce ne serait que pour un moment. Quoiqu'il fût près d'arriver à Calais, il fit dessein de se satisfaire en feignant d'avoir reçu des nouvelles du roi son maître qui l'obligeait d'aller à la cour. »

— Je dois porter un pli important à Sa Majesté la reine mère, dit-il.

Et, sans autre explication, il abandonna Henriette-Marie, monta sur un cheval et retourna à Amiens au triple galop.

Après une courte visite à Marie de Médicis, il se précipita chez Anne d'Autriche et sollicita une audience. On lui répondit que la souveraine, ayant été saignée le matin, se trouvait couchée et ne pouvait le recevoir. Il insista et finit,

(1) Amant est, ici, bien entendu, pris au sens d'amoureux.

(2) Mme DE MOTTEVILLE, *Mémoires pour servir à l'histoire d'Anne d'Autriche*, 1739.

après de longs pourparlers, par être introduit dans la chambre de la reine où se trouvaient les princesses de Condé et de Conti. Anne était au milieu d'un grand lit à baldaquin. En voyant entrer son cher Anglais, elle ne put s'empêcher de sourire et murmura :

— Quel fou!...

Pourtant, nous dit Mme de Motteville, « elle fut surprise de ce que tout librement il vint se mettre à genoux devant son lit, baisant son drap avec des transports si extraordinaires qu'il était aisé de voir que la passion était violente et de celles qui ne laissent aucun usage de raison à ceux qui en sont touchés ».

Très exalté, il éclata en sanglots et dit à la reine « les choses du monde les plus tendres ». Anne, à la fois émue et fort embarrassée par ces démonstrations, ne savait quelle contenance prendre. Alors, une vieille dame, la comtesse de Lanoi, scandalisée par l'attitude du duc, intervint :

— Tenez-vous, monsieur! Ce ne sont pas là des manières qui ont cours en France.

— Je suis étranger, répondit assez grossièrement Buckingham, et je ne suis pas obligé d'observer toutes les lois de l'État.

Et il recommença à baiser amoureusement les draps en poussant de gros soupirs.

La scène devenait si burlesque que la reine en souffrit. Elle prit une voix sévère et, cachant son émotion, reprocha au duc de la compromettre par sa hardiesse. Pui, « sans être trop en colère », note Mme de Motteville, elle lui ordonna de se lever et de quitter la pièce. L'Anglais se redressa, salua profondément à plusieurs reprises et s'en alla, l'air égaré.

Le lendemain, il revit Anne d'Autriche en présence de toute la cour, fit ses adieux et partit, « bien résolu de revenir en France le plus tôt qu'il lui serait possible ».

***

Anne d'Autriche, Marie de Médicis et leur suite rentrèrent à Fontainebleau à la fin de juin. Louis XIII les accueillit froidement et la jeune reine comprit qu'il avait été mis au courant des événements d'Amiens. Pas une fois, cependant, il n'y fit allusion; et c'est par Mme de Chevreuse qu'Anne sut le lendemain qu'il avait chassé de la cour tous les serviteurs qui se trouvaient avec elle dans le jardin...

Pour se venger, ceux-ci racontèrent à qui voulait les entendre que la reine n'était pas aussi innocente qu'elle le faisait croire et qu'elle aimait passionnément Buckingham. Ces propos furent rapportés à Richelieu qui mijotait toujours dans son amertume de soupirant évincé, et des idées criminelles lui vinrent, paraît-il.

Deux mois passèrent. Deux mois d'été pendant lesquels on organisa des fêtes brillantes, et le roi sembla oublier les imprudences commises par son épouse. Mais, au début de septembre, Buckingham, qui se consumait loin d'Anne d'Autriche, demanda à revenir en France comme ambassadeur d'Angleterre.

Richelieu courut aussitôt chez Louis XIII et lui conseilla de s'opposer formellement au retour du duc. Le roi obéit. Lorsqu'il sut qu'il était indésirable en France, Buckingham fut très malheureux et chercha un prétexte pour se rapprocher de la reine. Comme il n'avait pas l'habitude d'employer des moyens mesquins, il décida de brouiller les deux couronnes et de faire éclater une guerre, avec l'espoir insensé *de pouvoir un jour venir à Paris pour y signer un traité de paix et revoir Anne...*

La lutte que menait alors Richelieu contre les protestants allait bientôt lui fournir l'occasion qu'il cherchait.

XXII

POUR REVOIR LA REINE, BUCKINGHAM POUSSE LES ANGLAIS A SECOURIR LES PROTESTANTS DE LA ROCHELLE

> Il est impossible d'être amoureux et sage en même temps.
>
> BACON.

Pendant que Buckingham se morfondait à Londres, Anne d'Autriche, enfermée dans sa chambre, cherchait à se venger de Richelieu. En apprenant que le cardinal s'était opposé au retour en France du beau duc, elle était entrée dans une violente colère et n'avait pas caché à Mme de Chevreuse son intention de nuire par tous les moyens au premier ministre. Toujours serviable, sa pétulante amie s'était alors engagée à organiser un complot qui débarrasserait à tout jamais la France de ce fâcheux. Restait à trouver une idée...

Le destin, qui est un merveilleux auteur dramatique, fit alors entrer en scène un personnage qui allait permettre aux deux femmes de nourrir tous les espoirs : ce personnage était Monsieur, frère du roi, le beau Gaston d'Anjou, gai compagnon et coureur de filles, dont les exploits galants égayaient la cour. Sans que rien fasse prévoir une telle aventure, ce don Juan posa tout à coup son regard sur sa jolie belle-sœur, respira profondément et fut animé d'un beau désir.

Abandonnant aussitôt les dames qui contentaient jusque-là ses dix-huit ans peu exigeants, il suivit la reine pas à pas et fit tant et si bien que la jalousie du roi toujours en éveil ne tarda pas à être piquée. Or Louis XIII ne se contenta pas d'imaginer qu'il était peut-être cocu ; toujours compliqué, il pensa que Gaston, héritier présomptif de la couronne, souhaitait sa mort pour épouser Anne, et il en conçut une vive irritation.

Sans prendre le temps de réfléchir, il fit appeler Richelieu, lui exposa la situation et conclut :

— Il faut marier Monsieur!

Le cardinal, qui était également jaloux de Gaston, approuva avec une suave perfidie.

Aussitôt, on se mit en quête d'une épouse pour le frère du roi, et la reine mère, consultée, suggéra de choisir Mlle de Montpensier qui était la plus riche héritière du royaume.

Le roi convoqua Gaston et l'informa de la décision qui venait d'être prise.

— Cette union est la seule que vous puissiez envisager pour votre bien et celui du royaume. Mon cousin, M. le Cardinal, est d'ailleurs de cet avis.

Monsieur était peu pressé de quitter le célibat ; il refusa catégoriquement de se marier et s'en alla fort irrité contre Richelieu.

Lorsqu'elles furent au courant de cette affaire, la reine et sa confidente comprirent que Louis XIII venait de leur donner l'allié qu'elles espéraient...

Or, par un hasard prodigieux, Mme de Chevreuse était poursuivie depuis quelque temps par le jeune Henri de Talleyrand, marquis de Chalais et grand maître de la garde-robe du roi, qui se trouvait être l'ami intime de Gaston.

Elle l'appela, le cajola, lui fit quelques agaceries propres à amoindrir ses facultés et lui dit d'un ton de petite fille :

— Vous prétendez que vous m'aimez, mais vous n'avez jamais cherché à me faire plaisir.

L'autre avait à ce moment les yeux exorbités. Il répondit en haletant qu'il n'avait pas d'autre but dans la vie.

— Demandez-moi ce que vous voulez, bredouilla-t-il.

Alors elle l'informa des intentions de la reine et le chargea d'exciter la colère de Monsieur contre le cardinal.

— Si vous réussissez, promit-elle, vous aurez votre récompense.

Chalais, très énervé, courut trouver le frère du roi, répéta tout ce que Mme de Chevreuse lui avait soufflé, et annonça que de nombreuses personnes à la cour étaient disposées à aider l'homme qui voudrait abattre Richelieu.

Gaston, qui détestait le cardinal, fut séduit. Il consentit à rencontrer la confidente de la reine, et l'extraordinaire complot dont cette petite femme turbulente allait être l'âme fut rapidement organisé.

On décida que le 11 mai de cette année 1626 Monsieur, accompagné de quelques gentilshommes de ses amis, irait déjeuner au château de Fleury, près de Fontainebleau, où demeurait Richelieu, et qu'au cours du repas les convives feindraient de se disputer. Tirant alors leurs épées, ils feraient mine de se battre et, dans le feu de la lutte, transperceraient le cardinal, comme par mégarde.

Après quoi on envisageait calmement de soulever le peuple de Paris, de s'emparer de la Bastille, de déposer Louis XIII avec l'espoir qu'il mourrait de chagrin, de le remplacer par Gaston et de marier celui-ci à la reine. Ce plan extravagant plaisait beaucoup aux conjurés. Hélas! l'amour, une fois de plus, allait tout faire échouer...

***

Tandis que Monsieur, auquel s'étaient joints le prince de Condé, César et Alexandre de Vendôme, prenait ses dernières dispositions, Chalais se rendit chez Mme de Chevreuse pour recevoir la savoureuse récompense qu'on lui avait promise. La confidente mit le jeune homme dans son lit et s'ingénia à lui prouver que sa réputation d'amoureuse ardente n'était pas surfaite. Mal lui en prit, car le pauvre sortit « de la chambre du péché » dans un tel état de déficience physique et intellectuelle que, ne sachant plus ce qu'il faisait, il alla raconter tout ce qui se préparait à son oncle, le commandeur de Valançay.

Celui-ci ne comprenait pas la plaisanterie.

— Vous allez m'accompagner chez le cardinal, lui dit-il, et vous lui révélerez ce que vous savez.

A Fleury, Chalais, effondré, avoua tout; Richelieu remercia et courut se réfugier à Fontainebleau.

Le soir même, les conjurés étaient informés de la trahison.

Cette nouvelle provoqua chez eux un grand affolement. Monsieur, sautant sur un cheval, s'en fut à la chasse, Condé alla se jeter aux pieds du premier ministre et les Vendôme prirent la fuite.

Restait Chalais. Il fut arrêté.

Dans sa prison, il reçut la visite de Richelieu, qui posa sur lui ses yeux froids et lui dit :

— Si vous avouez que la reine dirigeait le complot, vous aurez la vie sauve.

Chalais avoua. Il le regretta d'ailleurs quelques jours plus tard, lorsqu'on vint le chercher pour le conduire à l'échafaud.

***

Après la mort de ce faible jeune homme, Gaston, pris de peur, alla trouver Louis XIII et rejeta la responsabilité de la conspiration sur le maréchal d'Ornano, les Vendôme, Mme de Chevreuse et Anne d'Autriche dont il était pourtant devenu l'amant.

Ornano et les Vendôme furent arrêtés, Mme de Chevreuse chassée du royaume et la reine convoquée devant un tribunal composé du roi, de Marie de Médicis et de Richelieu.

— Vous avez voulu me reléguer dans un couvent et peut-être m'ôter la vie, dit Louis XIII, ensuite vous avez voulu élever mon frère sur le trône et devenir son épouse; qu'avez-vous à répliquer?

— C'est faux, répondit-elle fièrement. Je n'aurais pas assez gagné au change (1).

Furieux, le roi quitta la pièce et Anne regagna sa chambre. La brouille entre les époux était définitive (2).

Le 5 août, Monsieur, qui s'était réconcilié avec son frère et avait reçu en échange de cette trahison le duché d'Orléans, se maria avec Mlle de Montpensier. Alors la pauvre reine resta seule, triste d'avoir vingt-cinq ans et d'en profiter si mal...

(1) ANQUETIL, *L'Intrigue du cabinet sous Henri IV et Louis XIII*, 1780.

(2) Louis XIII demeura toujours persuadé de la culpabilité de sa femme et, lorsqu'en pleurant elle viendra lui jurer, à son lit de mort, qu'elle était innocente de ce qu'on lui avait reproché, il dira : « Dans l'état où je suis, je dois lui pardonner, mais je ne suis pas obligé de la croire. »

***

De Londres, Buckingham avait suivi avec tout l'intérêt que l'on devine l'affaire Chalais. Quand il apprit que la reine vivait quasi séparée de Louis XIII, il reprit espoir.

Depuis quelque temps il était en relation avec les protestants de La Rochelle, qui avaient été soumis un an plus tôt par Richelieu, et il attendait qu'une occasion lui permît de faire voguer la flotte anglaise vers le pertuis breton.

Lorsque, au début de 1627, le cardinal fut de nouveau en difficulté avec les Rochelois à propos du fort de Ré, il clama bien haut que l'Angleterre ne laisserait jamais persécuter les Huguenots français et poussa Charles Ier à envoyer des forces sur le continent.

Le 27 juin, il quitta Portsmouth à la tête d'une flotte de cent navires et cingla vers La Rochelle.

— C'est une guerre sainte, disait-il.

En réalité, ce n'était qu'un prétexte pour se rapprocher de sa chère Anne d'Autriche (1).

Le 22 juillet, il débarqua avec cinq mille hommes et cent chevaux dans l'île de Ré. Les seigneurs huguenots allèrent les rejoindre et s'enrôlèrent avec enthousiasme dans les régiments britanniques. Une terrible guerre s'allumait qui pouvait ébranler la puissance royale.

Durant des semaines, Richelieu, très inquiet, s'ingénia à empêcher les Anglais d'entrer dans La Rochelle. Des combats acharnés eurent lieu et des milliers d'hommes tombèrent victimes de l'amour de Buckingham pour la reine de France.

Pendant ce temps il arrivait à Anne d'Autriche une bien curieuse aventure, si l'on en croit Tallemant des Réaux :

« Le roi étant au siège de La Rochelle, nous dit l'auteur des

(1) Cf. Auguste Bailly : « Confondant sans cesse les intrigues politiques et les intrigues amoureuses, et réglant les premières sur les secondes, il traînait l'Angleterre derrière lui dans ses aventures les plus hasardeuses. » Mme de Motteville : « Il vint amener une puissante armée navale au secours des Rochelois assiégés par le roi Louis XIII, montrant publiquement la passion qu'il avoit pour la reine et dont il faisoit gloire. »

Historiettes, un de ses officiers nouvellement marié écrivait à sa femme qui était à la reine. Un commis de la poste nommé Colot porta le paquet de la reine. Cette lettre était dedans. La reine ouvrait toutes les lettres qui s'adressaient à ses femmes; elle ouvre donc celle-là. Cet homme mandait à sa femme qu'il enrageait de ne pas la tenir et que pour lui montrer en quel état il était toujours, il lui en envoyait la figure. La reine lisait à la chandelle. Collot était de façon qu'il voyait à travers le papier un gros *cazzo* en bon arroi. La reine d'abord, ayant aperçu quelques traits de crayon, avait dit : " Assurément, c'est le plan de la ville... ô le bon mari d'avoir tout ce soin-là pour sa femme! " Depuis on appelle cela *le plan de la ville!* »

Anne d'Autriche sera trouvée bien naïve. Mais on conviendra que Louis XIII ne lui donnait pas souvent l'occasion de voir l'objet dont l'officier avait envoyé la figure...

***

Les hostilités durèrent tout l'été et, au cours d'un engagement, M. de Saint-Servin fut fait prisonnier. Buckingham le fit appeler dans sa chambre. Le gentilhomme français vit alors qu'un portrait d'Anne d'Autriche était accroché près du lit de l'Anglais.

— Monsicur, dit celui-ci, allez dire à la reine ce que vous avez vu, et dites à M. de Richelieu que je lui livre La Rochelle et que je renonce à combattre la France s'il accepte de m'y recevoir comme ambassadeur.

Puis il fit relâcher M. de Saint-Servin, qui vint rapporter cette proposition au cardinal.

— Si vous ajoutez un seul mot, dit simplement celui-ci, je vous fais trancher le cou.

Saint-Servin changea de conversation...

Enfin, le 17 octobre, Richelieu parvint à chasser les Anglais de l'île de Ré. S'il n'était pas maître de La Rochelle, du moins avait-il vaincu son rival...

Buckingham rentra à Londres et pendant dix mois prépara soigneusement sa revanche. Après avoir réuni une flotte considérable, il allait repartir vers la France lorsque, le

2 septembre 1628, un officier, John Felton, le tua d'un coup de couteau, à Portsmouth (1).

Cet assassinat jeta le désarroi dans l'esprit des Rochelois qui se rendirent à Richelieu quelques semaines plus tard, le 27 octobre. Le cardinal, victorieux et vengé, fêta magnifiquement son triomphe et organisa de grandes réjouissances au milieu des fantômes qui hantaient encore la ville.

Tandis que l'armée était en liesse, au Louvre, une femme pleurait. Anne s'était enfermée en apprenant la mort de Buckingham et ne recevait personne.

Désormais elle allait vivre avec le souvenir de ce fol amour qui avait failli faire éclater une nouvelle guerre de Cent ans...

***

Quelques années plus tard, Vincent Voiture regardait la reine sans mot dire; elle lui demanda en souriant ce qu'il pensait.

— Si vous le permettez, Majesté, je vous répondrai demain.

Le lendemain, le poète envoyait à Anne le poème suivant :

Je pensais que la destinée
Après tant d'injustes malheurs
Vous a justement couronnée
De gloire, d'éclat et d'honneurs,
Mais que vous étiez plus heureuse
Lorsque vous étiez, autrefois,
Je ne dirai pas : amoureuse...
La rime le veut toutefois.

Je pensais — Nous autres poètes,
Nous pensons extravagamment —
Ce que, dans l'humeur où vous êtes,
Vous feriez si, dans ce moment,

(1) Plusieurs historiens accusent Richelieu d'avoir été l'instigateur de cet assassinat. L'abbé Richard précise que le cardinal poussa Felton à agir « par l'entremise d'un des capucins qui avaient pris secrètement, sous l'habit séculier, les places des Pères de l'Oratoire. » *Le véritable Père Joseph,* 1750.

Vous avisiez en cette place
Venir le duc de Buckingham (1).
Et lequel serait en disgrâce
Du duc ou du père Vincent?... (2)

Après avoir lu les vers, la reine les enferma soigneusement dans un tiroir. Quand elle revint vers ses dames d'atours, elle avait les yeux pleins de larmes...

(1) Les Français prononçaient alors *Boukinkan*.
(2) On appelait ainsi le futur saint Vincent de Paul.

XXIII

LOUIS XIII N'OSE PAS TOUCHER LES SEINS DE SA FAVORITE

Il n'avait pas la belle humeur de son père.

PASCAL VIENNET.

Au printemps de 1630, Louis XIII se rendait à Grenoble pour y retrouver Richelieu qui se battait alors en Savoie contre les Impériaux et les Espagnols. Le 27 avril, il s'arrêta à Dijon où un grand banquet fut organisé en son honneur. Les femmes, qui se souvenaient du bon roi Henri, et qui ignoraient sans doute l'ordonnance édictée en 1617, avaient cru bien faire en arborant des décolletés audacieux. L'une d'elles se présenta même à table les seins nus : tant d'impudeur choqua énormément le roi qui enfonça son chapeau, prit un air bourru et dîna les yeux fixés sur son assiette.

Il en résulta un grand malaise dont la demoiselle ne s'aperçut point, car elle continua de se trémousser « pour mieux ballotter sa gorge ».

De tout le repas, Louis XIII ne lui accorda pas un regard. Mais au dessert il vida lentement son verre, retint une gorgée de vin dans sa bouche et, d'un jet précis, la lança sur les seins découverts. La pauvre jeune fille s'évanouit (1).

(1) Un père jésuite, le Père Barri, qui rapporte cette anecdote dans ses *Lettres de Paulin et d'Alexis* (Lyon, 1568), ajoute « que cette *gorge* découverte méritait bien cette *gorgée*... »

Le malaise s'en trouva accru et chacun remonta se coucher silencieusement.

Le lendemain, Louis XIII, la mine sombre, quitta Dijon en direction de Lyon, où l'attendait l'aventure la plus extraordinaire qui pût arriver à cet homme pudibond et impuissant : l'amour...

A peine arrivé, il rencontra un très curieux personnage qui n'allait pas tarder à faire parler de lui. C'était un jeune Italien de vingt-huit ans, venu sur l'ordre du Saint-Siège pour tenter d'arrêter la guerre. Il s'appelait Giulio Mazarini...

Quand Marie de Médicis et Anne d'Autriche rejoignirent Louis XIII, la reine considéra peut-être avec intérêt ce jeune homme; mais sans se douter bien sûr qu'elle en serait amoureuse quinze ans plus tard...

Soudain Louis XIII, qui était atteint de dysenterie, tomba gravement malade. En quelques heures, il fut aux portes de la mort, grelottant et délirant devant les médecins affolés. Quand le Père Suffren, son confesseur, vint lui apporter les sacrements, les deux reines en larmes se mirent à genoux près du lit et le roi leur demanda pardon des fautes qu'il avait pu commettre à leur égard.

— Si Dieu me permet de guérir, murmura-t-il, je veux pouvoir réparer le tort que je vous ai causé en vous accordant tout ce que vous voudrez.

Paroles imprudentes que les deux femmes n'allaient pas oublier...

Car le roi guérit.

L'abcès au bas-ventre que les médecins n'avaient pas décelé creva un beau matin, et Louis XIII revint à la vie. Il demanda du vin, reprit des couleurs et se remonta un peu sur ses oreillers. Alors les deux reines s'approchèrent tendrement et lui rappelèrent en souriant sa promesse.

Il était encore faible.

— Je vous écoute, dit-il.

Elles furent brèves : elles demandèrent le renvoi de Richelieu.

— Il est à l'origine de toutes nos mésententes, dit Anne d'Autriche.

Marie de Médicis se montra plus catégorique encore.

— Il né faut plous dé cé Richéliou, dit-elle (1).

Le roi fut très embarrassé. Pris de court, il jura de chasser son ministre, en ajoutant toutefois, pour gagner du temps, qu'il n'agirait qu'après la signature de la paix avec l'Espagne.

Les deux femmes, qu'une même haine pour le cardinal unissait étroitement, regagnèrent leurs appartements en se félicitant de leur victoire.

Louis XIII, lui, était un peu vexé de s'être aussi facilement laissé prendre. « Pendant quelques heures, nous dit-on, il gratta ses draps avec irritation. » Puis il pensa qu'il aurait toujours la possibilité de se parjurer sous le prétexte qu'on lui avait extirpé une promesse alors qu'il était malade, et cela le réconforta. Il en conçut même une espèce de jubilation malsaine qui l'aida à entrer en convalescence...

***

C'est alors qu'il remarqua une délicieuse adolescente de quinze ans qui « lui donna dans la vue », selon l'expression amusante de Mme de Motteville. Elle s'appelait Marie de Hautefort et suivait la reine mère en qualité de fille d'honneur. Ses boucles blondes et ses yeux bleus enchantèrent le roi qui, pour la première fois de sa vie, tomba amoureux.

Anne d'Autriche s'en aperçut immédiatement mais, connaissant le tempérament froid et la pudeur extrême de son mari, elle n'en conçut aucune jalousie. Au contraire, Mme de Motteville nous dit en effet : « la reine, voyant naître cette inclination dans l'âme de ce prince farouche pour les dames, tâcha de l'allumer plutôt que de l'éteindre, pour gagner ses bonnes grâces et ses complaisances ».

Peut-être avait-elle aussi le secret espoir que le roi se dégèlerait enfin et qu'elle en profiterait...

Chaque jour apportait un changement nouveau dans le comportement de Louis XIII. Un matin, il réclama une guitare, instrument dont il savait un peu jouer, et demanda

(1) La reine mère conserva toujours son accent. Et l'on raconte que Mme Beautru se fit appeler Mme de Nogent, car elle en avait assez de s'entendre nommer « Mme Beautrou »... (*Menagiana.*)

qu'on le laissât seul. Intriguée, Anne d'Autriche demeura derrière la porte et écouta. Pendant quelques minutes, le roi gratta les cordes, puis un air gracieux naquit sous ses doigts, qu'il accompagna bientôt de paroles murmurées. Elle comprit alors qu'il composait une chanson tendre sur la beauté de Mlle de Hautefort...

***

L'amour du roi n'allait pas tarder à être connu de toute la cour. Le dimanche suivant, faisant ses premiers pas, Louis XIII se rendit à la messe, soutenu par la reine. On l'installa dans un confortable fauteuil, et il suivit l'office avec sa dévotion habituelle.

Au sermon, il tourna la tête vers les filles d'honneur qui, selon l'usage du temps, étaient assises à même le sol, et vit que Mlle de Hautefort écoutait le prêtre dans cette position incommode. Ému, il lui fit porter le coussin qui était sur son prie-Dieu. La cour fut stupéfaite. Jamais un roi n'avait fait preuve d'une telle galanterie dans une église. La jeune fille rougissante consulta du regard la reine, qui l'invita, par signes, à s'asseoir sur le coussin.

Mlle de Hautefort agit alors avec un tact et une délicatesse qui bouleversèrent le souverain : prenant respectueusement le présent royal, elle le posa à côté d'elle et se garda d'y toucher.

De tels actes étaient bien faits pour accroître la passion du roi. Mais, si Louis XIII était chaque jour un peu plus amoureux de Marie, il n'en demeurait pas moins à son égard d'une impressionnante réserve. Je n'en veux pour preuve que cette anecdote qui nous est rapportée par de nombreux contemporains : un jour, le roi entra dans la chambre de la favorite. Voyant qu'elle lisait une lettre, il fronça le sourcil :

— Qui donc vous a écrit?

Pour le taquiner la belle, d'un geste rapide, glissa le billet entre ses seins.

— Si vous le voulez, dit-elle en riant, vous le prendrez là.

Louis XIII pâlit, considéra un instant « cette gorge parfaite qui étoit une des beautés qu'on admiroit » et finalement recula.

Sa pudibonderie lui fit alors commettre un acte inouï. Il prit les pincettes de la cheminée et s'en servit pour tirer le billet sans avoir à toucher aux seins de Marie...

Henri IV dut se retourner plusieurs fois dans sa tombe...

***

Lorsque, le 19 octobre, le roi, complètement guéri, quitta Lyon en litière, tout le monde remarqua son air enjoué. Au moment où la reine monta dans son carrosse, il fit même un mot drôle, ce qui ne lui était jamais arrivé, et ses familiers en conclurent que Mlle de Hautefort excitait du moins son esprit...

Aux étapes, il allait la retrouver, la regardait en rougissant et l'entretenait longuement de ses chiens de chasse et des difficultés qu'il avait à tuer les écureuils.

Marie l'écoutait avec ennui. Ce genre de conversation n'a jamais passionné les femmes et le regard brillant de la favorite signifiait clairement qu'aux anecdotes sur le gibier à poils elle eût préféré une main bien placée...

Arrivé à Paris, Louis XIII s'installa rue de Tournon, dans l'ancien hôtel de Concini (car le Louvre était aux mains des maçons), et pensa que sa vie allait être désormais une suite délicieuse d'heures consacrées à Marie et à la poésie. Anne d'Autriche et Marie de Médicis devaient se charger de le ramener brutalement à la réalité.

Anne s'était installée dans un appartement fort éloigné de celui de son mari et la reine mère avait réintégré son palais du Luxembourg. Dès qu'elles eurent vidé leurs malles, elles se précipitèrent chez le roi pour lui rappeler sa promesse de renvoyer Richelieu.

— La guerre avec l'Espagne est finie, vous devez tenir votre parole.

Pendant plusieurs jours, Louis XIII résista aux attaques de sa mère, puis il se laissa convaincre et accepta de chasser le cardinal. Celui-ci, qui habitait le Petit Luxembourg, était parfaitement renseigné par sa police personnelle sur les menées de la Florentine. Il savait même qu'elle voulait le remplacer par le garde des Sceaux Michel de Marcillac, et qu'elle était aidée dans son complot par le duc de Guise. Il se tenait prêt à contre-attaquer.

Le 10 novembre, il apprit que la reine mère, enfermée dans sa chambre, était en train de parler avec le roi. Fort inquiet, il chargea sa nièce, Mme de Combalet, d'aller aux renseignements; mais la Florentine barricada sa porte.

— Plous dé cardinal! Plous dé nièce! Plous personne! cria-t-elle.

Le roi intervint, disant qu'on ne devait pas éveiller les soupçons de Richelieu par de ridicules maladresses, et il fit entrer la jeune femme. Marie de Médicis parvint à rester calme quelques instants : mais brusquement une fureur terrible la saisit et, nous dit Saint-Simon, « elle laissa couler un torrent d'injures qui ne sont connues qu'aux Halles » (1).

***

Pendant que cette scène avait lieu, le cardinal, de plus en plus angoissé, entrait au Luxembourg. Il ne voulait pas rester plus longtemps loin du lieu où se jouait son destin.

Au premier étage, il vit que l'appartement de la reine mère était verrouillé. Il secoua les huis, rôda dans les couloirs et finit par se glisser dans l'oratoire qui communiquait avec la chambre de la Florentine. Là, une porte secrète était entrouverte. Il la poussa...

Marie de Médicis, qui tapait du pied en vociférant, le vit entrer avec stupeur.

— Vous parliez de moi, je présume, dit-il. Me voici, de quoi m'accusez-vous?

La Florentine perdit alors le contrôle d'elle-même et se mit à insulter grossièrement le cardinal.

Il était venu pour discuter; ce vocabulaire de poissarde auquel il n'était pas habitué le décontenança tant qu'il ne put prononcer un mot.

(1) Marie de Médicis était très bête. D'après Tallemant des Réaux, « elle croyait que les grosses mouches qui bourdonnent entendent ce qu'on dit et le vont redire; et, quand elle en voyait quelqu'une, elle ne disait plus rien de secret... »

— Jé vous chasse! criait la reine mère. Vous n'êtes qu'oun valet ingrat!

Voyant que le roi le laissait insulter sans broncher, Richelieu comprit qu'il était perdu. Il tomba à genoux et, comme il était très émotif, il pleura.

— Pardon! bredouilla-t-il.

Marie de Médicis marchait de long en large à travers la chambre, en hurlant. Le cardinal, toujours sur les rotules, eut alors l'idée singulière de la suivre dans tous ses déplacements :

— Grâce! Grâce! criait-il.

Le spectacle était si grotesque que Louis XIII en fut gêné.

— Relevez-vous, monsieur de Richelieu, et sortez, dit-il sèchement.

Le cardinal se retira, secoué par de gros sanglots qui résonnèrent longtemps dans les couloirs.

Lorsqu'il eut disparu, Marie de Médicis se tourna vers son fils, l'œil pétillant.

— Qu'ést-cé qué vous en pensez?

— Tout cela est bien fatigant, se contenta de dire le roi.

Après quoi il sortit, monta dans un carrosse et se fit conduire à Versailles dont il aimait le bon air.

***

Aussitôt, les suivantes de Marie de Médicis, qui avaient tout entendu, se précipitèrent hors du Luxembourg pour aller apprendre à la cour que le cardinal était abandonné par le roi et que sa disgrâce était imminente.

Deux heures plus tard, tous les ennemis du premier ministre étaient chez la reine et entouraient M. de Marcillac qui commençait à distribuer des charges. On se congratulait, les beaux esprits composaient des quatrains venimeux contre Richelieu qu'on prétendait en fuite, et Anne d'Autriche, dans un coin du salon, souriait en pensant que son cher Buckingham était vengé.

Or, à la même heure, le cardinal arrivait à Versailles, se prosternait devant le roi, parlait habilement et retournait la situation.

— Je vous rends toute ma confiance, disait Louis XIII, et je vous affirme que ma volonté est de vous voir à mon service comme par le passé.

Le soir même, Richelieu revenait à Paris, plus puissant que jamais, et faisait arrêter tous ceux qui s'étaient réjouis de sa disgrâce, à commencer par M. de Marcillac.

Un affolement indescriptible régna pendant toute la soirée au Luxembourg où Marie de Médicis piqua la plus belle colère de sa vie. Anne d'Autriche fut plus calme. Comprenant qu'elle allait avoir à subir de nouveau la rancœur et la haine de son soupirant évincé, elle se coucha en pleurant.

Ainsi se termina ce dimanche 10 novembre 1630, que l'on devait appeler avec raison la Journée des Dupes.

***

Dès le lendemain, délivré des soucis que lui causaient les harcelantes plaintes de sa mère, Louis XIII put se consacrer de nouveau entièrement à Mlle de Hautefort qui, par bonheur, n'avait pas été mêlée à l'intrigue.

Heureux, détendu, il se désintéressa quelque peu des affaires de l'État.

On le vit alors s'adonner à de curieuses occupations pour un souverain. Il se mit à faire des confitures...

En compagnie de la demoiselle d'honneur, il passait son temps devant les fourneaux et se passionnait tellement pour la cuisine qu'un soir un ambassadeur s'entendit répondre « que Sa Majesté ne pouvoit le recevoir car elle étoit en train de larder... ».

Il faisait aussi de grosses farces pour amuser Mlle de Hautefort. « Un jour, nous dit Tallemant des Réaux, il coupa la barbe à tous ses officiers et ne leur laissa qu'un petit toupet au menton. » On en fit d'ailleurs une chanson :

Hélas! ma pauvre barbe
Qu'est-ce qui t'a faite ainsi?
C'est le grand roi Louis
Treizième de ce nom
Qui a tout ébarbé sa maison.

Chanson qu'il apprécia en connaisseur, car il composait lui-même des romances et s'enorgueillissait d'être l'auteur de nombreuses musiques de ballet. Chaque fête donnée à la cour était un petit récital des dernières œuvres de Sa Majesté...

Toutes ces distractions plaisaient certes beaucoup à Mlle de Hautefort; mais la charmante jeune fille commençait à désirer des joies plus profondes que celles dont Louis XIII se contentait en faisant des confitures... Et, tout comme la reine, elle fut bientôt tourmentée par un désir qui, les nuits d'hiver, lui tenait lieu de chaufferette...

***

Pendant que le roi batifolait ainsi chastement, Richelieu se vengeait avec méthode de ceux qui avaient voulu sa perte (1). Quand il ne resta plus devant lui que les deux reines, il fut perplexe. Toutes deux, en effet, étaient, par leur situation, hors de son pouvoir. Il devait donc user à leur égard d'armes spéciales.

Pour se débarrasser de Marie de Médicis qui le gênait particulièrement, car il craignait une nouvelle offensive de sa part, il eut recours à une ruse singulière : en mai 1631, il fit courir le bruit que la police, sur l'ordre de Louis XIII, allait se saisir d'elle. La reine mère, comme une grosse mouche affolée, s'enfuit de Compiègne où elle était alors, buta contre la Flandre, rebondit en Angleterre, revint en Hollande, et finit par échouer à Cologne.

C'était une victoire, et Richelieu se frotta les mains. Restait Anne d'Autriche qu'il comptait bien faire répudier. Il convoqua Mlle de Hautefort :

— Il faut que le roi, qui vous aime tant, soit au courant de tous les actes de la reine, dit-il hypocritement. Dût-il en souffrir. J'ai pensé que vous pourriez me faire un petit rapport quotidien...

Marie de Hautefort, bien que favorite de Louis XIII, avait été gagnée par le charme d'Anne d'Autriche. Elle refusa.

(1) Bassompierre fut arrêté le 24 février et conduit à la Bastille où il devait rester douze ans (jusqu'à la mort du cardinal). La veille, sentant le danger, il avait brûlé plus de six mille lettres d'amour « qui auraient pu compromettre les plus grandes dames du royaume... ».

Le cardinal pensa alors qu'il avait besoin d'une femme intrigante, et il autorisa la duchesse de Chevreuse, qui vivait en exil depuis l'affaire Chalais, à revenir à la cour. Ce choix était d'une habileté géniale, car il lui permettait de compter à la fois sur la reconnaissance de la jeune femme et sur celle d'Anne d'Autriche qui allait être ravie de revoir son amie.

Mme de Chevreuse, dès son arrivée à Paris, alla remercier Richelieu et lui adressa mille protestations d'amitié.

— Je n'oublierai jamais que vous m'avez tirée de l'exil, dit-elle, et je vous aiderai toujours autant que je le pourrai.

Elle tint parole. A quelque temps de là, *elle parvint à détacher de la Maison d'Autriche l'un de ses amants, le duc de Lorraine, et à lui faire signer un traité d'alliance avec la France.*

Richelieu, à son tour, alla la remercier. Elle le reçut avec tant de grâces, déploya tant de charme, qu'il pensa naïvement qu'elle devait être amoureuse de lui et en fut troublé.

Mme de Chevreuse, je l'ai dit, était une ravissante blonde aux yeux verts et aux mœurs dissolues qui passait le plus clair de son temps « à faire le cricon criquette » avec tous les hommes qui lui plaisaient.

De savoureuses anecdotes couraient sur elle. « J'ai ouï conter, dit Tallemant des Réaux, que, par gaillardise, elle se déguisa, un jour de fête, en paysanne, et s'alla promener toute seule dans les prairies. Je ne sais quel ouvrier en soie la rencontra. Pour rire, elle s'arrêta à lui parler, faisant semblant de le trouver à son goût. Mais ce rustre, qui n'y entendait point de finesse, la culbuta fort bien, et on dit qu'elle passa le pas sans qu'il en soit arrivé jamais autre chose. »

Cette scène agreste s'était déroulée devant quelques témoins, et l'auteur des *Historiettes* ajoute que, « quelqu'un s'étant écrié : « Ah! la belle femme, je voudrais bien l'avoir b... », elle se mit à rire et dit : « Voilà de ces gens qui aiment la besogne faite... »

Au lit, sa technique témoignait, disait-on d'un tempérament si généreux et d'une imagination si fertile que Richelieu résolut de vérifier par lui-même le bien-fondé de cette flatteuse réputation.

***

En désirant devenir l'amant de la jeune femme, le cardinal ne pensait pas seulement prendre un savoureux plaisir; il espérait avoir le moyen de nuire efficacement à la reine.

Mme de Chevreuse et Anne d'Autriche avaient, en effet, repris leurs jeux d'autrefois en compagnie de jeunes débauchés, au point que Gaston d'Orléans prétendait malicieusement qu'on avait rappelé l'exilée « pour donner plus de moyens à la reine de faire un enfant »... Elles passaient leur temps à rire, à danser, à organiser des fêtes, et s'adoraient...

Seul un homme capable d'apporter de grandes satisfactions à Mme de Chevreuse pouvait avoir assez d'autorité pour séparer les deux amies. Le cardinal eut la candide prétention de croire qu'il était cet homme-là, et fit à la belle une cour assidue.

Il s'abusait. Malgré tout son talent d'homme d'État, le premier ministre n'était pas de force devant une telle femme. Celle-ci devina ses desseins et, d'accord avec la reine, mit sur pied un ingénieux complot destiné à le renverser.

Sachant que Châteauneuf, le Garde des Sceaux, était amoureux d'elle, la jolie rouée excita sa jalousie en lui apprenant que Richelieu la poursuivait de ses avances. Le brave homme n'opposa aucune résistance, mais conçut immédiatement une haine très pure pour le cardinal auquel, pourtant, il devait tout.

— Tant qu'il sera premier ministre, lui susurra alors Mme de Chevreuse, j'aurai tout à craindre de lui.

Châteauneuf comprit et jura qu'il était prêt à soulever le peuple et à faire fuir définitivement Richelieu. Il ne fallait qu'un encouragement à un tel élan : la petite duchesse prit sa plume et lui écrivit cette lettre pleine de promesse :

Mon Ami,

Je crois que vous êtes absolument à moi. Je vous promets qu'éternellement je vous traiterai comme mien; quand toute la terre vous négligerait, je saurai toute ma vie si dignement vous estimer que, si vous m'aimez véritablement, comme vous le dites, vous aurez sujet d'être content de votre fortune, car toutes les puissances de la terre ne sauraient me faire changer de résolution.

C'était plus qu'il n'en fallait pour galvaniser le pauvre Garde des Sceaux qui se mit, dès lors, à passer ses nuits en conciliabules secrets avec des amis de Gaston d'Orléans.

***

Pendant ce temps, Richelieu devenait de plus en plus amoureux de Mme de Chevreuse. « Il lui témoignait, nous dit Louis Batifol, autant de passion qu'elle en avait lu autrefois dans le cœur de Holland. » Un matin, il vint lui rendre visite si tôt qu'il la trouva au lit. Perdant un peu de sa dignité habituelle, il se précipita sur elle et tenta de se glisser sous les draps. Elle dut le menacer d'un scandale pour s'en débarrasser (1).

Le soir, la chose ayant été colportée par des domestiques, on ne parla, à l'Hôtel de Rambouillet, que de l'inconduite du cardinal. Le salon des précieuses était, en effet, le carrefour de tous les ragots de la capitale, et les informations un peu scabreuses y remportaient toujours un grand succès. On en profita pour rappeler toutes les tares de la famille de Richelieu et l'on s'amusa à raconter que son frère, cardinal de Lyon, avait dû, au cours d'une crise de folie, être enfermé dans sa cellule par les Chartreux de Grenoble, et que sa sœur, marquise de Brézé, « croyait avoir le cul en verre et ne bougeait du lit de crainte de se le casser... » (2).

Deux jours plus tard, les futures amies de Mlle de Scudéry se réjouirent de nouveau en apprenant que Richelieu, à la demande de Mme de Chevreuse, s'était déguisé en cavalier, avec des plumes rouges à son chapeau, et que la reine, cachée derrière une tapisserie, l'avait vu passer dans cet extravagant costume (3).

(1, 2) *Conversation de maître Guillaume avec la princesse de Conti aux Champs-Élysées.* Anonyme du XVIIe siècle. (« Pièces curieuses », t. IV.)

(3) Cf. AMELOT DE LA HOUSSAYE : « Le cardinal de Richelieu fut assez longtemps amoureux de la duchesse de Chevreuse, veuve du connétable de

Le cardinal sut-il que sa chère duchesse s'était moquée de lui en compagnie de la reine? C'est possible, car il tomba subitement malade et dut s'aliter.

En apprenant cette nouvelle, Châteauneuf, qui conspirait toujours avec acharnement, conçut le fol espoir d'être soutenu par le Ciel et pensa que son ennemi allait mourir. Il écrivit à Mme de Chevreuse pour se réjouir « d'être enfin délivré de ce c... pourri ». La police du cardinal était aux aguets; elle intercepta cette charmante lettre qui fut portée à Richelieu. Le lendemain, le Garde des Sceaux était arrêté et Mme de Chevreuse obligée de reprendre le chemin de l'exil.

Elle se réfugia à Tours où, pour passer le temps, elle devint la maîtresse de l'archevêque...

Luynes : il lui faisait de beaux présents et, pour lui plaire davantage, il s'habillait quelquefois en cavalier, avec l'épée au côté et des plumes rouges au chapeau. Un jour, la duchesse, qui ne l'aimait point du tout, fit cacher la reine Anne dans un endroit secret de son appartement, pour lui donner le plaisir de voir passer le cardinal en cet équipage. C'est par où commença la rupture entre le cardinal et la duchesse, qui s'entendait avec la reine, et le trahissait en tout; au lieu qu'il avait cru la mettre dans ses intérêts en lui faisant l'amour. » *Mémoires historiques et critiques*. La Haye, 1737.

XXIV

LOUIS XIV FUT-IL CONÇU GRACE A Mlle DE LA FAYETTE?

> Il y a beaucoup d'ombre autour de la naissance du Roi Soleil...
>
> CHARLES NISARD.

Au milieu de toutes ces intrigues, le roi demeurait fidèlement épris de Mlle de Hautefort. Quand il ne se promenait pas avec elle dans le parc de son petit château campagnard de Versailles, il s'enfermait dans un cabinet pour y composer des chansons pleines d'amour (1). L'une d'elles est parvenue jusqu'à nous. Marie s'y trouve désignée pudiquement sous le nom d'Amaryllis :

Tu crois, ô beau soleil,
Qu'à ton éclat rien n'est pareil,
En cet aimable temps
Que tu fais le printemps.
Mais quoi! tu pâlis
Aupres d'Amaryllis.

Or que le ciel est gai
Durant ce gentil mois de mai.
Les roses vont fleurir
Les lys s'épanouir.

(1) Cf. Mlle DE MONTPENSIER : « Il en faisait même les paroles, et le sujet n'était jamais que Mlle de Hautefort. » *Mémoires.*

Mais que sont les lys,
Auprès d'Amaryllis?

De ses nouvelles pleurs
L'aube va ranimer les fleurs;
Mais que fait leur beauté
A mon cœur attristé,
Quand des pleurs je lis
Aux yeux d'Amaryllis.

Lorsque Louis XIII lui chantait ces couplets un peu fades, Mlle de Hautefort était profondément désolée. « Jamais, se disait-elle, il n'osera me manquer de respect. »

Elle finit par prendre une initiative hardie : un soir que son désir était trop fort, elle sauta sur le roi et tenta de l'entraîner vers un lit.

Louis XIII se débattit, parvint à se dégager et fut peiné. Il ne croyait pas qu'une jeune fille pût être attirée par des plaisirs aussi peu intellectuels, et le dit à son amie. Cela n'empêcha pas Mlle de Hautefort, travaillée en profondeur par le printemps, de revenir à la charge les jours suivants et de le « martyriser », au dire de Mme de Motteville. Ces attaques étaient vaines d'ailleurs, car le roi défendait bien sa vertu.

C'est à cette époque qu'il dit un jour à des amis :

— Les femmes ne m'intéressent que de la tête à la ceinture!

— Dans ce cas, lui répondit quelqu'un, il faut la leur faire porter aux genoux!

Cette plaisanterie était un peu leste. Elle déplut à Louis XIII qui fit grise mine au gentilhomme pendant un mois.

Bientôt les assauts de la favorite furent si violents que le roi finit par se lasser. Il n'aimait pas être obligé de se défendre contre les entreprises d'une femme et demanda à Marie d'être plus réservée à son égard.

***

Le cardinal fut rapidement informé de cette mésentente et, comme il haïssait Mlle de Hautefort depuis qu'elle avait refusé de le servir contre la reine, il pensa que le moment était venu de se venger : il présenta au roi une jeune fille brune et fort maigre, qui s'appelait Louise de La Fayette.

Cette demoiselle avait une qualité qui séduisit tout de suite Louis XIII : elle chantait.

Dès le lendemain, il l'attira dans son cabinet et lui demanda d'interpréter quelques vieilles chansons. Elle obéit en rougissant et, pendant deux heures, le tint sous le charme. Pourtant il ne dit pas un mot aimable car il se méfiait, trouvant Louise trop élégante. La jeune fille, en effet, s'habillait avec recherche et suivait les excentricités de la mode. Or Dieu sait si la mode était extravagante en ce printemps 1635 ! Les femmes ne portaient que des couleurs tendres et si extraordinaires que les couturières étaient obligées d'inventer des noms pour les désigner. Il y avait les robes feuille-morte, ventre de biche, ventre de nonnain, couleur du roi, mimine, triste-amie, gris d'été, céladon, astrée, face grattée, couleur de rat, fleur mourante, vert naissant, vert brun, vert gai, vert de mer, vert de pré, merde d'oie, aurore, singe mourant, couleur de sel à dos, de veuve réjouie, de temps perdu, flammette de soufre, de constipé, singe envenimé, ris de guenon, trépassé revenu, espagnol malade, espagnol mourant, couleur de baise-moi-ma-mignonne, couleur de péché mortel, de cristallin, de bœuf enfumé, de jambon commun, de désirs amoureux, de racleur de cheminée, etc.

En voyant Mlle de La Fayette vêtue d'une élégante toilette ris de guenon ou face grattée, le roi s'inquiétait, car la coquetterie lui semblait une invitation à la débauche.

Mais il fut bien vite rassuré; cette jeune fille, malgré son amour pour les belles parures, était aussi pure que lui. Le péché lui faisait horreur et son cœur se glaçait à la pensée des assemblages auxquels se plaisent généralement les amoureux.

Auprès d'elle, Louis XIII retrouva sa belle humeur et vécut sans crainte. Il l'emmenait parfois se promener dans les bois — même très éloignés — sachant bien qu'elle ne tenterait pas de le violer. Finalement, il tomba amoureux de cette femme si bien faite pour le comprendre et ne parla plus à Mlle de Hautefort. Alors la pauvre, qui se trouvait toujours aussi agacée par les effets du printemps, quitta la cour et emporta sa chaleur intime en province.

***

Richelieu, une fois de plus, se frotta les mains. Protecteur de Mlle de La Fayette, il pensait pouvoir utiliser ses bons offices pour connaître les secrets agissements de la reine. Ayant convoqué la jeune fille, il lui tint le même discours qu'à Mlle de Hautefort, mais n'eut pas plus de succès qu'avec celle-ci. Dès les premiers mots, en effet, la nouvelle favorite se cabra :

— Vous ne saurez jamais rien de moi, dit-elle sèchement.

Puis elle partit, laissant le cardinal déçu et riche d'une haine toute neuve.

Immédiatement, il chercha à se venger et utilisa un moyen peu digne de son grand génie : au cours d'un bal donné à Saint-Germain, il demanda à quelques jeunes filles de ses amies de presser des citrons à l'endroit où Louise avait dansé. Tout le monde crut qu'elle avait fait pipi sur le parquet et le scandale fut énorme.

La reine appela La Porte, son valet de chambre, et lui demanda de sentir les gouttes. La Porte obéit, se mit à quatre pattes, flaira consciencieusement et déclara que ce n'était pas du citron...

Peut-être avait-il le nez bouché.

Quoi qu'il en soit, Mlle de La Fayette n'osa pas discuter avec Anne d'Autriche et rentra fort confuse dans sa chambre. Le lendemain, la Cour chanta :

Petite La Fayette,
Votre cas n'est pas net :
Vous avez fait pissette
Dedans le cabinet,
A la barbe royale.
Et là, aux yeux de tous,
Vous avez fait la sale,
Ayant pissé sous vous.

Le roi n'attacha aucune importance à cet incident; mais Louise, très mortifiée, en voulut férocement au cardinal qu'elle soupçonnait d'être l'auteur de cette mauvaise plaisanterie.

Sur ces entrefaites le Père Joseph, confident et conseiller de Richelieu, vint la trouver. « Ce moine, nous dit Dreux du Radier, était d'un génie presque égal à celui du cardinal. Fatigué d'une subordination trop marquée pour sa vanité, il avoit conçu le projet de détruire son bienfaiteur et de prendre sa place. »

Son premier objectif était d'obtenir le cardinalat qui l'eût mis sur un pied d'égalité avec Richelieu.

Connaissant les sentiments de la nouvelle favorite à l'égard du premier ministre, il lui demanda son aide.

— Je ferai tout pour débarrasser le royaume de cet homme malfaisant qui vient encore de déclarer une guerre, dit-elle.

Alors le capucin lui expliqua qu'il avait offert au pape Urbain VIII de faire conclure la paix avec la Maison d'Autriche et d'établir un traité avec les protestants.

— Si je réussis, ajouta-t-il, le Saint-Père, qui déplore tous ces conflits, me donnera le chapeau de cardinal. Il faut donc que vous m'aidiez.

Mlle de La Fayette ignorait tout de la politique. Elle fut un peu effrayée en pensant au rôle qu'on voulait lui faire jouer, et demanda à réfléchir. La voyant perplexe, le Père Joseph « lui fit alors envisager habilement les choses du côté de la religion et de la piété » :

— Si vous parvenez à convaincre le roi, dit-il, vous serez l'auteur du bien de toute l'Europe en donnant une paix nécessaire à la France, et en retirant un gros poids de la conscience de Sa Majesté (1)...

Mlle de La Fayette fut ébranlée par ce discours. La grandeur de sa mission l'exalta, et elle promit de parler à Louis XIII.

Le soir même, dans la chambre du roi, elle répéta fidèlement tout ce que le capucin lui avait dit :

— Il faut arrêter la guerre contre l'Autriche, le peuple est

(1) DREUX DU RADIER, *op. cit.*

écrasé d'impôts, les paysans se soulèvent : le cardinal doit partir...

Louis XIII écouta Louise sans l'interrompre; mais quand elle eut fini son discours il lui demanda de bien vouloir goûter les confitures qu'il venait de faire...

Les choses s'engageaient mal.

Très ennuyée, Mlle de La Fayette quitta le roi et alla prendre conseil d'une de ses amies, Mme de Senecey, femme droite et honnête qui détestait le cardinal et étonnait la cour par sa chasteté. Elle n'avait, en effet, qu'un amant.

... Encore était-ce l'évêque de Limoges! (1).

Or, précisément, ce galant prélat était l'oncle de la favorite. Aussi Mlle de La Fayette considérait-elle Mme de Senecey comme une tante à la mode du Limousin.

Elle lui fit part des intentions du Père Joseph et lui demanda son appui. L'évêque était là :

— Pour réussir, dit-il, il faut utiliser la personne qui a le plus d'influence sur le roi, c'est-à-dire le Père Caussin, son confesseur. Je m'en charge.

Quelques jours après, le Père Caussin, gagné à la cause des conjurés (auxquels s'était jointe naturellement Anne d'Autriche), répétait à Louis XIII une leçon que Louise lui avait apprise. Cette fois, le souverain fut ébranlé. Il commença par considérer Richelieu d'un œil froid et méchant, puis il ne lui fit plus goûter ses confitures. Le cardinal s'alarma. Soupçonnant Mlle de La Fayette d'organiser un nouveau complot contre lui, il « acheta » le principal valet de chambre du roi, un nommé Boizenval, et le chargea de surveiller les agissements de la favorite. « Celui-ci, nous dit Dreux du Radier,

(1) Il existait, bien entendu, des gens assez méchants et étroits d'esprit pour critiquer cette pieuse liaison. Et l'on chantait

Senecey la sainte
Est femme d'esprit
Si elle est enceinte
C'est de l'Antéchrist.
On a vu chez elle un moine bourru
Lanturlu

(On sait que, d'après les Écritures, l'Antéchrist doit être le fils d'un prêtre.)

promit non seulement de lui rapporter fidèlement tout ce qu'il saurait des paroles et des actes du roi et de Mlle de La Fayette, mais encore de lui remettre tous les billets qu'ils s'enverraient et dont il serait chargé. »

Il tint parole, et le cardinal put suivre au jour le jour la marche du complot destiné à le renverser. Lorsqu'il connut le nom de tous les complices du Père Joseph, Richelieu décida de rompre la liaison du roi et de Mlle de La Fayette. « Aussi occupé à cette intrigue que du gouvernement de l'État entier, nous dit Vittorio Siri (1), il passa des nuits à falsifier les lettres que s'envoyaient les deux amoureux » (2).

Constatant qu'il n'obtenait aucun résultat, il eut alors une idée qui témoigne de son génie politique et force l'admiration : pour se débarrasser de Mlle de La Fayette, il imagina de lui inspirer une vocation religieuse.

Il convoqua le Père Carré, confesseur de la jeune fille, et lui demanda de jeter le bon ferment dans cette âme pieuse.

— Vous devez faire comprendre à Mlle de La Fayette qu'elle est appelée par Dieu et qu'elle doit fuir les plaisirs du siècle.

Le succès fut prodigieux : deux mois plus tard, la favorite annonçait au roi qu'elle avait l'intention d'entrer au couvent.

***

Louis XIII fut très abattu : il alla se coucher et pleura toute la nuit (3). Trop pieux pour lutter contre la vocation de sa favorite, il se contenta de souffrir.

Le 23 mai 1637, « La Gazette de France », fondée six ans auparavant par Renaudot, publia cet entrefilet :

(1) *Memorie recondite*, t. 8.

(2) Il était pourtant fort occupé à cette époque. Non seulement il dirigeait les opérations militaires contre l'Espagne, mais encore il organisait l'Académie française. Cette compagnie doit d'ailleurs son origine à une femme : Julie d'Angennes, fille de la marquise de Rambouillet. Cette jeune précieuse, que Richelieu avait courtisée en vain, tenait un salon littéraire très couru. Pour lui retirer les écrivains les plus importants, le cardinal « officialisa » le cénacle que dirigeait le poète Conrart.

(3) C'est lui-même qui l'écrit dans une lettre à Chauvigny.

De Paris. Le 19, le roi partit de Saint-Germain et fut coucher à Versailles. Le même jour, la demoiselle de La Fayette, l'une des filles d'honneur de la reine, s'est rendue religieuse dans le monastère des Filles de la Visitation, et a été grandement regrettée du roi, de la reine et de toute la cour.

La séparation avait été pathétique. Le roi était venu dire adieu à Louise dans la chambre de la reine, et là, devant Anne d'Autriche très émue, il n'avait pu retenir ses larmes.

Après quelques paroles, plus « bégayées que prononcées », il était parti et la favorite avait couru à la fenêtre pour le voir monter en carrosse. Oubliant alors l'étiquette qui interdisait de désigner Sa Majesté par un pronom, elle s'était écriée, dans un sanglot :

— Hélas ! je ne *le* verrai donc plus...

Au mois de juin, elle prit le voile et devint l'humble Sœur Angélique.

Dès que Mlle de La Fayette fut sortie du siècle, Richelieu poussa un gros soupir et procéda à quelques petits règlements de comptes : le Père Joseph tomba malade et mourut subitement, le Père Caussin fut expédié à Rennes, Mme de Senecey dut quitter la cour et se retirer dans son château de Randan, et l'évêque de Limoges fut obligé de regagner son diocèse...

***

Louis XIII ne pouvait se consoler du départ de Louise. De temps en temps, il allait, en se cachant du cardinal, jusqu'au couvent de la rue Saint-Antoine et faisait une visite à la petite religieuse. Naturellement, Richelieu l'apprit. Pensant qu'une femme pouvait, seule, faire oublier son chagrin au roi, il fit revenir au Louvre Mlle de Hautefort. Mais la gracieuse Marie n'avait plus aucun pouvoir sur le cœur de Louis XIII. Elle s'en aperçut vite. La regardant sans la voir, demeurant muet en sa présence, le souverain semblait dans l'attente continuelle du moment où il pourrait courir rue Saint-Antoine. Deux fois par semaine, en effet, sous couleur d'aller chasser à Vincennes, il continuait de fréquenter la Visitation. A chaque visite, la petite Sœur Angélique, qui se croyait une grande pécheresse, lui faisait la morale (1) et le suppliait de se rapprocher d'Anne d'Autriche.

— Il y a vingt-deux ans que vous êtes marié, Sire, et vous n'avez pas encore donné de dauphin à la France.

Louis baissait la tête et parlait d'autre chose. Pour avoir un enfant il fallait se livrer à des actes qui lui répugnaient vraiment trop...

Un jour d'août, il arriva à la Visitation plus blême et plus triste que d'habitude.

— La reine correspond secrètement avec sa famille, dit-il à Louise, M. de Richelieu vient d'intercepter une lettre chiffrée qu'elle envoyait à Mirabel, ambassadeur d'Espagne...

— Le roi d'Espagne est son frère, dit doucement Louise.

— C'est notre ennemi, coupa le roi. La France est en guerre contre lui.

Une extraordinaire affaire commençait pour la plus grande joie de Richelieu qui espérait bien, cette fois, faire jeter la reine dans un cachot sous l'inculpation de haute trahison. La Porte, valet de chambre d'Anne d'Autriche, fut conduit à la Bastille. On saisit sur lui une lettre destinée à Mme de Chevreuse, qui, naturellement, était mêlée au nouveau complot (2). Une perquisition eut lieu au couvent du Val-de-Grâce, où la reine avait un appartement. On ne trouva rien, car les religieuses avaient eu la finesse de cacher tous les papiers compromettants.

Richelieu se rendit alors à Saint-Germain pour interroger Anne d'Autriche qui, malade de peur, se voyait déjà arrêtée, répudiée et renvoyée en Espagne.

Le cardinal lui montra la lettre adressée à Mirabel.

— Puis-je me permettre, Majesté, de vous demander des explications au sujet de cette lettre?

Après tant de manœuvres sournoises, les deux ennemis se

(1) C'est elle qui détermina Louis XIII à placer son royaume, par un vœu solennel, sous la protection de la Vierge.

(2) En apprenant l'arrestation de La Porte, Mme de Chevreuse, effrayée, s'habilla en homme et s'enfuit en Espagne.

trouvaient enfin face à face. Comme leurs regards durent se croiser avec violence lorsque la reine répondit qu'elle n'avait jamais vu ce papier.

Baissant les yeux, Richelieu sourit :

— Je vous crois, Madame, mais en toute chose il peut y avoir plusieurs vérités. Et je vous assure que, si vous dites tout ce que vous savez et jusqu'au fond des choses, le roi vous pardonnera certainement. D'ailleurs, je serai là pour vous défendre...

Pendant plus d'une heure, sur ce ton fielleux, il tortura la reine, qui finit par s'effondrer. En sanglotant, elle avoua qu'elle était l'auteur de la lettre, mais jura qu'elle n'en avait pas écrit d'autres.

— Vous savez depuis longtemps quels sentiments j'ai pour vous, dit doucement Richelieu. Je vais maintenant et de tout mon cœur m'employer à vous faire absoudre par le roi.

Anne d'Autriche, elle aussi, joua le jeu :

— Ah! monsieur le Cardinal, dit-elle, quelle bonté faut-il que vous ayez!

Et elle lui tendit la main. Mais Richelieu la refusa en feignant l'humilité et le respect...

***

Dès qu'il fut remonté dans son carrosse, Anne d'Autriche s'affola. Il fallait absolument que La Porte, qui allait être interrogé à son tour, fît les mêmes réponses qu'elle. Comment lui faire savoir ce qu'elle avait avoué? Elle demanda conseil à Mlle de Hautefort qui était devenue son amie.

— Écrivez une lettre, lui dit celle-ci. Je me charge de la faire parvenir à La Porte.

Le lendemain matin, déguisée en soubrette, le visage à demi caché par une grande coiffe, la jeune fille se rendit à la Bastille et demanda à voir un de ses amis, le chevalier de Jars, qui purgeait alors une petite peine.

— Je suis la sœur de son valet, dit-elle.

Les gardes, pensant qu'il s'agissait d'une fille de joie comme il en venait souvent à la Bastille, allèrent chercher le chevalier et le laissèrent avec Marie.

Jars fut stupéfait en reconnaissant son amie.

— Vous?...

Elle lui fis signe de se taire :

— Voici une lettre de la reine qu'il faut faire passer à La Porte. Sa chambre se trouve deux étages au-dessous de la vôtre; c'est de la plus haute importance...

Quelques heures plus tard, le chevalier perçait son plancher, faisait passer la lettre à son voisin du dessous, et celui-ci, par le même moyen, la transmettait à La Porte.

Quand Richelieu arriva, le valet de chambre savait quelles réponses il devait faire. Anne d'Autriche était sauvée...

Ignorant qu'il avait été dupé, le cardinal jugea l'affaire moins intéressante qu'il ne l'avait cru tout d'abord et arrêta les poursuites. Alors la reine promit de ne plus écrire à sa famille et, au début de l'hiver, le roi put annoncer à Louise qu'il avait pardonné.

La petite religieuse fut ravie.

— Réconciliez-vous tout à fait, dit-elle, la France n'a toujours pas de dauphin.

Elle ne se doutait pas que le roi allait peut-être pouvoir prendre le titre de père grâce à elle.

Voici ce que nous conte à ce sujet le Père Griffet dans son *Histoire du règne de Louis XIII* :

« Au commencement de décembre, le roi partit de Versailles pour aller coucher à Saint-Maur, et en passant par Paris il s'arrêta au couvent des Filles Sainte-Marie de la rue Saint-Antoine pour rendre visite à Mlle de La Fayette. Pendant qu'ils s'entretenaient, il survint un orage si affreux qu'il ne lui fut pas possible de retourner à Versailles ni d'aller à Saint-Maur où sa chambre, son lit et les officiers de bouche étaient arrivés. Il attendit que l'orage cessât, mais, voyant qu'il augmentait au lieu de diminuer et que la nuit approchait, il parut embarrassé; son appartement au Louvre n'était point tendu, et il ne savait où se retirer.

« Guitaut, capitaine des gardes, qui était dans l'habitude de lui parler avec assez de liberté, lui dit que, la reine demeurant au Louvre, il trouverait chez elle un souper et un logement tout préparé. Il rejeta cette proposition en disant qu'il fallait espérer que le temps changerait. On attendit encore, et l'orage étant devenu plus violent Guitaut lui proposa encore d'aller au Louvre. Il répondit que la reine soupait et se couchait trop tard pour lui. Guitaut l'assura qu'elle se conformerait volontiers à sa manière de vivre. Le roi prit enfin le parti d'aller chez la reine. Guitaut y courut à toute bride pour avertir cette princesse de l'heure à laquelle le roi voulait souper. Elle donna des ordres pour qu'il fût servi selon ses désirs. Ils soupèrent ensemble. Le roi passa la nuit avec elle *et, neuf mois après, Anne d'Autriche mit au monde un fils dont la naissance inespérée causa une joie universelle dans tout le royaume.* »

Mais on ne tarda pas à raconter dans Paris que l'orage avait été habilement exploité par la reine qui, d'après les gens bien informés, avait en effet grand besoin de voir le roi, « pour ce qu'elle venait de commettre une grosse imprudence... ».

D'ailleurs, l'insistance de Guitaut est assez singulière et de nombreux historiens s'en sont étonnés. « On a l'impression, écrit Jules Perceau, que l'officier avait reçu d'Anne d'Autriche la consigne formelle de ramener le roi coûte que coûte au Louvre. Sans doute ne fallait-il pas laisser échapper une occasion de légitimer le fruit d'un commerce coupable... » (1).

Quoi qu'il en fût, la reine eut dès lors une attitude suffisamment étrange pour que tous les racontars parussent justifiés. « A peine eut-elle fait sa déclaration de grossesse, nous dit Raspail, elle se réfugia dans le Val-de-Grâce, comme dans un fort, à l'abri et des yeux des argus *et des soupçons de son maître, qu'elle n'approcha plus.* »

Ce qui est, évidemment, une curieuse façon de se comporter à l'égard d'un époux avec lequel on vient de se réconcilier...

(1) JULES PERCEAU, *Le Règne de Louis XIII*, 1885.

XXV

QUI FUT LE PÈRE DE LOUIS XIV?

La paternité n'est — et ne saurait être — qu'un acte de confiance.

ÉMILE GIRARDIN.

Lorsque le futur Louis XIV naquit à Saint-Germain-en-Laye, le 5 septembre 1638, Louis XIII le considéra un instant de son œil triste, demeura silencieux et s'en alla après avoir refusé d'embrasser la reine.

Cette étrange attitude scandalisa la cour, et Anne d'Autriche tomba malade de chagrin.

Pourquoi le roi, dont on connaissait le désir d'avoir un fils, n'avait-il pas manifesté une plus grande joie en voyant ce bébé qui allait perpétuer la race et sauver la dynastie?

La réponse était si simple qu'elle vint naturellement à l'esprit de tout le monde : si le roi montrait une mine aussi lugubre, c'est qu'il n'était pas le père du nouveau-né...

De nombreux historiens, de Michelet au docteur Cabanès, ont suivi dans cette voie le bon peuple dont l'intuition est souvent remarquable.

Avant de les imiter, peut-être convient-il de rechercher d'abord si la paternité de Louis XIII ne peut pas être acceptée; car le fait de manquer de tempérament n'implique pas forcément une impossibilité d'engendrer. Il faut donc poser nettement la question : le roi était-il impuissant?

Seul, un de ses familiers peut nous répondre.

Or, nous trouvons dans le dictionnaire de Moreri cette note sur Henri de Béringhien, premier valet de chambre de Sa Majesté :

« Henri eut, dès ses premières années, part aux bonnes grâces du roi Louis XIII. Ce prince, étant dangereusement malade à Lyon et croyant mourir, confia un secret à Béringhien avec ordre de ne le point révéler qu'après sa mort. Le cardinal de Richelieu, qui eut vent de cette confidence, le poussa à lui dire de quoi il était question ; fidèle à son maître, il se refusa. Le roi revint en santé ; le cardinal prit de l'ascendant et força le roi d'ordonner à Béringhien de se retirer et de ne plus venir à la cour ni en France... » (1).

On se souvient qu'à Lyon, en septembre 1630, c'est d'un « abcès au bas-ventre » que le roi avait souffert. Ce mal mystérieux, sur lequel on manque de détails, l'avait-il rendu impuissant? C'est fort possible. Ce serait alors ce secret qu'aurait confié Louis XIII, atterré, à son cher Béringhien...

Il y a plus probant encore. M. Vernadeau, dans son ouvrage *Le Médecin de la Reyne,* nous apprend qu'à la mort de Louis XIII les médecins qui autopsièrent son corps découvrirent « qu'il ne pouvait avoir d'enfant »...

Bien entendu, ce détail ne fut pas porté au procès-verbal de l'autopsie, mais fit l'objet d'un rapport secret que le médecin de la reine, Pardoux-Gondillet, laissa en 1679 à son gendre Marc de la Morelhie. Celui-ci, stupéfait d'apprendre que Louis XIV ne pouvait être le fils de Louis XIII, eut l'idée curieuse d'aller porter le rapport à La Reynie, lieutenant général de police.

Le policier courut immédiatement montrer cet étrange papier au roi qui donna l'ordre de mettre Marc de la Morelhie au secret absolu. Jamais plus on n'entendit parler de cet imprudent jeune homme qui pourrait bien être, selon certains, le Masque de Fer...

***

Le problème de la légitimité de Louis XIV n'a pas été seulement étudié par les historiens, il a passionné aussi les

(1) Cité par Jacques Deschemaeker : *L'Histoire à huis clos,* 1955.

savants. Et Raspail, dans un très curieux travail, a tenté de démontrer, en comparant les traits et les particularités physiques et morales de Henri IV, de Louis XIII et de Louis XIV, que le Roi-Soleil n'avait absolument rien de son père.

Cette étude du grand savant est fort peu connue. Aussi croyons-nous intéressant de la publier ici :

PARALLÈLES PHYSIOGNOMONIQUES
ENTRE LOUIS XIII ET LOUIS XIV

« 1° Dans le port, la taille, la physionomie, la coupe de figure et les proportions des lignes du visage de Louis XIII, je retrouve tout le canevas du visage de Henri IV : Louis XIII, c'est Henri IV maladif et étiolé.

» Dans l'ensemble des traits de Louis XIV, je ne retrouve rien de Louis XIII.

» 2° Louis XIV tient de sa mère les goûts de cette toilette à falbalas, à dentelles, à gazes, à rubans, à broderies sur satin, à panaches sur le chapeau, goûts qu'Anne d'Autriche avait rapportés d'Espagne, et qui font que ce grand roi, même devenu père et grand-père, nous paraît attifé comme une petite fille de dix ans que ses parents se plairaient à parer comme un Jésus dans sa châsse. Ce n'était pas les goûts basques (sic) que Louis XIII tenait de Henri IV, goûts empreints d'une simplicité dont la taille du corps faisait la seule élégance; Louis XIII, tout maladif qu'il était, se campait avec une mâle fierté sous sa jaquette de chasse; Louis XIV, empanaché, enrubanné, tout plissé de dentelles, ne posait qu'avec une dédaigneuse vanité.

» Louis XIII était brave et payait de sa personne, comme soldat, donnant tête baissée sur l'ennemi, à la manière de Henri IV. Louis XIV allait en carrosse au spectacle de la bataille, et y conduisait ses maîtresses pour leur montrer, aux premières loges, comment on se tuait selon les règles de l'art.

» 3° Louis XIII volait aux combats : Louis XIV posait après la plus insignifiante des victoires.

» 4° Louis XIII était élancé; quoique petit de corps, il était bien découplé, ayant peu de hanches et pourtant la taille bien prise. Louis XIV était lourd de formes, grand de taille (1) ayant les hanches rebondies, les membres charnus.

» 5° Mais c'est la physionomie qui va nous révéler une consanguinité impossible. Placez-vous sous les yeux deux portraits, l'un de Louis XIII et l'autre de Louis XIV, tous les deux pris d'après nature, alors que l'un et l'autre avaient le même âge; à aucun âge vous ne parviendrez jamais à saisir le moindre linéament de ressemblance entre le prétendu père et le prétendu fils. Rien dans la coupe, rien dans l'ovale, rien dans les proportions des traits, rien dans le teint, rien dans la chevelure, rien dans l'expression.

» Louis XIII, qui ressemble à ses trois sœurs tellement qu'un peintre n'aurait qu'à enlever la moustache et la royale du roi pour pouvoir substituer la tête du roi à celle de l'une quelconque de ces trois princesses, Louis XIII, dis-je, semble appartenir je ne dirai pas à toute autre famille, mais même à toute autre nation que Louis XIV.

» Par l'ensemble de la figure, Louis XIII est basque; Louis XIV, au contraire, est parfaitement Italien sous le même rapport (2). Cela ressortira mieux sous la plume en plaçant en regard, sur deux colonnes, ces signalements respectifs des deux rois. »

LOUIS XIII	LOUIS XIV
Visage très allongé et latéralement comprimé.	Visage ovale dans le sens latéral autant que d'arrière en avant.
Front haut comme chez les Basques.	Front étroit.
Sourcils grandement arqués et sur une ligne horizontale (signe de bienveillance).	Sourcils étroits et convergents en dedans (signe du dédain).
Yeux grandement fendus comme chez les natures maladives.	Yeux ovales et vifs comme chez les tempéraments sanguins et à volonté ferme.

(1) Ici, Raspail commet une erreur : Louis XIV mesurait 1,62 m.

(2) Raspail croit Mazarin père de Louis XIV.

Nez d'une longueur et d'une grosseur qui sont en raison inverse de l'intelligence.	Nez bien conformé et aquilin comme chez les Italiens.
Menton très long et fuyant.	Menton court et avancé.
Lèvre supérieure haute.	Lèvre supérieure brève.
Lèvre inférieure grosse et un peu pendante.	Lèvre inférieure ascendante et bien proportionnée.
Branche antérieure de la mâchoire faisant avec la ligne du menton un angle aigu.	Même ligne faisant avec celle du menton un angle presque droit.
Occiput peu développé; peu de cervelet — absence de virilité.	Occiput très développé, cervelet volumineux — exubérance de virilité.
Sur tous les portraits de Louis XIII, empreinte de bonté allant jusqu'aux dernières limites de la bonhomie.	Sur tous les traits de Louis XIV, dureté de cœur, dédain de l'espèce humaine, poussés jusqu'aux dernières limites de l'égoïsme et de l'insensibilité.
Louis XIII faible jusqu'à condescendre à être cruel dans l'intérêt de la raison d'État.	Louis XIV ne voyant l'État qu'en lui-même, ne prenant conseil que de sa volonté.
Louis XIII aimant la France comme un héritage de ses pères, même alors que les factions l'obligeaient à combattre des ennemis dans ses sujets.	Louis XIV traitant la France comme un pays conquis et dédaignant les Français autant qu'Anne d'Autriche et que Mazarin même les avaient dédaignés.

Et le docteur Cabanès, qui publia l'étude de Raspail, conclut : « Tout le monde est à peu près d'accord sur la bâtardise du grand Roi; on diffère seulement sur le nom du père putatif. »

***

Avant de partir à la recherche de ce personnage mystérieux il faut, je crois, répondre à une autre question : Anne d'Autriche était-elle infidèle?

Nous l'avons vu bien près de succomber à Buckingham (qui fût sans doute parvenu à ses fins s'il ne s'était pas conduit aussi bêtement dans le jardin d'Amiens), nous n'ignorons pas qu'elle était fort coquette avec les gentilshommes de la cour et nous savons qu'elle avait subi la très mauvaise influence de la galante Mme de Chevreuse; mais lui connaît-on de véritables — et coupables — liaisons?

Il est bien difficile de prouver un adultère lorsqu'il n'y a pas flagrant délit; toutefois, il semble, d'après certains témoignages, qu'elle ait été la maîtresse de Gaston d'Orléans, son beau-frère, « avec qui elle avait pris des manières très libres » (1), de Montmorency, qui fut décapité en 1632, et de quelques autres dont les noms ne nous sont pas parvenus.

Son infidélité nous est, en tout cas, prouvée par le fait qu'en 1631 elle fit une fausse couche, alors qu'elle vivait séparée du roi depuis 1625. Et Jean Guénot nous apprend « que pour éviter le châtiment de ses adultères elle se vit forcée de recourir maintes fois à l'avortement (2), son apothicaire, Danse, étant un habile praticien » (3).

Donc, elle était infidèle, et le roi impuissant ..

Toutes les conditions se trouvent par conséquent remplies pour que Louis XIV soit un bâtard.

Mais, alors, qui fut le père du Roi-Soleil?

***

Le premier qui eut l'honneur d'être soupçonné par le peuple fut Richelieu. On savait que le cardinal était galant homme malgré son état et qu'il avait, au moment de l'affaire La Porte, tenu la reine à sa merci. De là à conclure qu'il était entré dans le lit d'Anne d'Autriche, il n'y avait qu'un pas. Les braves gens le franchirent allégrement et des chansons malicieuses coururent Paris sur ce Dauphin véritablement tombé du ciel :

(1) « On prétendoit que le duc d'Orléans auroit eu besoin du même conseil que la duchesse d'Angoulême avoit autrefois donné à François Ier à l'égard de Marie d'Angleterre. » L. PRUDHOMME : *Les Crimes des reines de France*, 1791.

(2) Ce qui ne l'empêchait pas, pour donner le change, de faire dire des messes afin que cesse sa stérilité.

(3) JEAN GUÉNOT : *Les Orléans, princes et princesses* (1640-1886), 1886.

Son père, le roi des Français,
Tous les jours faisait des souhaits
Pour que la reine fût enceinte.
Il priait les Saints et les Saintes
Le cardinal priait aussi
Il a beaucoup mieux réussi...

Que faut-il penser de cette accusation? Reportons-nous en décembre 1637, époque de la conception de Louis XIV. L'affaire du Val-de-Grâce est terminée, et la reine qui n'a plus rien à craindre de Richelieu, ne se gêne pas pour montrer qu'elle le déteste et qu'elle ne lui pardonne pas d'avoir voulu la faire arrêter; elle ne lui adresse plus la parole. Comment admettre alors qu'elle lui ait ouvert son lit?...

Six mois plus tôt, les conditions eussent été fort différentes. Six mois plus tôt, c'est-à-dire en juin. Mais Louis XIV a bien été conçu en décembre 1637, puisqu'il est né en septembre 1638. A moins que cette dernière date ne soit fausse et que le dauphin n'ait vu le jour au mois de mars, comme certains historiens le supposent — ce qui évidemment expliquerait pourquoi il avait deux dents lorsqu'il fut présenté au public le 5 septembre à Saint-Germain-en-Laye (1).

Mais nous entrons là en plein roman, car il est impossible que la reine ait pu accoucher sans que personne en sût rien...

D'ailleurs, si Louis XIV était né clandestinement en mars 1638, la position de ceux qui prétendent que Richelieu est le père du grand roi ne s'en trouverait pas renforcée pour autant; il est, en effet, difficile d'admettre que la reine, même désemparée à la pensée qu'on allait l'arrêter, la répudier et la renvoyer en Espagne, se soit laissé violer par cet homme qu'elle haïssait.

Alors, Mazarin?

Les soupçons qui pèsent sur lui paraissent beaucoup plus sérieux. Lorsqu'il arriva à la cour en 1634, Richelieu le présenta à la reine par cette phrase insolente :

(1) Il mordait ses nourrices au sang, et il fallut les lui changer plusieurs fois. Cf. GROTIUS, ambassadeur de Suède : *Correspondance*.

— Je crois, Majesté, qu'il vous plaira. car il ressemble à Buckingham.

Anne d'Autriche avait aperçu l'Italien quelques années auparavant à Lyon. Elle le regarda mieux, vit « qu'il avait les qualités les plus charmantes » et fut séduite. De son côté, Mazarin contempla cette femme dans l'épanouissement de ses trente ans (il en avait vingt-huit) et pensa qu'il pourrait être à la fois utile et agréable de coucher avec elle.

Quand devint-il son amant? On l'ignore. La plupart des historiens soutiennent que les choses ne se passèrent qu'après la mort de Louis XIII. D'autres affirment que tout était accompli dès 1635. Il est difficile de les départager...

Naturellement, au moment de la Fronde, le peuple, qui n'est pas à une contradiction près, accusa formellement Mazarin d'être le père de Louis XIV. Et ceux-là mêmes qui chantaient le couplet que j'ai cité plus haut braillaient sans aucune gêne la chanson suivante :

Où seriez-vous, roi très chrétien,
Sans le secours de Mazarin?
Dame Anne bien apprise
Pour vous faire par ce canal
Fils aîné de l'Église
Vous eut du cardinal.

Malheureusement, il semble bien que le peuple, cette fois encore, ait commis une erreur; car même si Mazarin était l'amant de la reine depuis 1635 il existe un empêchement majeur à sa paternité : de 1636 à 1639, il demeura à Rome.

Il est par conséquent hors de cause.

***

Si le père de Louis XIV n'est ni Richelieu, ni Mazarin, qui est-ce donc?

Du vivant même d'Anne d'Autriche, bien des noms furent prononcés : Rantzau, Créqui, Rochefort, Mortemart. Et, en 1693, Pierre Marteau, à Cologne, publia un ouvrage intitulé : *Les amours d'Anne d'Autriche, épouse de Louis XIII, avec*

Monsieur le C. D. R., le véritable père de Louis XIV, aujourd'hui roi de France. Un sous-titre précisait : « Où l'on voit comment on s'y prit pour donner un héritier à la couronne, les ressorts qu'on fit jouer pour cela et enfin tout le dénouement de cette comédie ».

Dans l'introduction, l'auteur nous dit : « La froideur reconnue de Louis XIII, la naissance de Louis Dieudonné, ainsi nommé parce qu'il naquit après vingt-trois ans de mariage stérile, sans compter plusieurs autres circonstances, prouvent si clairement et d'une manière si convaincante cette génération empruntée, qu'il faut avoir une effronterie extrême pour prétendre qu'elle soit la production du Prince qui passe pour en être le père. Les fameuses barricades de Paris et la formidable révolte qui se fit contre Louis XIV à son avènement au trône, et qui fut soutenue par des chefs si distingués, publièrent si hautement sa naissance illégitime que tout le monde en parlait. Et, comme la raison la confirmait, à peine y avait-il quelqu'un qui eût des doutes et des scrupules là-dessus. Il est vrai que ses dents canines croissant à mesure que croissait l'esclavage de la France, une vérité si hardie et si dangereuse fut un peu moins prônée, et on n'osait la dire qu'à l'oreille et dans le cabinet. »

D'après ce curieux ouvrage, le cardinal, fort affligé de voir la France sans dauphin et désespéré à la pensée que son œuvre politique serait détruite à la mort du roi par Monsieur, héritier présomptif de la couronne, aurait décidé de faire donner un enfant à la reine.

« Il ne s'agissait, nous dit l'auteur, que d'introduire quelque personne charitable, qui suppléât à la défectuosité conjugale du pauvre roi, et d'emprunter des étrangers ce qu'on ne trouvait pas chez soi, expédient dont on ne commence pas aujourd'hui à se servir pour soutenir une famille qui périt. »

Alors Richelieu aurait fait venir à la Cour le C. D. R. (comte de la Rivière), jeune seigneur avec qui Anne d'Autriche avait dansé — et un peu flirté — au cours d'un bal donné au Palais-Cardinal (1), l'aurait pris sous sa protection

(1) Richelieu s'était fait construire, en 1635, ce palais qui est devenu le Palais-Royal.

et l'aurait fait nommer gentilhomme de la chambre de la reine.

A en croire l'auteur, les choses se seraient alors passées assez rapidement. Un soir, le comte de la Rivière aurait rejoint Anne dans sa chambre, se serait jeté sur elle, la tenant « embrassée avec une passion et une ardeur qu'on peut mieux penser que dire, que la raison de la reine fut tellement enchantée et sa résolution tellement vaincue, qu'elle n'eut ni yeux, ni mains, ni souffle pour lui résister. Pendant que la reine est ainsi trahie, le C. ne trouvant aucune résistance s'en donne à cœur joie et offre à l'amour plusieurs sacrifices... De sorte que, la passion de la reine s'échauffant à mesure que les embrassements continuaient, elle devint une parfaite bigote en matière de plaisirs, comme elle l'avait été en matière de religion. »

Le jeune seigneur aurait renouvelé bien entendu son exploit, et l'auteur ajoute : « Cet excessif débordement de vie continuant, la bienheureuse nouvelle de la grossesse de la reine ne fut pas longtemps à se débiter dans le royaume. On en fit des feux de joie et des illuminations qui firent retentir la France d'une joie universelle. Louis XIII même en fit rendre des actions de grâces dans tout le royaume.

» Ainsi, conclut l'auteur avec malice, naquit après vingt-trois ans de patience Louis XIV, fils de Louis XIII par transsubstantiation, à présent roi de France et auquel on a donné avec justice le fameux titre de Louis Dieudonné... »

On manque de détails sur ce comte de la Rivière; mais il est certain qu'un officier de la reine portait ce nom, car Mme de Motteville le cite dans ses *Mémoires*.

Ce jeune seigneur plein d'allant serait-il le père que nous cherchons? Ce n'est pas impensable; mais il n'existe, à l'heure actuelle, aucun document qui permette de confirmer ou d'infirmer cette hypothèse.

***

Reste un personnage que certains historiens proposent sans apporter d'ailleurs de meilleures preuves : c'est Antoine de

Bourbon, bâtard que Henri IV eut en 1607 de Jacqueline de Bueil, comtesse de Moret, et qui fut légitimé en 1608.

Antoine de Bourbon connut le destin du colonel Chabert. Laissé pour mort à la bataille de Castelnaudary en 1632, il survécut à ses blessures et se fit ermite pour échapper à Louis XIII, son demi-frère, qui voulait le faire tuer. Après avoir vécu quelque temps en Italie, il vint se fixer en Anjou, à l'ermitage des Gardelles, près d'un domaine appartenant à Mme de Chevreuse. C'est là qu'il mourut en 1671, après avoir été l'objet de la curiosité populaire à cause de son extraordinaire ressemblance avec Henri IV...

Mme de Chevreuse le reçut-elle en 1637, à Paris, dans son hôtel qui n'était séparé du Louvre que par des jardins? Rencontra-t-il la reine?

On le dit. Certains même le soutiennent; pourtant rien ne permet de l'affirmer, et c'est dommage, car cette hypothèse particulièrement séduisante ferait de Louis XIV — malgré l'infidélité de la reine — un vrai Bourbon, petit-fils de Henri IV.

Mais ce n'est probablement qu'une belle légende.

En fait, on ne sait pas de qui Louis le Grand est le fils. Il s'agit d'un roi né de père inconnu... (1)

(1) Selon M. André Ducasse, qui s'appuie sur les travaux de l'historien Labarre de Raillicourt, le père de Louis XIV serait le duc de Beaufort, ce frondeur impénitent que le peuple avait surnommé « le roi de la Halle ».

En 1674, pour préserver sa légitimité et mettre sa mère à l'abri des médisances, le jeune souverain aurait fait conduire le duc — disparu mystérieusement lors du siège de Candie — à la forteresse de Pignerol, le visage couvert d'un masque de velours.

Ce masque de velours dont Voltaire, on le sait, fit un masque de fer...

XXVI

POUR PERMETTRE LA CONQUÊTE DE L'ARTOIS, RICHELIEU DEVIENT L'AMANT DE MARION DE LORME

> L'existence tout entière du cardinal de Richelieu a été dominée par la femme.
>
> MAXIMIN DELOCHE.

Après la naissance du dauphin, Louis XIII cessa peu à peu de rendre visite à Mlle de La Fayette et reprit de l'intérêt pour Marie de Hautefort. Pendant quelque temps, on vit de nouveau les deux amoureux se promener dans le parc de Saint-Germain-en-Laye ou dans les bois de Versailles. Malheureusement, la jeune fille, qu'une virginité prolongée rendait un peu acariâtre, « harpignait » parfois désagréablement le roi.

Ces scènes bouleversaient Louis XIII, et la cour en subissait naturellement les conséquences. « C'était, nous dit Mlle de Montpensier dans ses *Mémoires*, une mélancolie qui refroidissait tout le monde, et, pendant ce chagrin, le roi passait la plus grande partie du jour à écrire ce qu'il avait dit à Mlle de Hautefort et ce qu'elle lui avait répondu : chose si véritable que, après sa mort, on a trouvé dans sa cassette de grands procès-verbaux de tous les démêlés qu'il avait eus avec ses maîtresses, à la louange desquelles on peut dire, aussi bien qu'à la sienne, qu'il n'en a jamais aimé que de très vertueuses. »

Le roi ne se contentait pas d'écrire cet étrange journal, il envoyait des lettres amères au cardinal. En voici une qui est intéressante à plus d'un titre, car Louis XIII s'y montre tout entier, avec sa mélancolie, son besoin d'affection, son désir de solitude et sa tendresse feinte pour Richelieu :

De Saint-Germain, ce 5 février 1639.

J'envoie ce gentilhomme exprès pour savoir de vos nouvelles, étant en peine que la journée de hier ne vous ait fait mal.

La créature (1) *est en mauvaise humeur. On ne sait comme on se doit gouverner avec elle, trouvant mauvais tout ce qu'on fait pensant lui plaire. Pour moi, j'y perds mon latin. Si cela dure encore aujourd'hui, je m'en irai demain à Versailles chercher du repos. J'eus hier, toute la soirée, un grand mal de tête. J'ai pris ce matin quelque remède qui ne m'a pas fait grand-chose. Si le temps se fait beau, j'irai courre le cerf pour me divertir. Je vous recommande d'avoir soin de votre santé.*

Mais le roi était un inquiet. Un jour, il fut pris de scrupules et se demanda si Mlle de Hautefort n'avait pas raison de lui faire des reproches. Devant son valet de chambre, La Chesnay, qui l'espionnait pour le compte de Richelieu, il s'écria :

— Je suis en impatience de la voir. Je l'aime plus que tout le reste du monde ensemble. Je me veux mettre à genoux pour lui demander pardon.

De tels excès déplurent au cardinal qui craignit un scandale déplorable pour le prestige royal. Désirant soustraire définitivement le roi aux tracasseries des femmes, il décida de remplacer la favorite par un favori...

Le jeune homme qu'il choisit pour tenir cet emploi difficile était un beau blond de dix-sept ans au regard un peu canaille et à la bouche gourmande, qui se nommait Cinq-Mars. Louis XIII le trouva sympathique et en fit immédiatement son compagnon de tous les instants. Bientôt, cette amitié tourna à la passion, et le roi nomma son jeune favori maître de la garde-robe, puis Grand Écuyer de France... Enfin, il annonça à Mlle de Hautefort qu'il ne voulait plus la voir à la cour.

(1) C'est ainsi que le roi appelait Mlle de Hautefort quand il était fâché. Lorsqu'elle avait été gentille avec lui, il l'appelait l' « inclination »...

— Pourquoi? demanda la jeune fille.

— Parce que j'ai donné mon cœur à M. de Cinq-Mars (1).

Marie, un peu stupéfaite — on le serait à moins — se retira au Mans, chez sa grand-mère (2).

***

Pendant des mois, Cinq-Mars fut l'objet d'un véritable amour de la part de Louis XIII, et Chavigny put écrire un jour à Mazarin : *Jamais le roi n'a eu passion plus violente pour personne.*

Faut-il en conclure que ce souverain peu attiré par les femmes venait de se découvrir des goûts d'homosexuel?

Non. Louis XIII aimait Cinq-Mars aussi chastement qu'il avait aimé Louise de La Fayette et Marie de Hautefort. Pourtant, des observateurs superficiels auraient pu s'y méprendre, les deux hommes ayant bien souvent l'apparence d'un couple d'amants. Ils se promenaient bras dessus, bras dessous, lisaient à deux le même livre, faisaient des confitures ensemble, puis, brusquement, se disputaient, se brouillaient et ne se parlaient plus pendant trois jours. Il fallait alors que le cardinal, qui s'était pourtant cru débarrassé de ce genre de corvée, vînt les réconcilier.

Dans ces moments-là, le roi et Cinq-Mars agissaient comme des enfants : ils signaient un papier certifiant qu'ils n'étaient plus fâchés... En voici un exemple : le 26 novembre 1639. Louis XIII écrivait au cardinal :

Vous verrez, par le certificat que je vous envoie, en quel état est le raccommodement que vous fîtes hier; quand vous vous

(1) Cf. MONTGLAT : « L'amour du roi n'était pas comme celui des autres hommes; car il aimait une fille sans dessein d'en avoir aucune faveur, et vivait avec elle comme avec un ami; tellement que, quoiqu'il ne soit pas incompatible d'avoir ensemble une maîtresse et un ami, à son égard cela ne se pouvait accorder, parce que sa maîtresse était son unique *ami* et une confidente à laquelle il soumettait tous les mouvements de son cœur. » (*Mémoires*).

(2) En 1646, elle épousa le maréchal de Schomberg, avec lequel elle vécut heureuse. Elle mourut à soixante-quinze ans, en 1691.

mêlez d'une affaire, elle ne peut mal aller. Je vous donne le bonjour.

LOUIS.

L'extravagant certificat était joint :

Nous, ci-dessous désignés, certifions à qui il appartiendra être très contents et satisfaits l'un de l'autre, et n'avoir jamais été en si parfaite intelligence que nous sommes à présent. En foi de quoi, nous avons signé le présent certificat. Fait à Saint-Germain, ce 26 novembre 1639.

LOUIS.

et par mon commandement,

EFFIAT DE CINQ-MARS.

Une femme allait bientôt rendre ces petites brouilleries beaucoup plus sérieuses.

***

Cette femme était la plus grande courtisane du temps : elle s'appelait Marion de Lorme.

Lorsque tout le monde dormait à Saint-Germain-en-Laye, Cinq-Mars se glissait sans bruit jusqu'aux écuries, enfourchait un cheval et partait au grand galop la retrouver à Paris. « Il faisoit souvent tout seul ces petites courses inconnu, nous dit Montglat, de peur que le roi ne le sçût; et ainsi il n'avoit point d'heure pour dormir, parce qu'il falloit qu'il fût tout le jour près de lui. Et ce travail, joint à celui que lui causoit toutes les nuits la demoiselle, l'avoit affaibli en un tel point qu'il en étoit en mauvaise humeur : ce qui faisoit croire au roi qu'il s'ennuyoit avec lui, et cela renouveloit leur querelle, dont le cardinal étoit toujours médiateur » (1).

Mais, un jour, Louis XIII apprit que son favori avait une maîtresse. Il faillit en tomber malade.

Richelieu, aussitôt alerté, fut atterré. La liaison féminine de Cinq-Mars risquait d'avoir, en effet, de lamentables conséquences sur la politique. Depuis quelques mois le roi avait

(1) MONTGLAT : *Mémoires*. Amsterdam. 1727

entrepris la conquête de l'Artois (possession espagnole) et dirigeait lui-même les opérations. Déjà il s'était emparé de Hesdin, de Mézières, d'Ivoy, de Saint-Quentin. Mais Arras, capitale de la province, résistait encore et de durs combats étaient en cours. Le cardinal, qui connaissait la sensibilité et la jalousie de Louis XIII, comprit que l'on pouvait craindre un désastre militaire si Cinq-Mars ne rompait pas avec la courtisane. Il fit venir Marion de Lorme chez lui et, comme il n'y avait pas d'autre moyen de la détacher du favori, il se dévoua pour le bien de l'État et devint son amant.

Voici, d'après Tallemant des Réaux, comment se passèrent les deux premières rencontres entre le cardinal et la plus belle fille du XVIIe siècle :

« Le cardinal de Richelieu, dit l'auteur des *Historiettes*, ne payait guère mieux les demoiselles que les tableaux. Marion de Lorme alla deux fois chez lui. A la première visite, il la reçut en habit de satin gris de lin, en broderie d'or et d'argent, botté et avec des plumes. Elle a dit que cette barbe en pointe et ces cheveux au-dessus de l'oreille faisaient le plus plaisant effet du monde. J'ai ouï dire qu'une fois elle y entra en homme; on dit que c'était un courrier; elle-même l'a conté. Après ces deux visites, il lui fit présenter cent pistoles par des Bournais, son valet de chambre, qui avait fait le maquerellage. »

Plus loin, il ajoute :

« Elle disait que le cardinal de Richelieu lui avait donné une fois un jonc de soixante pistoles qui venait de Mme d'Aiguillon. »

» — Je regardais cela, disait-elle, comme un trophée, parce qu'il avait appartenu à Mme de Combalet, ma rivale, que je me vante d'avoir vaincue et dont ce sont les dépouilles opimes, quoiqu'elle couche encore sur le champ de bataille. »

Malgré l'avarice du cardinal, Marion, flattée d'avoir été choisie par cet homme puissant et redouté, accepta de ne plus voir Cinq-Mars, et le roi se réconcilia avec son jeune ami.

C'est alors qu'ils signèrent cet extraordinaire traité de paix au style involontairement bouffon :

Aujourd'hui, neuvième de mai 1640, le roi étant à Soissons, Sa Majesté a eu pour agréable de promettre à M. le Grand (1) *que, de toute cette campagne, Elle n'aura aucune colère contre lui et que, s'il arrivait que ledit sieur le Grand lui en donnât quelque léger sujet, la plainte en serait faite par Sa Majesté à M. le cardinal, sans aigreur, afin que, par l'avis de Son Éminence, ledit sieur le Grand se corrige de tout ce qui pourrait déplaire au roi, et qu'ainsi toutes ses créatures trouvent leur repos dans celui de Sa Majesté. Ce qui a été promis réciproquement par le roi et M. le Grand en présence de Son Éminence.*

LOUIS

EFFIAT DE CINQ-MARS.

Le roi était sauvé, la conquête de l'Artois continuait : Richelieu, satisfait, décida pour se récompenser de demeurer quelque temps l'amant de Marion. Hélas! la belle était bavarde; elle ne tarda pas à se vanter de sa nouvelle liaison et les mauvaises langues l'appelèrent Mme la Cardinale.

Parfois, ses amis du Marais et de la place Royale lui disaient :

— Comment pouvez-vous coucher avec un prélat?

Elle souriait :

— Un cardinal, disait-elle, c'est bien peu de chose quand il n'a plus son chapeau rouge et sa robe écarlate.

Puis elle ajoutait que de telles amours lui vaudraient d'ailleurs certainement une indulgence plénière.

Tout Paris fut bientôt au courant de cette extraordinaire idylle, et le poète Conrart, un peu éberlué, écrivit à M. de l'Essau :

« *Monsieur, est-il bien vrai ce qu'on m'a voulu persuader, que notre* Grand Pan *est devenu amoureux de *** (c'est Marion de Lorme), lui qui est les yeux de son prince, qui veille incessamment pour le salut de l'État et qui gouverne le destin de toute la fortune de l'Europe?...*

(1) On appelait ainsi Cinq-Mars depuis qu'il était Grand Écuyer de France.

» *Mandez-moi, Monsieur, si je dois croire cette nouvelle si importante et si agréable. Je n'ai plus de créance qu'en celles qui me viennent de vous.* »

Conrart ne se trompait pas et nous allons voir qu'il pouvait sans remords surnommer Richelieu le *Grand Pan,* ce sobriquet faunesque convenant parfaitement au premier ministre...

***

Le cardinal était en effet un grand amateur de femmes, et la robe ne l'empêchait pas de courir le jupon.

Mathieu de Morgues, dans un de ses ouvrages, parle d'ailleurs très clairement des belles « non-impudiques mais des plus vertueuses qui se plaignaient des attentats et violences que Richelieu avait voulu faire sur leur honneur... » (1).

Tout en dirigeant — et avec quel génie! — les affaires de l'État, le premier ministre était constamment à l'affût des jolies filles qui vivaient à la cour. « Une fois, nous dit Tallemant des Réaux, il voulut débaucher la princesse Marie de Gonzague, aujourd'hui la reine de Pologne. Elle lui avait envoyé demander audience. Il se tint au lit; on la fit entrer toute seule, et le capitaine des gardes fit retirer tout le monde. " Monsieur, lui dit-elle, j'étais venue pour... " Il l'interrompit : " Madame, lui dit-il, je vous promets toute chose; je ne veux point savoir ce que c'est; mais, Madame, que vous voilà propre. Jamais vous ne fûtes si bien. Pour moi, j'ai toujours eu une inclination particulière à vous servir. " En disant cela, il lui prend la main; elle la retire, et lui veut conter son affaire. Il recommence et lui veut prendre encore la main; elle se lève et s'en va. » (2)

Peu de temps après, il tomba amoureux de Mme de Brissac, femme de son cousin le maréchal de la Meilleraye, grand maître de l'artillerie. Voici comment Tallemant des Réaux nous conte l'histoire : « Sa femme est jolie et chante bien. Le cardinal de Richelieu s'en éprit; il avait toujours affaire à

(1) *Charitable remonstrance de Caton Chrestien,* 1631.
(2) TALLEMANT DES RÉAUX : *Historiette du cardinal de Richelieu.*

l'Arsenal... Voilà le grand maître dans une mélancolie épouvantable. La maréchale pouvait, si elle eût voulu, faire enrager le cardinal impunément; elle, qui ne manque pas d'esprit, s'aperçut de cela; et un beau jour, par une résolution assez rare en l'âge où elle était alors, elle va trouver le grand maître et lui dit que l'air de Paris ne lui était pas bon et qu'elle serait bien aise, s'il l'approuvait, d'aller chez sa mère, en Bretagne : " Ah! Madame, lui dit le grand maître, vous me donnez la vie; je n'oublierai jamais la grâce que vous me faites. " Le cardinal, par bonheur, n'y songea plus; sans doute il allait s'enflammer d'une étrange sorte. Tournons la médaille. » (1)

Mais les entreprises amoureuses de Richelieu ne se terminaient pas toujours aussi mal. Guy Patin, dans une lettre de novembre 1649, écrivait : *Le cardinal, deux ans avant de mourir* (c'est-à-dire en 1640), *avait encore trois maîtresses, dont la première était sa nièce; la seconde était la Picarde, savoir la femme de M. le maréchal de Chaulnes; la troisième était une certaine belle fille parisienne, nommée Marion de Lorme, tant il y a que ces messieurs les bonnets rouges sont de bonnes bêtes :*
» *Vere cardinales isti sunt carnales* » (2).

***

Pour Marion de Lorme, nous avons vu comment les choses s'étaient passées. Il ne s'agissait pas d'amour, mais d'une bonne action qui avait fait naître un désir ou peut-être simplement une habitude. En février 1641, Richelieu eut cependant l'audace d'inviter sa belle amie au Palais-Cardinal en même temps que le roi, à l'occasion des fiançailles de sa nièce, Mlle de Maillé-Brézé, avec le duc d'Enghien.

On en fit des gorges chaudes, car c'était la première fois qu'un prélat recevait — du moins officiellement — une courtisane.

***

(1) TALLEMANT DES RÉAUX : *Historiette du maréchal de la Meilleraye.*
(2) « Vraiment, ces cardinaux sont bien sensuels ».

Ayant tâté, si j'ose dire, d'une fille qui faisait métier de vendre ses charmes, Richelieu fut mis en appétit et désira connaître l'autre « prêtresse de Vénus », du siècle : Ninon de Lenclos.

Avec une étonnante désinvolture il chargea Marion de servir d'intermédiaire et d'aller offrir cinquante mille écus à Ninon pour qu'elle acceptât ses onctueuses caresses. Mais cette offre pourtant considérable fut repoussée par Mlle de Lenclos, ainsi que nous le relate le comte de Chavaignac dans ses *Mémoires :* « Ce grand homme (Richelieu), qui venait à bout des plus hautes entreprises, échoua néanmoins à celle-ci, quoique Ninon ne se piquât de vertu ni de bienséance; il lui fit offrir en vain par Marion de Lorme, sa bonne amie, cinquante mille écus qu'elle refusa, étant pour lors en commerce avec un conseiller du Parlement, entre les bras duquel elle s'était jetée... »

On peut d'ailleurs se demander quel rôle exact joua Marion dans cette affaire; car elle dut être profondément vexée en voyant Richelieu offrir cinquante mille écus à sa rivale, alors qu'elle n'avait reçu, elle, que cent pistoles pour les mêmes services...

Quoi qu'il en soit, elle abandonna le premier ministre peu de temps après et retourna dans le lit du poète des Barreaux, son premier amant, qui, tout joyeux, composa des *Stances* d'une grande imbécillité, intitulées : *Sur ce que l'auteur estoit mieux auprès de sa maîtresse que M. le cardinal de Richelieu, qui estoit son rival.* En voici une strophe :

J'aime une beauté sans seconde
A qui même les immortels
Ont soin de dresser des autels.
Laissant, pour la servir, la conduite du monde;
J'ai de puissants rivaux, mais je dis devant tous,
Je n'en suis point jaloux;
Tout ce qu'elle soumet, tant d'illustres victoires
Sont autant de trophées élevés à ma gloire (1).

(1) Frédéric Lachèvre : *Disciples et successeurs de Théophile de Viau. La vie et les poésies libertines de Des Barreaux* (1599-1673), Paris, 1911.

Marion n'avait été qu'une passade; le grand amour de Richelieu était sa nièce, Marie-Madeleine de Vignerot, veuve de M. de Combalet, duchesse d'Aiguillon.

C'était une ravissante et pulpeuse blonde de trente-sept ans, qui aimait se promener « la gorge découverte » pour le plus grand plaisir des amis du cardinal.

« Quand je vois Mme d'Aiguillon, dit un jour un vieux chanoine en prenant un air modeste, je me sens redevenir un enfant. »

« Voulant signifier par là, nous dit Lefèvre, dans ses *Mémoires,* qu'il considérait les appas de la belle duchesse avec les yeux purs d'un nourrisson. Mais cette hypocrisie ne trompa personne et le chanoine fut moqué pour sa friponnerie. »

Marie-Madeleine avait été mariée à seize ans à Antoine du Roure de Combalet et ne s'en était pas bien trouvée, car ce gentilhomme, « qui passait pourtant, au dire de Tallemant des Réaux, pour être le mieux fourni de la cour », n'avait pas été capable de lui faire quitter l'état de demoiselle.

Le poète Dulot s'était d'ailleurs amusé à démontrer, au moyen du jeu de l'anagramme, alors très en vogue, que le destin navrant de Mme de Combalet était écrit dans son nom de jeune fille. Avec Marie de Vignerot, il avait fait : *Vierge de ton mari*...

En 1625, le peu vigoureux gentilhomme était mort, laissant une jolie veuve désenchantée. Déçue par le mariage, déçue par les hommes, doutant de l'existence de la volupté, Marie-Madeleine avait alors songé à entrer en religion. Elle s'en était ouverte à son oncle :

— La vie mondaine ne m'intéresse pas. Je veux me faire carmélite.

Richelieu l'avait regardée et s'était aperçu qu'elle était fort jolie. Cachant son trouble, il avait baissé les yeux et répondu avec douceur :

— Votre place n'est pas au couvent, mon enfant, elle est près de moi.

Marie-Madeleine s'était donc installée au Petit Luxembourg, et le cardinal, qui avait au plus haut point l'esprit de famille, était devenu son amant.

Cet étrange ménage devait durer jusqu'à la mort du premier

ministre, illuminé des joies et assombri des peines qui accompagnent généralement les vies conjugales. L'oncle et la nièce se caressaient, se disputaient, se boudaient; mais s'aimaient sincèrement.

Bien entendu, cette liaison ne demeura pas longtemps secrète. La cour, puis tout Paris surent bientôt que Richelieu « mignottait » Mme de Combalet. Des quatrains ironiques, des chansons malicieuses circulèrent dans les rues comme dans les salons. Et Mlle de Montpensier nous conte dans ses *Mémoires* qu'en 1637 elle chantait des refrains injurieux pour le cardinal et pour sa nièce. En voici un qui eut énormément de succès :

La Combalet se plaint fort
De ce que l'on dit d'elle,
Et jure qu'on a grand tort
De l'appeler demoiselle;
Car elle a passé son temps,
Et son oncle est trop puissant
Pour la laisser pucelle.

Louis XIII connaissait ces amours illicites et les blâmait secrètement. Ne pouvant montrer sa réprobation au cardinal qu'il craignait, il reportait toute sa mauvaise humeur sur Mme de Combalet : « Le roi est bien étrange, disait un jour la reine. Il soutient le cardinal et condamne sa nièce. Il a trouvé fort mauvais qu'elle ait osé pénétrer dans l'église Saint-Eustache alors que j'y écoutais un sermon, et a dit que c'était une impudente. »

Terme mesuré que tous ceux qui connaissaient le langage châtié de Louis XIII surent traduire, et l'on se répéta avec gourmandise que le souverain avait, en fait, traité publiquement Mme de Combalet de « franche salope »...

* * *

Naturellement, l'amour qu'il portait aux dames poussait parfois Richelieu à faire une infidélité à sa nièce. Lorsque celle-ci l'apprenait, les vitres tremblaient au Palais-Cardinal, car elle était d'une grande jalousie. Un jour, elle eut même l'intention de défigurer l'une de ses rivales. Écoutons encore une fois Tallemant des Réaux : « Ce qui a fait le plus de bruit, ça été cette bouteille d'eau qu'on jeta à Mme de Chaulnes. Voici comment une personne qui y était l'a conté. Sur le chemin de Saint-Denis, six officiers du régiment de la Marine, à cheval, voulurent casser deux bouteilles d'encre sur le visage de Mme de Chaulnes; mais elle mit la main devant et tout tomba sur l'appui de la portière où elle était. C'étaient des bouteilles de verre; le verre coupe et l'encre entre dans les coupures: cela ne s'en va jamais (1). Mme de Chaulnes n'en osa faire aucune plainte. On croit qu'ils n'avaient ordre que de lui faire peur. Mme d'Aiguillon, par jalousie d'amour ou d'autorité, ne voulait point que personne fût si bien qu'elle avec son oncle. »

Malgré sa nièce, le cardinal parvint tout de même à devenir l'amant de Mme de Chaulnes, ainsi que le dit Guy Patin dans la lettre que j'ai citée plus haut. Et, pour lui prouver sa reconnaissance, il lui donna une abbaye de vingt-cinq mille livres de rentes aux portes d'Amiens...

***

En dépit de ces petites incartades, la liaison incestueuse du cardinal dura près de dix-sept ans... On prétendit même qu'elle avait été bénie par le ciel et que Marie-Madeleine était mère de plusieurs petits Richelieu.

Un jour, à la cour, le maréchal de Brézé affirma que le cardinal avait donné quatre fils à sa nièce.

Anne d'Autriche était là. Elle sourit malicieusement et dit à son entourage :

— Il ne faut jamais croire que la moitié de ce que raconte M. le Maréchal...

On en conclut aussitôt que Richelieu avait eu deux enfants de Mme de Combalet.

Ce qui, somme toute, était déjà très bien pour un prélat...

***

On était alors en décembre 1641. Sans que personne le soupçonnât, la France vivait la fin d'une époque. Tout allait changer.

(1) Il s'agissait de véritables tatouages.

En quelques semaines, on vit mourir Sully, le duc d'Épernon et Marie de Médicis. Le règne précédent s'enfonçait un peu plus dans le passé, et l'avenir apparaissait à travers les failles d'un présent qui se craquelait. Les hommes de gouvernement donnaient des signes de fatigue, Louis XIII était malade, Richelieu, harassé, tenait debout par miracle: tandis qu'un personnage nouveau se dressait avec des allures de successeur : Jules Mazarin venait en effet d'être nommé cardinal...

Dans l'entourage immédiat du roi, le vide allait se faire brusquement. Cinq-Mars, le favori bien-aimé, ayant conspiré contre le cardinal avec de Thou, le duc de Bouillon et Gaston d'Orléans, était arrêté le 12 juin ainsi que ses complices (sauf Monsieur, bien entendu) et décapité le 12 août à Lyon.

Tout s'effritait...

Huit jours plus tard, Richelieu, épuisé par vingt ans de travail prodigieux et d'intrigues exténuantes, se mettait au lit. Le 4 décembre 1642 à midi, celui qui, selon l'admirable expression de Mme de Motteville, « avait fait de son maître un esclave et de cet illustre esclave le plus grand monarque du monde » rendait son âme à Dieu. Il avait cinquante-huit ans.

Cette mort fut saluée dans le peuple par une explosion de joie. Louis XIII lui-même, qui pourtant devait tout à Richelieu, poussa un gros soupir de soulagement et s'amusa à mettre en musique une petite chanson composée par Miron sur le trépas du cardinal :

Il a passé, il a plié bagage,
Ce cardinal dont c'est bien grand dommage
Pour sa maison, c'est comme je l'entends ;
Car pour autrui maints hommes sont contents.
En bonne foi, ne rien voir que l'image,
Il fut soigneux d'enrichir son lignage
Par dons, par vols, par fraude et mariage,
Mais aujourd'hui ce n'en est plus le temps,
Il a passé.
Or, parlerons sans crainte d'être en cage,
Il est en bois l'éminent personnage
Qui de nos maux a ri plus de vingt ans.

Le roi de bronze en eut du passe-temps
Quand sur le pont, avec son attelage,
Il a passé.

On ne pouvait guère montrer plus d'ingratitude.

Les couplets composés par le peuple étaient naturellement beaucoup plus féroces encore. J'en citerai quelques-uns, car ils concernent les amours du cardinal et de sa nièce :

Richelieu dans les enfers,
Favori de Lucifer,
Est dans ces lieux comme en France ;
On le traite d'Éminence.
Lampons, lampons.
Camarades, lampons !

Que ne suis-je avec le roi?
Hélas ! Qu'est-ce que je vois?
Il prend, tant l'ardeur le presse
Proserpine pour sa nièce.
Lampons, etc.

Que diable, fais-tu ici?
Oh ! grand Armand du Plessis,
Je suis dame Proserpine,
Et non votre concubine.
Lampons, etc.

Puis un quatrain sur la duchesse d'Aiguillon courut dans Paris !

Si la pauvre duchesse pleure,
Hélas ! pourquoi s'étonner tous?
Ne perd-elle pas à même heure
Et le père et l'oncle et l'époux?

Enfin, quelqu'un fit cette épitaphe :

Ci-gît le fléau de la terre,
Ce prêtre qui faisait la guerre.

Qui vécut du sang des François,
L'auteur du mal qui nous désole,
Et qui, de sa nièce autrefois,
Eut deux enfants et la vérole...

***

Trois mois après la mort de Richelieu, Louis XIII, rongé par la tuberculose, s'alita à son tour. Décharné, fiévreux, il ne pensait plus à composer des chansonnettes satiriques, mais s'inquiétait de l'avenir. Il voulut qu'on baptisât sans tarder le dauphin qui allait avoir cinq ans et désigna pour parrain et marraine la princesse de Condé et Mazarin.

La cérémonie eut lieu le 21 avril 1643, à Saint-Germain. En sortant de la chapelle, le petit prince se rendit au chevet de son père.

— Mon fils, comment avez-vous nom à présent? demanda celui-ci.

— Louis XIV, mon papa, dit le dauphin.

Ce qui ne donna pas bon moral à Louis XIII.

— Pas encore, pas encore, se contenta-t-il de dire.

Le 13 mai, après avoir adjuré la reine, qui le soignait avec dévouement, de ne jamais rappeler Mme de Chevreuse à la cour, le roi bénit ses deux enfants (1) et entra en agonie. Pendant des heures, il étouffa, perdit connaissance, revint à lui, délira, eut des hallucinations... Et Mme de Motteville nous dit sans ambages « qu'il était trop long à mourir et qu'il ennuyait les spectateurs... »

Enfin, le 14 mai à deux heures de l'après-midi, ce pauvre roi, qui n'avait aimé aucune des joies de la vie, rendit le dernier soupir.

***

Avec la mort de Louis XIII, un monde s'achevait : un monde encore empreint des idées de la Renaissance, et où les

(1) Le 21 septembre 1640, Anne d'Autriche avait accouché d'un second fils, Philippe. On pense généralement que Mazarin fut le père de ce prince.

femmes avaient joué — souvent avec gaillardise — un rôle considérable.

A Nérac, à Coutras, à Chartres, à Saint-Denis, à Cœuvre, à Paris, à Nantes, à Landrecies, elles s'étaient montrées de souriantes auxiliaires du Destin, et le royaume que recevait en héritage le jeune Louis XIV était un peu celui qu'elles avaient fait.

Une fois de plus, l'amour devait être tenu pour responsable devant l'Histoire.

A cause du désir qu'avaient inspiré Margot, Françoise, Gabrielle, Corisande, Henriette, Charlotte, Louise, Marion, des événements stupéfiants s'étaient en effet déroulés pendant cinquante ans. Et l'on peut dire que, si le nez de ces belles avait été plus court, la face de notre pays, en 1643, eût sans doute été différente...

Mais le Grand Siècle restait à faire.

Pour collaborer à cette tâche gigantesque, des femmes aguichantes, désirables, troublantes allaient, une fois de plus, mettre leurs charmes et leurs appas au service de l'Histoire...

BIBLIOGRAPHIE

AMELOT DE LA HOUSSAYE : *Mémoires historiques et critiques*, 1737.
ANQUETIL : *L'intrigue du Cabinet sous Henri IV et Louis XIII*, 1780.
AUBIGNÉ (Agrippa d') : *Les Tragiques*.
— *Histoire Universelle*.
— *Confession catholique du sieur de Sancy*, 1660.
BAILLY (Auguste) : *Richelieu*.
BARRI (Père) : *Lettres de Paulin et d'Alexis*, 1658.
BASCHET (Armand) : *Le roi chez la reine ou Histoire secrète du mariage de Louis XIII et d'Anne d'Autriche*.
BASSOMPIERRE : *Nouveaux Mémoires*.
BATIFOL (Louis) : *La duchesse de Chevreuse*, 1913.
BOLLE (Jacques) : *Pourquoi tuer Gabrielle d'Estrées?*, 1955.
BOUILLON (Duc de) : *Mémoires*.
BOURGEOIS (Louise) : *Récit véritable de la naissance de Messeigneurs et Dames les enfants de France*, 1652.
BRANTÔME : *Vie des Dames illustres*.
— *Vie des Dames galantes*.
BRIENNE : *Mémoires*.
CABANÈS : *Le cabinet secret de l'Histoire* (1re série).
CHAMPFLEURY : *Histoire de la caricature sous la Réforme et la Ligue*.
CHAULNES (Duc de) : *Narré de la mort du maréchal d'Ancre*, 1659.
CHAVAIGNAC : *Mémoires*.
CHEVERNY : *Mémoires*.
CONTI (Princesse de) : *Les amours du Grand Alcandre, 1651*.
DAVILA : *Histoires des guerres civiles de la France*. 1755.
DEBREAUX (Pierre) : *Les filles de l'Escadron Volant*.
DESCHEMAEKER (Jacques) : *L'Histoire à Huis Clos*.
DESCLOZEAUX : *Gabrielle d'Estrées, marquise de Montceaux, duchesse de Beaufort*. 1889.
DREUX DU RADIER : *Mémoires historiques et critiques et anecdotes des reines et régentes de France*, 1775.
DULAURE (J.-A.) : *Singularités historiques*, 1825.

DU PLESSIS MORNAY : *Mémoires.*
DUPLEIX : *Histoire générale de France*, 1643.
ESTIENNE (Henri) : *Discours merveilleux de la vie, actions et déportements de Catherine de Médicis, reyne mère*, 1649.
L'ESTOILE (Pierre de) : *Journal.*
FRANKLIN (Alfred) : *La vie privée d'autrefois*, 1901.
GRIFFET (Père) : *Histoire du règne de Louis XIII.*
GUÉNOT (Jean) : *Les Orléans, princes et princesses*, 1886.
GUISE (Mlle de) : *Les aventures de la Cour de Perse.*
HÉROARD (Jean) : *Journal.*
LACHÈVRE (Frédéric) : *Disciples et successeurs de Théophile de Viau. La vie et les poésies libertines de Des Barreaux*, 1911.
LAMANDÉ (André) : *Lettres d'amour et de guerre du roi Henri IV*, 1928.
LA PORTE (Pierre) : *Mémoires.*
LÉNIENT (Ch.) : *La satire en France au XVIe siècle.*
LOISELEUR (Jules) : *Problèmes historiques*, 1867.
MERKI (Charles) : *La reine Margot et la fin des Valois*, 1905.
— *La marquise de Verneuil et la mort de Henri IV*, 1912.
MEYRAC (Albert) : *Charlotte de Montmorency, mère du Grand Condé.*
MEZERAY : *Histoire de France*, 1651.
MONTGLAT : *Mémoires*, 1727.
MORERI : *Dictionnaire historique et géographique*, 1673.
MORGUES (Mathieu de) : *Charitable remonstrance de Caton Chrestien* 1631.
— *Vrais et bons advis de François fidèle*, 1631.
MOTTEVILLE (Mme de) : *Mémoires pour servir à l'histoire d'Anne d'Autriche*, 1739.
MONTPENSIER (Mlle de) : *Mémoires.*
NAVARRE (Marguerite de) : *Mémoires.*
— *La Ruelle mal assortie.*
PALMA CAYET : *Le divorce satyrique.*
PERCEU (Jules) : *Le règne de Louis XIII*, 1885.
PHELIPEAUX DE PONTCHARTRAIN : *Mémoires*, 1720.
PRUDHOMME (L.) : *Les crimes des reines de France*, 1791.
RETZ (Cardinal de) : *Mémoires.*
RICHELIEU : *Mémoires.*
— *Testament politique.*
RITTER (Raymond) : *Charmante Gabrielle*, 1947.
— *Lettres du cardinal de Florence sur Henri IV et la France* (1596-1598).
SAINTE-FOIX (M. de) : *Essais historiques sur Paris.*
SAUTREAU DE MARSY : *Nouveau siècle de Louis XIV*, 1793.
SAUVAL : *Galanteries des Rois de France*, 1752.
— *Le B...l de la Cour et de Paris.*
SCALIGER : *Mémoires.*
SIRRI (Vittorio) : *Memorie recondite* (*Mémoires secrets*), 1660
SULLY : *Mémoires.*
TALLEMANT DES RÉAUX : *Historiettes.*

THOMAS (F.) : *Les intrigues de la Cour de Louis XIII*, 1680.
THOU (de) : *Histoire du règne de Henri IV*, 1617.
VAIR (du) : *Anecdotes*, 1615.
VAISSIÈRE (Pierre de) : *Henri IV*.
VAUNOIS (Louis) : *Vie de Louis XIII*.
VERNADEAU : *Le médecin de la reyne*.
ZELLER (B.) : *Le duc d'Alençon et les Pays-Bas*, 1887.

ANONYMES

Les amours d'Anne d'Autriche épouse de Louis XIII avec M. le C.D.R., le véritable père de Louis XIV, aujourd'hui roi de France, chez Pierre Marteau, Cologne, 1693.
Les caquets de l'accouchée, 1622.
Journal du siège de Chartres.
Journal des choses advenues à Paris depuis le 23 décembre 1588 jusqu'au dernier jour d'avril, 1589.
Mœchialogia.
Ménagiana, 1693.
La conversation de maître Guillaume avec la Princesse de Conti aux Champs-Élysées (XVIIe siècle).
Négociations diplomatiques avec la Toscane.
Mémoires secrets des Rois de France.
Regrets et vie de la duchesse de Beaufort, divulguez en l'an 1597, lors de la prise d'Amiens.
Le sceptre de France en quenouille, 1652.
Le véritable Père Joseph, 1750.
Détails singuliers de ce qui se passa le soir de la consommation du mariage de Louis XIII (B. N. Mss).
Le Mercure François.
La Gazette.

TABLE DES MATIÈRES

Achevé d'imprimer en avril 1980
sur les presses de l'imprimerie Bussière
à Saint-Amand (Cher)
pour le compte de France Loisirs
123, boulevard de Grenelle, Paris

Dépôt légal : 2e trimestre 1980.
— N° d'édit. 5083. — N° d'imp. 738. —
Imprimé en France